差別する宗教

インクルージョンの視座からの告発

鈴木文治

現代書館

差別する宗教〜インクルージョンの視座からの告発＊目次

凡例

○本文や引用文献には、今日の人権意識からみれば差別的表現として、不適切と思われる用語・表現もみられますが、本書の内容と時代背景を考慮して修正せずそのまま掲載いたしました。

○基督教とキリスト教の使い分けは、当時の資料によって行いました。

○『聾』・『唖』の表記は差別的であるとの意見が多く、聴覚障害者・言語障害者からの要望もあり、現在では『ろう』『あ』の表記が一般的になっています。本書では過去の文献にあるものも含めて、「ろう」「あ」に統一しました。

○聖書からの引用に際しては、『聖書　新共同訳――旧約聖書続編つき』（日本聖書協会、二〇〇七年）を参照しました。

はじめに

宗教は人を救うものなのか。人を幸せにするものなのか。世の中になくてはならないものなのか。宗教者はこのように語る。

信仰を持って幸せな人生を送りましょう。信心は人の心を豊かにします。どうしてこの世で厄が自分に降りかかり、どうして不幸なことが家族に及ぶのか。それは信心が足りないからです。本気で信じたら必ず幸せになります。あなたは神の存在を信じますか？　分からないのであれば神が存在する方に人生を賭けませんか？　神という確かなものの上に築く人生こそ、芯の通った人生こそ、意味あるものになります。

このような宗教への勧誘の話を聞いた経験のある人は少なくないだろう。

だが、本当に宗教は人々を幸せにしてきたのか。人生を豊かにしてきたのであろうか。宗教が必要と思われた時代には、その問いに「イエス」と答えた人たちは多かったのだと思う。しかし、今日の社会では、その問いに答える前に、宗教そのものに関心を示さない人々が多くなり、宗教など必要ないと考える人の割合が、圧倒的に大きくなっているのではないか。私はむしろ宗教が人を幸せにしてきたことより、不幸を与えてきたことの方が多かったと考える者の一人である。

本書で取り上げるのは、仏教とキリスト教における差別や排除の実態である。人は仏のもとですべて平等と説く仏教がどうして多くの差別や排除を生み出し、それを容認し、世の中に拡散させてきたのか。神はすべての人を等しく愛しておられると言いながら、何故現実には差別されている人々の側に立とうとしないのか。否むしろ排除する側に立ち、差別を助長しているのは何故か。宗教には確かに人々を差別し排除している事実がある。宗教者には差別の実態が自分とは無関係であるという先入観がある。自分が、あるいは所属する教団が差別を起こしているとは思わないし、その自覚もない。指摘されてもそれを見ようとも、自分のことと考えようともしない。踏みつけられている人には耐えがたい苦しみであるが、踏みつけている加害者は自分たちが差別や排除の加害者であることを全く理解していない。宗教者こそまさに加害の当事者である。

宗教は人を幸せにするものと言い、そのように社会も受け止めてきたが、実際には多くの不幸や苦しみを人々に与えてきた。まして、社会の不平等に目をつむり、個人の耐えがたき苦しみに手を差し伸べるどころか、その要因を作り出しているものさえ見られる。手厳しい指摘であるが、私はそう考えている。

日本の宗教の不誠実さは、第二次世界大戦中に宗教者の取った態度に端的に示されている。一般の衆生《しゅじょう》が最も苦しんだ戦時中に、国民を苦しめたのは政治家であり軍人であると思われていた。だが、実際には戦争で人々を苦しめたのは、宗教者でもあった。だがそれは封印され世に隠されてきた。高僧と言われる仏教者が戦時中に宗門の人たちに向かって、「殺せ、殺せ、大いに殺せ」と語る言葉を聞いて、これが殺生を禁じ、慈悲の心を説く者の言葉と思うだろうか。当時の時代背景を考えれば、大声で戦争反対を叫ぶことはできなかったかも知れない。だが殺生の禁止や慈悲の心を念じ続けることが、非戦の心を抱えることが仏教者の教義に照らした言動ではなかったのか。

戦時中にキリスト教団は天子様のために一層戦争に協力し、教団統理は軍事態勢の強化に励めと檄《げき》を飛ばした。天皇は神ではないと公言し、神以外のものに膝を屈しない姿勢で闘うこともせず、「汝人を殺すことなかれ」の戒めを受け止めなかった者が、どうしてキリスト者であり得るのか。戦時中の仏教教団やキリスト教団が自ら積極的に政府におもねり、戦争に荷担・協力し、信徒たちをどのように惑わせてきたかを本書では明らかにする。

ここで検証すべきことは、宗教の名の下で行われてきた差別や排除の実態を明らかにし、経典や教義にも踏み込んで、彼らが差別や排除を助長してきたことを明白にすることである。

具体的に言うなら、仏教界においては、障害者や同和地区の人たちを追い込み、苦しめてきた「因果応報」の理の正体を知ることである。「悪因悪果」の名の下、どれだけ多くの人々を苦しみや悲しみの果てに追いやってきたことか。それは彼らに「この世の人生を諦めさせる」ことに繋がった。そのために国民が為政者《いせいしゃ》や権力者の言いなりになって、近隣諸国の人々を苦しめることが推進されてきたのである。「仏教観念論」が浸透して人生や社会活動を諦めさせることになり、社会を変えることを奪ってきた。社会が作り出した矛盾に対して目を閉じさせ、時の権力者や政治家のなすがままにさせてきた機能の一つとして「仏教観念論」は現在もその役割を果たし続けている。

キリスト教界も多くの人々を苦しめてきた。その一つは障害者を教会から排除してきたことである。聖書にあるパウロの言葉「人は心で信じて義とされ、口で公に言い表して救われる」(ローマ書10章9節)を、金科玉条として教会では何の疑いもなく多くの人々が信じてきた。その結果、言葉のない障害者は教会への門が閉ざされてきた。それは中世の話ではない。現在も多くの、それも著名な牧師たちはそのように主張する。「言葉を話せない障害者の排除」は当然のこととして、ろうあ者や知的障害者は教会に入れてもらえなかった。かつて中世ヨーロッパのカトリックで行われたことであるが、今日でもその考えは生きている。

仏教経典や聖書は、作成当時の社会的な環境の中で成立したものである。その時代の社会的制約や文化、風習、習俗等の環境の影響はもちろん、作成者の思想やその背景によって強い影響を受けている。当時の状況でしか表現できないものがある。その点を抑える必要がある。「言葉」の重視は、その後の神学論争にまで延長されてきたが、障害者の排除という人権侵害、人間否定に繋がったことを本書で指摘したい。障害者の排除の問題は、現在のキリスト教界の今日的課題でもある。

また、キリスト教界全体に横たわっている「キリスト教観念論」についても見ていく。何故日本のキリスト教は宣教に失敗したのか。その根底にあるものを探り出す時に、見えてくるものがある。そもそも明治初期に日本が受け入れたキリスト教は、宗教ではなく西洋文化であり、西洋的生き方であった。生活に根ざした信仰ではなく、いつでも捨てられる「一つの思想や教養」であった。だから、国民の間に広がらず、一部の知識人や裕福な人々の宗教に留まったのではないか。いやそもそも、日本のキリスト教は本当に宗教であったのかという疑問も生じてくる。

今日、「宗教の終焉」を語る本や論文を多く目にする。それは都市化によって檀家制度《だんかせいど》が崩壊して、墓じまいが進む現在の仏教を取り巻く環境だけに原因があるわけではない。キリスト教界の信徒の高齢化と若者離れは、合理主義実証主義の科学的思考への傾倒だけで説明がつくものではない。

「業報《ごうほう》に喘ぐ」と西本願寺を告発した解放同盟の魂の訴えを聞こうとしてこなかった仏教界。障害者を教会から追い出したキリスト教界。これがブッダの教え、キリストの教えであったのか。ゴータマ・ブッダやイエス・キリストに心を寄せる人は多い。だが、その後に作られた教団や教会組織に反発をする人は少なくなく、信仰を離れる人たちが増えてきている。その原因こそ、苦しむ民に寄り添ってこなかった宗教者の怠慢ではなかったか。

ブッダは娼婦アンバパーリーの食事への招待を受け、食事の後、低い席に座した彼女に法話をもって教え、諭し、励まし、喜ばせ、座から立って去って行った。(注1)

イエスは徴税人マタイから食事の招きを受けた。その家で食事をしていると、ファリサイ派の人々が弟子たちにこう言う。「なぜあなたたちの先生は徴税人や罪人と一緒に食事をするのか」と。イエスは答えた。「「医者を必要としているのは、丈夫な人ではなく病人である。私が求めるのは憐れみであって、いけにえではない」とはどういう意味か、行って学びなさい。私が来たのは、正しい人を招くためではなく、罪人を招くためなのである」と。（マタイ伝9章9〜14節）

このようなブッダやイエスの言動に触れて仏教やキリスト教に関心を持つ人は多い。だが、その後の教団はどうして差別や排除を行うのかと疑問視する人も少なくない。社会的に差別を受けたり、無視される人々にこそ慈悲の心や愛の思いで接していく教祖たちの姿と、後の教団の人々の姿との落差が余りに大きい。それが宗教の衰退の要因である。

だが、私はこのような状況で衰退の一途を辿る宗教の在り方で良いとは決して思わない。宗教とは人間を超えたものに敬意を払うことであり、人間の相対化を図るものである。自分の考えだけが正しいわけではないことを教えるのが宗教である。人間を超えたものを敬う心を失ったことが、今日の戦争の続発する世界情勢に現れている。己の正しさだけをぶつけ合うから戦争が起こる。絶対的に正しいものを人間は持ち得ない。だからこれを失っては人類は確実に滅亡するのだ。その点からも、宗教の復興は可能なのかを最後に探っていく。

❀

私は長く教会の伝道師や牧師として教会に集う人々を牧会（信徒を羊に喩えて羊を養う者の意）する職務に当たり、約五十年間川崎南部の小さな教会で生きてきた。私の教会はホームレスの教会として知られている。三十年間にわたりホームレスや障害者、貧しい外国の人たちを教会に受け入れ、共に生きる教会生活をしてきた。目指したのは、どんな人も受け入れ、一緒に生きる共生の教会、「インクルーシブ・チャーチ」である。そのような教会からキリスト教とは何か、宗教者として模索してきた。

同時に私は障害児教育を専門とする教師として生きてきた。中学校の特殊学級教員を振り出しに、神奈川県教育委員会で障害児教育に関する教育行政に携わり、盲学校や養護学校（現在の特別支援学校）の校長を務めてきた。退職後は、大学教員として学生たちに障害児教育を教え、教員養成の務めに当たってきた。そのような教育者として絶えず障害とは何かを考える立場に置かれてきた。

人生を通じ、貧しいインクルーシブ・チャーチとしての取り組みや、障害者の側に立って考え行動することに専心してきた。そのような経験や思索から宗教における差別や排除を考える。そこには宗教に対する率直な疑問や激しい怒りの体験が含まれている。所属する宗教の宗派や教団に対する強い批判や意見がある。もっと率直に言えば、私はキリスト教界に強い失望感を抱いている。私はただ、五十年前に与えられた信仰を何よりも大切にして生きてきた。イエス・キリストの生き方、死に様を知り、心を揺さぶられた若き頃の経験がいまだに心に残っている。だが、弟子たちの作った教会組織には強い違和感がある。

私は幼少の頃に小児結核に罹《かか》り病弱な少年時代を過ごした。そんな私は子どもの頃から自分が長く生きられないことを自覚していた。そんな私は子どもの頃から自分が長く生きられないことを自覚していた。それが私を宗教へと誘ったのかも知れない。生きる意味とは何か、人にとって究極的に大切なものは何かを探りながら生きてきて、現在は七十五歳の後期高齢者となった。

多くの哲学や宗教関係の本を読み学んできた。一方で、障害を負って生きる子どもたちの教師として、社会や宗教はどうあったら良いのかを探ってきた。その中から生まれたのが本書である。本書を読まれる方には、宗教における差別や排除、そして宗教の意義を共に考えていただければ幸いである。

第一章
宗教の終焉

1　宗教からの離脱者たち

今日の暴力と苦悩の時代に対応し得ない制度的宗教を批判したフランスの哲学者シモーヌ・ヴェイユは、ユダヤ人でありながら旧約聖書の神の暴力性に反発し、キリスト個人に熱烈に帰依《きえ》した結果、「暴力と戦争の時代」に自己犠牲的に生きることを全身全霊で実行してその短い生涯を疾走した。

ヴェイユを端的に表わす言葉は、社会変革への強烈な情熱と極端な自己無化である。外部に対して語り実行するのは社会変革への思いであるが、同時に自己犠牲と神の恩寵をひたすら待ち続ける純粋な信仰者との両面を持っている。彼女については、神学者サリー・マクフェイグが「他者に注意を凝らす哲学者」として理解している。

カトリック教会が、「彼は破門されよ（アナテマ・シット）」と言って世界の一部を排除しており、キリスト教の受肉（神の子がイエスという人間の形を取ったこと）というラディカルな普遍性を間違って理解しているというのが、カトリックの受洗をしなかった理由である。彼女は言う、「目に見えるキリスト教の外にあるこれらのものを愛することによって、私は教会の外に引きとめられております」と（注1）。

受肉をすこぶる包括的で当時の現実（全国民の飢餓）を踏まえたものと理解した彼女にとって、「食物」は、キリスト教信仰によるラディカルな生き方を最も輝かせる象徴となった。ヴェイユにとって最も重要なビジョンは極めてシンプルだ。

神は創造の時、受肉の時、十字架にかけられた時、他者を生かすために自己を空しくされた。神に倣う私たちも、他者が生きられるように自分たちのエゴを、あらゆる形の自己の増大を空しくしなければならない。神が私たちの創造主であり私たちを生かしている文字どおりの「食物」であるように、私たちも隣人が霊的にも肉体的にも生きられるように「食物」と注意とモノを提供して彼らを愛する。受肉のキリストがこのビジョンの焦点である。他者のために自己を空しくする愛という神の本性が、受肉のキリストに鮮明に見て取れるからだ。（中略）神は、他のものたちに生きる空間が与えられるよう身を引き、場所を与え、その力を自制しておられる。創造は、あらゆるものを支配する全能の神による行為ではない。それとはまったく異なるパラダイムである。神も人間も、他者のために自己を空しくする愛によって働くというパラダイムだ。それゆえ、主の弟子としてそのように生きることが人間の役割なのである。他者のためにいのちを与えること、生存に必要な基本的条件である「食物」を、それが与えられずに苦しんでいる者たちと分かち合うことだ。よきサマリア人の物語がヴェイユの語りの中心だ。サマリア人が「よき」と言われるのは、困っている他者に必要な二つのことをしたからである。その人に注意を向け、人間の共同体《コミュニティ》に戻して回復させたことだ。食物と医療という、他者が必要とする最も基本的なレベルのことを行ったのである。（注2）

このように述べたヴェイユは、「不幸な人」について、神の不在にほとんど近いほどまでに、「神から最も離れた状態に置かれた者」という独特の定義をしている。彼女にとって、罪人とは悪をなす能動的な主体的存在であるが、不幸な人とは不条理極まりない状況の中で、犠牲者・被害者へと貶《おとし》められた人々を意味している。奴隷的な肉体労働に拘束された人々、戦場で虫けらのように殺されていく人々、全体主義体制のもとで人間性を剥奪された人々である。彼らは制度的な「宗教」からほとんど見捨てられてきた「不幸な人」であり、ヴェイユの心はこの人たちに注がれ、自分自身がそのような境遇に身を置いたことで知られる。

彼女は五歳の時に砂糖を支給されない兵士に倣い、自分も砂糖を口にしなかった。キリストの説く「隣人愛」とはすなわち「自分自身のように隣人を愛する」ことを文字通りに生きたということである。他者の飢餓感を自分のものとして覚えることとなのだ。

キリストの十字架の死に、自分たちの罪の贖《あがな》いを読み込んだパウロの神学は、加害者のための神学であり、ヴェイユはすべてのものから完全に見捨てられたキリストの不幸を反復し、そこに復活の可能性に賭ける、サバイバーの神学である。サバイバーとは、罪人の欲望のために「不幸の罠」に陥れられたにもかかわらず、罪責感を押しつけられ、自らを苛《さいな》み苦悩する人々である。

彼女にとって不幸とは、神のみによって賦与《ふよ》されるものであり、人間がまたは人間社会がそれを人為的にもたらすことは許されていない。だからこそ、社会的、文化的、政治的不正義、構造的な暴力に対して徹底的に闘ったのである。
彼女は普通の食事をも特権であると拒否して、三十四歳の若さで衰弱死を遂げた。それは文字通り餓死であり、殉教の死そのものである。（注3）
ヴェイユのように、組織的なカトリックに抵抗し、自らをキリストのような自己無化に追い込み、餓死に至った人を「聖人」と呼ぶ人がいる。これほどキリストに倣って生きた人を私たちは知らないからである。ヴェイユはキリストに強く惹かれ、キリストに倣うというキリスト教の教義通りに生きそして死んだ。おそらく、地上で生きた「聖人」と呼ばれる誰よりも、キリストに近い生き方を実行した人であろう。だが、キリスト以後にできたキリスト教界には彼女の居場所はなかった。あまりにキリストに倣って生きたからである。このような人を受け入れなかったカトリックこそが、問われるべきである。何故なら、ヴェイユこそ誰よりもキリストを求め続けた人だったのだから。

組織としての宗教に嫌悪感を持ち、宗教の組織の門前を彷徨いながら結局宗教から離れていった人は多くいる。デンマークの詩人イエンス・ペーター・ヤコブセンもその一人である。彼の書いた『ニイルス・リイネ』は無神論者の聖書と呼ばれた。私は若き日にこの本を何度も繰り返して読んだ。信仰を得ようと格闘しつつも、一方で信仰を拒否するものがあった当時の私の心情に重なった。だが同時にこの本は私をキリスト教へと誘う結果となった。
ヤコブセンは自然科学に興味を持ち、特に植物学に惹かれて、苔や藻のような目立たないものの収集に力を注いだ。大学では植物学を専攻したが、セーレン・キルケゴールやルートヴィヒ・アンドレアス・フォイエルバッハなどの哲学に関心を持ち、聖書と北欧古代文学にも親しんだという。

最後はフォイエルバッハの無神論ヒューマニズムを最後の拠り所として生きることになる。彼が死を前にして古くからの友人に語ったところによれば、「苦しい内的戦いを経て宗教から離れた」という。しかし、このことが母親に深い悲しみを与えたことを悲しんだという。信仰を捨てることは、共同体である教会から離れることであり、家族にも苦しみをもたらすことになる。彼個人の棄教《ききょう》で済むことではないと知っていたのである。また、婚約者を無神論の世界に引き入れて苦しめることはできないと、自ら婚約を破棄することになる。ここにはキルケゴールの婚約破棄が重なり合ってみえる。

彼の棄教は十二歳の時に起きた。年上の従姉に憧れるが、病気となって死の床にある従姉のために祈り続ける。だが、彼女が天に召された時から神に反抗して生きることを決意したという。信仰を失った彼は、人間性そのものを高揚し開花させようとする異教的ヒューマニズムとも言うべき思想を展開する。神の存在はむしろ人間性の充実と完成のためには有害であると結論づける。ヤコブセンは、著書の中で友人にこう語る。

人間が高らかに『神はない』と歓呼できる日々こそ、まるで魔法の杖をひと打ちしたように、新しい天と地とが想像される日だということは思わないのですか。その時はじめて、天はあの脅かしうかがう眼ではなくて、自由な無限の空間になるでしょう。（中略）大地ははじめてわれわれのものになり、またわれわれははじめて大地のものになるでしょう。大地はわれわれの真の故郷になり、ただ短期間の旅人としてではなく、われわれの生命の住まう心のふるさとになるでしょう。そしてすべてのものがこの地上でわれわれに与えられ、何物も天上のどこかにしまって置かれるのでないとしたら、どれだけわれわれの人生は充実するでしょう！（中略）

人類がもし天国への希望や地獄への恐怖なしに、ただおのれ自身を恐れおのれ自身に期待して、自由にその生を生き、その死を死ぬことができたとしたら、どれだけ高貴になるわからないのですか？　もう愚痴っぽい悔悟や卑下では償いにならず、自分が犯した罪を償うには、ただ善き行為をするしかないとしたら、どれだけ良心は鋭くなり、どれだけ堅実さを加えることでしょう。（注4）

ヤコブセンの無神論には、天の神に束縛された人間を脱却して人間中心の世界を築こうというヒューマニズムがある。天国か地獄かという神の裁きに怯える人間から自由な人間性を取り戻すことによって、人生の主体は人間なのだということを強調する。言葉は無神論であっても、神なき人間賛歌とでも言うべきものである。

現在では無神論者であることを告白し、教会から離れる人が教会や社会から弾圧され、排除されることはないが、十九世紀半ばの生まれであるヤコブセンにとっては、反キリストを表出することには、様々な圧力がかかった。婚約の破棄にそれが見て取れる。

2 戦争と宗教

二〇二三年十月二十四日付け朝日新聞朝刊に、「ミャンマー、禁忌破り僧侶へ批判」という記事が載った。「妄信するのはやめよう」「批判しても地獄に堕ちることなどない」と、二〇二一年のクーデター後、反発する人々を国軍が弾圧し始めてから、ミャンマーのSNSにはこのような投稿が目立つようになり、すぐに数千の「いいね」がつくようになったという。

批判の対象は仏教僧である。国民の約九割を仏教徒が占めるミャンマーで、僧侶は国民の尊敬の対象となっている。市民が托鉢《たくはつ》僧に食べ物を捧げる朝の風景は至る所で見かけられ、人々は悩み事があれば寺を訪ね、僧侶に教えを請う。より良い来世を願ってお布施も欠かさない。日本人が想像するよりずっと濃密な寺との関係がある。僧侶批判は禁忌であり、考えられないことであった。

その仏教に対して市民の帰依が「疑念」に変わりつつあるという。クーデターから二年半余りが過ぎ、国軍が市民を弾圧し、死者は四千人を超える。そんな中で仏教や僧侶に対して信じがたい状況が起こりつつある。国軍が市民を殺害しても空爆しても、多くの僧侶は沈黙を守り、家を追われた市民を助けようともしない。

さらに、ミャンマー市民であれば誰もが知る高僧、セーキンダ長老は、クーデター前には「私は民主化指導者のアウン・サン・スー・チー氏の側にも国軍の側にも立たない。僧侶は政治的に中立であるべきだ」と繰り返し説き、その上で「困ったことがあれば何でも相談しなさい」と語っていた。だが、クーデター後に、セーキンダ長老の側近は信徒に対して反クーデターデモに参加しないようにと通達を出した。そしてセーキンダ長老は昨年七月最高権力者ミン・アウン・フライン国軍最高司令官のロシア外遊に同行したと報じられた。一九八〇年代の民主化運動を支持したティータグ長老もロシア外遊に同行したという。

ここに至って国民、主に若者から「仏教は無力だと知った」「なぜ大勢を殺したミン・アウン・フライン氏に罰が当たらないのか」「因果応報は嘘なのか」「一部の僧侶は贅沢三昧の生活をしている」などと仏教批判は止まらなくなったという。国軍に近いとされた僧侶が何者かに殺害される事件も起こっている。

ミャンマーでは仏教界と国軍の関係は曲折を経ている。一九八八年の民主化運動や二〇〇七年の反政府運動には僧侶たちが合流して、国軍の激しい弾圧を受けた。一方で国軍は国民の拠り所である仏教の保護を見せつけてきた。そのような政府指導者による懐柔政策は、仏教指導者の心情を揺さぶり、ある時は政府寄りに、またある時は反政府の砦となる。今回は政府に従順な姿勢を見せたということなのか。はたまた宗教は現実の世界での支配者に媚びを売って生きる体質が元々あることを示しているのか。それにしても民主化を求める市民の側に立たないことは、宗教の持つ普遍的価値観そのものが問われ、この世の指導者にとって都合の良いものとなったことを示している。

ミャンマーの仏教に詳しい東京大学東洋文化研究所の藏本龍介（二〇二四年四月現在）准教授は、「僧侶には現状を打開する力がないと市民が感じ始め、さらに国軍に近い僧侶がいることも明らかになった。社会の中心にあった仏教や僧侶に対する失望が広がっており、これはミャンマー史上、初めてのことだ」と述べている。

私がこの新聞記事を読んですぐに思い浮かべたのは、ベトナム戦争の最中、抗議のために焼身自殺をしたベトナムの仏教徒であった。一九六三年六月十一日、サイゴンの交通量の多い交差点でベトナムの老僧ティック・クアン・ドックが焼身自殺を行った。この行為がベトナム戦争の忘れがたい事件となったのは、それを撮影した写真が世界各地で広まったからである。この事件は直接アメリカのベトナム戦争に反対するものではなかったが、六十六歳の仏教僧が自殺をして、政府の宗教政策に対する仏教徒の抗議を浮き彫りにした。南ベトナムの当時の最高指導者ジエムはカトリックであり、アメリカ政府が彼の背後にいた。仏教徒は迫害と弾圧を受け、抗議活動としてこの焼身自殺は起こった。

信仰は命を賭けて闘うものであることを、ベトナムの仏教僧侶は私たちに教えた。私たちは、各地で起こる悲惨な戦争に対して、何をしているのか。宗教者は何を傍観しているのか。これはミャンマーで起こっている事柄で、日本とは何の関係もないと見る人もいる。だが、今世界で起こっている戦争を考える上で、宗教の果たす役割は何か、そもそも宗教とは何であるのかが鋭く問われているのではないだろうか。

二〇二四年現在、ロシアがウクライナ侵略を行い、中東ではイスラエルがパレスチナのガザ地区を空爆している。多くの人々が戦争で亡くなり、傷ついた人々も数知れない。戦場を泣きながら歩く幼児や、家族を失い悲嘆に暮れる老婦人が映像に映る度に、戦争は止めなければいけないと痛切に思う。そして次に思うのは、この時、一体宗教者は何をしているのかということである。地獄図を見るかのような映像が流れるそのただ中にあって、宗教者は何故沈黙を守り、国家の支配者に膝を屈《かが》めるのか。宗教者の矜持はないのだろうか。

3　宗教の普遍性

宗教とは普遍的価値観を有するものであり、時代や社会の移り変わりの中にあっても、その主張は一貫している。置かれた時代の状況や大きな社会の変化の中にあっても、その教説は首尾一貫したものである。宗教は苦しみや悲しみにある者たちに深い慰めを与えるものである。宗派の違いはあっても、苦悩する人間に寄り添い、人の生を肯定するものである。すべての宗教はその説く教説の違いはあれ、人間が殺し合うことを肯定などしない。戦争は何よりも人間を超えたもの、それを神と言おうが仏と呼ぼうが、人智を超えたものが最も忌み嫌うものではないのか。

だが、この戦争の現実は、神の、絶対者の不在を示しているのではないか。神がいるのに何故戦争は起こるのか。むしろこの世の悲惨な姿は神の不在を示しているのではないのか。こう語る人は少なくない。

この世界での神の無力さについて、ロシアの宗教哲学者ニコライ・ベルジャーエフはこう語る。
「神は君主でもなければ命令者でもない。（中略）神は霊であって、存在ではない」と。（注5）

ベルジャーエフは、神はこの世界に一切関与しないと言い、人間の自由とは神以外の所から生じたものであり、だからこそこの世界に対して人は全責任を負うと説く。誰も戦争を起こし、誰も戦争を止める者はいない、人間以外に。彼は人間の持つ自由に強い希望を持ち続けた。ベルジャーエフは神の摂理を認めず、宗教者も信用しなかった。彼はロシア帝国に反逆して二度流刑に処せられた。戦後、共産主義国家となったロシアのモスクワ大学に招聘《しょうへい》されるも、共産主義に抵抗したため、さらに二度の流刑の目にあった。ロシア正教では彼を異端として排斥していた。自身の理念に真実に生きる者にはこのような運命が待ち受けている。彼の人生そのものが、自由を何より求めて生きたことを証明している。

そのロシアでは、ロシア正教の大主教がプーチンの側近としての処遇を受け、ロシアの軍事侵攻が成功することを祈り続けている。そしてウクライナの大主教を反逆者と決めつけて関係を断つに至っている。同じ宗教を信じる者がそれぞれの国に従って対立しているのだ。それぞれの国の戦争に勝利するために支援している。どうして同じ神を信じ、同じ宗派の兄弟姉妹たちが、それぞれの国に分かれて争うのだろうか。

宗教は民族や国家を超えた価値観を持つものである。国家が戦争を起こしても、国家を包み込む宗教がそれを止めることができないのは何故か。理由は明らかである。宗教は国家に従属するものとなっているからである。そこには宗教の持つ普遍的な価値観の共有は起こらない。極めて世俗的この世的な価値観に収斂《しゅうれん》された宗教の姿がそこにある。

中東の戦争は異なる宗教の対立が根底にある。ユダヤ教とイスラム教の対立であるが、同時にイスラエルとパレスチナの国家や民族の対立が前提にある。ユダヤ教ではモーセの十戒に「汝殺すなかれ」との言葉がある。新約聖書には、「敵を愛し、自分を迫害する者のために祈りなさい。あなたがたの天の父の子となるためである」というイエスの言葉がある（マタイ伝5章44～45節）。コーランにも人を殺すなかれの戒律はある。

宗教は時代を超え、民族、国家、人種を超えて人々が一つの教えを守るものである。そこには現実の権力者や為政者の思いに抗う理念がある。その理念の共有があるからこそ、宗教は普遍的なものと考えられている。その理念の共有が何故失われてしまうのか。ユダヤ教、キリスト教、イスラム教は、旧約聖書を同根とする宗教である。最も近しい宗教が最も激しく憎み合う。

戦争は国家によって生み出されるものであるが、宗教はその国家に従属したものになって、宗教の普遍性を放棄する。そこにあるのは国家限定の宗教の姿である。第二次世界大戦下の教会では、自国の勝利と自国民の安全を祈願した。それぞれの国民が自国の勝利を神に祈る。一人の神に対して対立する国同士が勝利を祈願するということが起こった。神はどちらの祈りを聞きたもうたのか。神を自国の味方にすることの危うさを思う。

私にはどうしても忘れられない戦争体験の実話がある。八年前に亡くなった父方の叔父の話である。川崎に住む叔父は毎年実家である父の家に帰省していた。お盆の墓参りのためである。戦争の話は今まで全くなかったが、ある時私は叔父に戦争に行ったのかと尋ねた。叔父は話したがらない様子であったが、そのうちにぽつりぽつり語り出した。その場には中学生になったばかりの私と兄がいたと思う。

叔父は陸軍に招集されて中国大陸を転戦したという。戦争がどれだけ悲惨でむごいものであるかを語った。初年兵の時に、中国の農村に連隊が押し入った。農民を捕虜として捕らえて正座させた。指揮官は彼らは中国のスパイであり、生かすことはできないと言い、初年兵に銃剣で刺し殺すことを命じた。わら人形を突き刺す訓練は受けたが生きている人間を突き刺すのは初めてだった。叔父は体中が震えた。先に二人が鬼の形相で大声を上げて捕虜を突き刺した。刺された人も見ていた捕虜たちも大声を上げた。

叔父の番が来た。体中の震えが止まらなかったが、銃剣をしっかり抱えて捕虜の前に進んだ。捕虜となった人たちは必死で命乞いをしていた。その声は津波のようになって押し寄せてきた。叔父は歯を食いしばり、決死の形相で走ろうとした。その時、目の前の捕虜が両手を差し出して何かを抱えている姿が目に入った。両手で抱えていたのは小さな木彫りの観音像であった。叔父は一瞬あっと声を出した。木彫りの観音像は叔父の軍服の裏ポケットにも入っている。信心深かった母親が軍隊に招集された時に肌身離さず持って行くようにと言われたものなのだ。叔父はその場にへたり込んだ。指揮官が叔父を引き起こして何度も突き刺せと怒鳴った。だが、叔父は首を振ってできないと意思表示をするのがやっとだった。指揮棒で何度も顔を殴られて叔父は倒れた。気がついたのは大量の鼻血と切り裂かれた唇からの血が伝わってくる感触であった。

叔父はその話を話し終えると立ち上がって部屋から出て行った。その時叔父が泣いていることに気づいた私は、聞いてはいけないことを聞いてしまったと直感した。その後叔父が戦争の話をすることは二度となかった（叔父は淡々と話したが、私は状況説明を加えて書き記した）。

叔父は信心深い人だった。祖父や祖母の信心を引き継いだのであろう。祖父は檀家の寺の正面に、大きな門の石柱を寄進していた。もう一方の石柱は祖父の弟の寄進したものだった。信州飯田《いいだ》の臨済宗の寺であった。その寺の法話会に私も何度か参加したことがある。そのような家庭環境で育った叔父は優しい人であった。その叔父があの場面のその後どうしたのか分からない。ただ、戦争の最中に、同じ仏教徒を刺し殺す側にいたことは、生涯の苦しみとして癒やされがたい心の傷となったことだろう。当時の仏教界の高僧たちは口を極めて戦争賛美の声を上げ、支那人や朝鮮人を殺せと囃《はや》し立てた。

殺生を禁じ、慈悲の心を説くべき人たちが戦争に乗り遅れまいとして、宗門の宗徒を駆り立てたのだ。彼らの罪はとてつもなく重い。

キリスト教でも同じことが起こった。

一九一九年四月十五日、日本統治下の朝鮮京畿道水原《けいきどうすいげん》郡の提岩里《ていがんり》教会で、三・一独立運動の最中に起きた事件で、暴動を指揮したと見られる二十九名の朝鮮人キリスト者らが日本軍によって殺害された。いわゆる提岩里教会事件である。

朝鮮の三・一独立運動の余波を受けて、朝鮮半島全土で暴動（朝鮮騒乱）が発生し、暴徒は日本人を殺戮し、日本人が避難する状況となった。朝鮮軍歩兵第四十旅団が暴徒鎮圧のために發安《はつあん》に到着した。有田俊夫《ありたとしお》中尉が指揮する歩兵たちは、暴動の首謀者の根絶をはかるため、首謀者と目されるキリスト教徒、天道教徒を提岩里教会に押し込んで射殺・刺殺した後、教会を焼き払った。

この事件は当時の朝鮮軍司令官だった宇都宮《うつのみや》太郎《たろう》陸軍大将の日記によれば、外国人に対して虐殺、放火したことを認めれば、帝国の立場が著しく不利益になるとして、虐殺放火はなかったとしたと記されている。しかし、この殺戮事件は宣教師や記者によって世界中に報道された。

朝鮮独立運動に多くのキリスト者が関わっていたことは事実であるが、統治する側の日本が圧倒的な軍事力を持っていて、容易に独立は叶わないと分かっていた。当時の日本人キリスト者は、この事件の前後にどう動いたのか。彼らは明らかに日本政府や日本軍の意のままに動き、同じ信仰を持つ朝鮮人を見捨てたのだった。人種を超えた信仰の普遍性などどこにもなかった。国家の言いなりになる宗教の脆弱さ、欺瞞がここでも随所に見られる。

戦後となって、日本人キリスト者は提岩里の三・一運動殉国記念館を訪れ、謝罪した。この訪問団を率いる尾山令仁《おやまれいじ》牧師は代表祈祷を行なったが、その中で植民統治時代に日本の官憲たちの最も乱暴な事件が起きたことに対して日本の政治家たちが一度も謝罪しなかったことに触れたという。

だが、事件を日本の政治家の責任にすり替えている。問われるべき自分たち日本人キリスト者の責任が、全く示されていない。戦時中に政府や軍部に屈服して神の教えを棄てて、アジア諸国民に途方もない苦しみを与えたのは日本のキリスト者であることの認識と謝罪が全くない。残念ながらこれが日本のキリスト教の限界なのだ。

また、日本人の中にある中国人や朝鮮人などのアジア人蔑視が見て取れる。アジアの盟主、西洋の文化国家に比肩《ひけん》する日本人の未開で文化度の低いアジア劣等民族への差別感が、日本人の心の奥深くに潜んでいる。宗教の普遍性が奪われるのは、このような日本人の民族差別の感情が根底にあるからではないのか。日本人キリスト者のおごり高ぶりは何だろうか。

第二章
仏教の差別と排除

仏教は衆生の苦しみに寄り添い、その克服のために僧たちが共に苦悩を受け止めてくれる宗教との印象があると思われている。それだけ長く国民の間に根付いた宗教であるからだ。何より開祖のブッダ自身が人の苦悩を理解したと言われている。

人の救いに与る仏教が、何故人を差別し、排除してきたのか。仏教を信じている人にとっては耳を塞ぎたくなるような問題である。ただ私の宗教批判は、宗教の持つ価値や存在意義の再発見にある。宗教の覚醒が求められていると思うから、厳しい指摘や批判をせざるを得ない。

仏教は何故障害者を価値なき者とするのか。障害者の人間としての尊厳を何故認めないのか。ここからは仏教による差別や排除の中で、とりわけ社会に知られている仏教の障害者無用論について触れる。

仏教の因果応報論によって、障害者やその家族たちがどれ程苦しめられてきたのか。仏教がなければ障害者やその保護者は自分たちや祖先に怨みを抱かず、もっと平安な人生が送れたのではないか。そのように思われる事象が私たちの周囲には沢山ある。仏教が障害者や不幸な人たちを因果応報の理法で説くことによって、どれだけ人の世に苦しみを生み出してきたことか。ブッダがそのようなことを本当に望んだのであろうか。

因果応報の理法に触れる前に、そもそもブッダの教えとは何かを明確にする必要がある。何故なら同じ仏教と言っても各宗派があり、その説くところは多様であり、異なる考えもあるからだ。だからこそ、開祖ブッダの思いを直接知らなければならない。ここでは、中村元の『釈尊《しゃくそん》の生涯』（平凡社、二〇〇三年）を基にしたブッダの理解を述べる。釈尊の生涯を記すには通常、諸種の仏伝が用いられるが、中村の著書は根本資料が仏伝ではなく、原始仏教聖典に求められている。さらに中村は、厳密な原典批判的方法で探り、考古学的資料やインド思想史との関連にも踏み込んでいる。仏伝は各仏教宗派によって様々であることから、個々の教学に拘わらないことを考慮した。以下は本書を参考にしたものである。

仏教の開祖であるゴータマ・ブッダ（釈尊）の生誕は紀元前六二四年であったと言われている。父はシャカ族の王スッドーダナ（漢訳仏典で浄飯王）である。ブッダの誕生後に母は亡くなり、その妹が王の後添えとして宮殿に迎え入れられ、異母兄弟が生まれた。若きブッダは裕福に育ったが、老いや病、そして死の現実の凡夫の世界を見て、王家の地位を捨てて一介の修行僧となった。人の苦しみを四苦（老、病、死、生）と見て、無常の心を起こしたという。これについて次のように語っている。

私もまたかつて正覚をえないボーデッサッタ（悟りをうる前の仏）であったとき、みずから生まれるものでありながら、生まれる事がらを求め、みずから老いるものでありながら、老いる事がらを求め、みずから病むものでありながら、病む事がらを求め、みずから死ぬものでありながら、死ぬ事がらを求め、みずから憂えるものでありながら、憂える事がらを求め、みずから汚れたものでありながら、汚れた事がらを求めていた。そのとき私はこのように思うた。――何がゆえに私は生まれるものでありながら、生まれる事がらを求め、みずから老いるもの、病むもの、死ぬもの、憂うるもの、汚れたものでありながら、老いる事がら、病む事がら、死ぬ事がら、憂うる事がら、汚れた事がらを求めるのであるか？　さあ、私はみずから生まれるものではあるけれど、生まれる事がらのうちに患いのあるのを知り、不生・無上なる安穏であるニルヴァーナを求めよう。私はみずから老い、病み、死に、憂い、汚れたものではあるけれども、それらの事がらのうちに患いのあるのを知り、不老・不病・不死・不憂・不汚である、無上の安穏・ニルヴァーナを求めよう。（注1）

やがて釈尊はウルヴーラーのアシヴァッタ樹の下で悟りを開いた。これは正覚と呼ばれるものであるが、彼の生涯で最も重要なものである。ブッダは苦行を捨てて悟りを開いたと言われる。ありとあらゆる苦行をしたが、それは意味のないものであったという。彼の悟りとはどのようなものであったのか。ブッダはかく言う。

修行僧らよ。かくして私はみずから生ずるたちのものでありながら、生ずる事がらのうちに患いを見て、不生なる無上の安穏・安らぎ（ニルヴァーナ）を求めて、不生なる無上の安穏・安らぎをえた。みずから、老いるもの・病むもの・死ぬもの・憂うるもの・汚れたものであるのに、老いるもの・病むもの・死ぬもの・憂うるもの・汚れたもののうちに患いのあることを知って、不老・不病・不死・不憂・不汚れなる無上の安穏・安らぎを求めて、不老・不病・不死・不憂・不汚れなる無上の安穏・安らぎをえた。そうして我に知と見とが生じた――『わが解脱《げだつ》は不動である。これは最後の生存である。もはや再び生存することはない。』（注2）

このように説くブッダは、人が生きる中で出会う苦しみをどう克服するかを求めて、最後にその悟りを開いた。ブッダは人の苦しみを見つめその解脱の道を探った。その教えは人の苦しみに添ったものであり、人を高所から裁くことをしない。ブッダの教えは優しさと慈愛に満ちている。だが、ブッダ個人から教団の教えに至ると、明らかにそれは変質する。教団の思惑がブッダの教えを超えて人を支配的に見るようになる。

仏語として「四苦」「八苦」は、「苦しみと向き合い、自身の価値感を変える思考こそ、悟りを得るために必要である」と説く。その苦しみを克服するものが四聖諦《ししょうたい》である。そして悟りに到達するための修行として、八正道《はっしょうどう》を教える。八正道は正語《しょうご》（嘘や悪口を言わない）、正業《しょうごう》（殺傷や盗みなどをしない）のような道徳律が記される。

これを分かりやすいと見るか否か。むしろ八正道に生きられない凡夫や罪人だからこそ、私たち人間は悩むのではないのか。それを見通したブッダはこのような道徳律を本当に語ったのであろうか。苦行を捨てたということは、それが救いに至らないと悟ったからではないのか。八正道に示されたとおりに生きられる人などどこにいるのだろうか。

次に挙げる仏教学者、諸戸素純《もろとそじゅん》の「因果の理」には、ブッダの言う人の苦悩に寄り添う温もりが感じられない。教義になるということはこのようなことなのか。

諸戸は、宇宙には厳然として普遍の理法が働いていて、何一つとしてこれより漏れるものはないと説く。この法理に従い、理法そのままに行動し、身につけるところに仏教的生き方があるという。その普遍の法理は「因果の理」に代表される。常に因果応報の理によって、その生き方を規定しているのが仏教徒である。仏教でいう因果とは行為の法則を意味し、具体的には善因善果《ぜんいんぜんか》、悪因悪果《あくいんあっか》ということに尽きる。善悪の行為にはその応報として一寸の狂いもなく、善悪（福と禍）の結果が必然的に生ずるものである。

この世の事物も我々人間の行為も、何一つこの因果の理法から外れることができない。因果の理は厳然たる真理である。この真理を自覚し、これに則って行動しようとする態度が、「諦める」ということである。仏教の説く「諦め」とは、明らかに見ることであり、「理法」に外れた「無理」をしないことである。真理の立場に立って物を見、行動することが「諦める」ことの真義である。（注3）

このように説く仏教学者は、普遍の法理である「因果の理」がどれほど人を苦しめてきたかを知らない。悟らない者に非があるとばかりに高所から衆生を突き放す。「諦め」とは「明らかに見る」ことであるというが、この世の苦しみの多い人生を諦めて、極楽往生を生き甲斐にせよと説く。社会の矛盾や政治の貧困に目をつむり、「諦観」の神髄を語る。これではマルクスに「宗教は阿片《あへん》である」と言われても仕方がない。

1　因果応報思想と障害の理解

日本の障害者の歴史の中に出てくる仏教の障害者差別としてよく知られているのは、「法華経」を軽視する者は障害者になるという教説と、朝廷が布教を禁じた時代にその禁を破って広く人々に仏教を説いた行基《ぎょうき》が、障害児の親に「我が子を川に流せ」と殺害を命じたことである。この二点からも仏教が障害者に対して好意的理解を示すどころか、彼らを世に役立たない廃物のように考えていたことが明らかになる。

最初に「法華経」の障害者理解を述べる。坂本幸男他訳注『法華経　下』（岩波書店、一九九一年）にはこのように記されていて、経典を軽視する罪と病との因果関係を示している。

このように最高の経典を護持する僧たちを迷わす者たちは生まれながらの盲目となるであろ

う。また、このように最高の経典を書写する僧たちの悪口を言いふらす者たちは、この世において、身体に疫斑が生ずるであろう。このように最高の経典を書写する人々を嘲笑したり怒鳴りつけたりする者たちは、歯が折れたり、歯が抜けたりするであろう。また、忌まわしい唇を持つようになるであろうし、低い鼻の持ち主となるであろう。また、手足が逆となり、眼が逆さとなるであろう。また、身体が悪臭を放ち、身体は水疱や腫物や痂《かさぶた》に覆われ、癩病や疥癬に罹るであろう。(注4)

この法華経を誹謗した者は、たとえ地獄や餓鬼として世界に転生することを免れて人間に生まれたとしても、障害者としてその姿で生きることになるという。中世日本では「癩《らい》」はハンセン病だけでなく、疥癬《かいせん》や重度の皮膚病、疱瘡《ほうそう》を生じる天然痘も含まれていた。「摩訶般若波羅密経《まかはんにゃはらみっきょう》」の中に、「諸病中癩病最重、宿命罪因縁故難治」と記されているように、「癩」は最も深い罪因に基づく業病とする捉え方が仏典に広く見られる。

宗教は宗派の興隆《こうりゅう》のために他宗派を中傷することがあることを私たちは知っている。だが、民衆に対して経典を軽視したり、自宗派を信じなければ障害者になるとまで脅しをかけることは許されることなのだろうか。

そもそも、障害者をどのように見ているのかを法華経は示している。彼らは障害者や重篤な病人を忌み嫌われる存在として認識している。世の中で最も嫌われ、人が寄りつかない者こそが障害者や重篤な病人であるとの考えが前提にある。

仏教は私たちが知る限り、慈悲の心を教える。「慈」とは「いつくしみ」であり、「悲」とは他者の「苦」に同情しこれを救済しようとすることであると説かれている。この「慈悲」とは自己と他者の対立を超えたところの「自他不二《じふたに》」であり、他者の「苦」に同情し共感的に対応することである。菩薩道はその実践であり、「上求菩提《じょうぐぼだい》・下化衆生《げけしゅうじょう》」という言葉に端的に表れている。苦しんでいる人の身になって救おうと発心《ほっしん》し実践することが仏教徒の基本思想である。私たちは仏教を開いた釈迦が、誰よりも人の持つ苦しみを理解し、それに寄り添ったことを知っている。

法華経とは、大乗仏典の初期に成立した代表的な経典である。誰もが平等に成仏できるという仏教思想が説かれている。聖徳太子の時代に日本に伝来したものである。何よりも誰でも成仏できるという平等思想が根底にあり、天台宗や日蓮宗では最も重要なものとされている。法華経の梵語《ぼんご》（サンスクリット）の原題は、「サッダルマ・プンダリーカ・スートラ」であり、逐語訳は「正しい・法・白蓮・経」であり、「百蓮華のように最も優れた正しい教え」と訳される。

この法華経を軽視し、仏法に励む修行者を悪く言う者は障害者になるという。ここでは障害者はこの世で最も忌むべき者、なりたくない者として描かれている。もちろん、現在の人権思想や障害者の尊厳などなかった時代の成立を考えれば、このような差別表現はあり得ることだとしても、人の「苦」

を慈しむ仏教が障害者を蔑視することは断じて許されない。この経典の内容が障害者蔑視・差別に基づいていることを考えれば、この経典を布教のために利用している宗派には謝罪と説明が求められるのではないのか。放置して許される差別事象であるとは到底考えられない。

日本における仏教の受容は排仏派と崇仏派の争いから始まったという。仏教の受容を巡って、疫病の蔓延の記事が残されている。日本書紀によれば五五二年百済《くだら》の聖明王《せいめい》から献上された仏典と仏像を前に、これを礼拝するか否かを臣下に問うた欽明天皇に対して、廃仏の主張を受け入れて仏像を破棄したために疫病が流行り、天皇の大殿が焼失した。疫病の起こる度に廃仏か崇仏かの論争が続いた。

その後も疫病が流行り、多くの民が命を落とした。物部氏と中臣氏は疫病の流行は蘇我馬子《そがのうまこ》の仏法興隆にあると奏上し、天皇は廃仏令を発したため、仏像、仏殿を焼き払い、尼僧を禁固して鞭打った。すると天皇はにわかに瘡を患って苦しんだ。国中に瘡が流行り死ぬ者が溢れた。人々はひそかに、「これ仏像焼きたる罪か」と語り合ったという。

「瘡」とは疱瘡を伴う天然痘や癩の症状を指すことをうかがわせる。この病について「仏像を焼いた罪」の報いとして因果応報の観点から記されている。古代日本における仏教受容が疾病にまつわる因果応報と深く関係していることを示している。

この点に関して、廃仏を行った皇帝が「瘡」によって命を落とすという話形が、「広弘明集《こうぐみょうしゅう》」「法苑珠林《ほうおうじゅりん》」など七世紀半ばの中国で成立した仏教書にも見られることから、「日本書紀」における「瘡」

にも業病としての意味が込められていたのは、中国の仏教文献を参考にして描かれたものであると指摘されている。（注5）

天然痘や癩のイメージを伴った「瘡」は、為政者に対する最も重い仏罰として、広く仏教文化圏で流布され、各種の説話や史書に取り込まれていた。天皇さえも仏罰を受けるという思想は、宗教の持つ絶対性や普遍性が人智を越え、人の権力を越えたところにあることを示している。

だが、同時に「瘡」は恐ろしい業病であるという知見を衆生の間に喧伝するという結果を伴った。障害や身体が歪むほどの重病を持つ者やその家族をどれだけ苦しめてきたかを考えると、開祖のブッダの教えとはとても考えられないものであろう。

次に登場するのは、行基の障害児殺しである。行基は飛鳥時代から奈良時代にかけて活動した仏教僧である。朝廷が仏教の布教を禁じた時代に、その禁を破って「行基集団」を結成し、民衆や豪族など階層を問わずに広く人々に仏教を説いた人物である。多くの民衆に支持されて、やがて日本で初の「大僧正」に就いた。仏教を説くだけに留まらず、生活困難者のための救済や社会事業を興し、民衆の福祉に貢献した。奈良の大仏造立の責任者として、東大寺「四聖」の一人に数えられている。

飛鳥・奈良時代の最高の高僧であった行基が障害児殺害を母親に命じたとは如何なることか。

行基は「霊異記」の中では異例の関心と崇敬の念をもって描かれている。民間伝道や社会事業に活躍し、朝廷から弾圧も受けたが遂にはその協力を要請されるに至った彼は、救済者として民衆からの人望を一身に集めていたと思われる。

行基の大僧正叙任を妬んだ者へも愛憎を超えた慈しみ、愛嘆《あいたん》の眼差しを向け、迎え入れるという物語も残されている。その一方で慈しみ深く、人間愛に満ちた聖者が法会に子どもを連れてきた母親に、その子を淵に投ずるようにと命ずる話がある。


行基大徳《ぎやうきだいとく》、子を携《たづさ》ふる女人の過去の怨《うらみ》を視《み》て、淵に投げしめ、異《めづら》しき表《しるし》を示しし縁

（日本霊異記第三十中巻）


南河内で行基が説法をしていた時のこと、十歳余りの子ども（障害児）を背負った女がやってきた。その子どもは泣き叫ぶばかりで全く聞き分けがない。食べ物は人一倍貪り喰らい、泣き叫ぶばかりであった。行基はこの子を見つめ、母親に子どもを川に捨てるように命じた。

母親はいくら高徳の行基の命令とはいえ、我が子を捨てることができず困り果てたが、とうとう子どもを川に捨てるに至った。川に捨てられた子どもは本当の姿（廃物）となり、「私は前世でお前にものを貸したが、生きている間に返してもらえそうになく、こうしてたらふく喰らうことで取り返そうとしたのだ」と言って川に流れていった。

行基大徳は「そなたは前世において、彼のものを借りて返さなかったため、貸主がこの世で子の姿を取って負債を取り立てて喰うのである。子は昔の貸し主なのだ。人から借りたものを返済しないで

死ぬことができようか。後世で必ずその報いを受ける。他人から銭一文分の塩を借りたままなのに、後世牛に生まれ変わり、塩を背負って追い使われ、貸主に労働力で償うのだと述べているのはこのことをいう」と述べた。(注6)

この物語を宗教学研究者の中村恭子はこのように述べる。「この女が、子を淵に投じなければ、子供の泣声は聴衆や母は法を聞くことをさまたげ、また、その前世はついにあかされることもなく、母親は因果の法を如実にさとりえずに、悪行を重ねるかもしれない。(中略)子を水中に擲《なげう》つようにとの行基の命令は、母親のみならず、聴衆にも行基の慈しみ深さを疑わせるものであったが、これは因果の理を衆生にさとらせるための、救済の一方便であった」と。(注7)

このように仏教の専門家は行基の説法の機微で説明する。だが、別の見方からすれば、障害者を廃物と見ていることが示されている。当時は障害者は川に捨てられるものであったことも合わせ知ることができる。行基は大徳といわれるほどの聖者であったが、障害者を差別し排除する人物であることが記されているとしか解釈できないのではないか。

行基説話で描かれている仏教の厳しさ、因果の理は今日を生きる現代人にどう映るのだろうか。

先に挙げた著書において、一九六〇年に来日したアメリカの著名なキリスト教神学者パウル・ティリッヒが寺院を訪ねた際に、柔和な慈愛に満ちた仏像に混じって並ぶ護法神像の憤怒の怒りの表情に戸惑い、その意味をしきりに尋ねたと伝えられている。慈悲は盲愛ではなく、厳しい批判に裏付けられたものであって、それによって初めて慈悲が生かされるという思想は仏教の基本思想であり、それ

は行基説話にも見られるものだという。（注8）

ティリッヒが慈悲の心である仏教の仏像に違和感を抱いたのは理解できる。それは衆生への無上の慈悲の心を示す仏教とは異なっているからだ。

仏教はブッダの教えを超えてしまったのではないか。障害者を廃物と見ることは、当時の社会通念であったかも知れないが、それが今日までどれほど人々を苦しめてきたかを知らなければならない。

庶民への教説は仏教僧によって編集、著述され、仏教と生活との出会いから生まれたものが仏教説話である。経済的に治療を受けられない貧しい人々がすがるものが神仏であった。仏教説話にはそうした庶民の現世利益を求める生活者の命や病気、障害に関する記述が多く見られる。「日本霊異記」はその代表であり、因果応報思想としての障害理解が中心となっている。障害や重い病などは、人智で説明がつくものではなく、因果応報として捉えるしかなかったのだろう。だが、衆生の幸福を願うはずの仏教が、因果応報を持ち出すことによって、さらなる不幸を生み出してきたことを忘れてはならない。

仏教の因果応報思想とは次のようなものである。即時あるいは何年後か、また次々世代後等、報いの来る時節に違いはあるが、「一度為せる業の報い来らざるはなし」のように、「業《ごう》」には必ず「報《ほう》」がある。では、「業」とは一体何か。「業とは身と語と心の三箇所に働くもの」であり、善業は果《か》報《ほう》、悪業は地獄餓鬼畜生《じごくがきちくしょう》とされる。極重悪は地獄の報を受け、次の重は餓鬼の報、その次の重は畜生の報を受けるとされる。「業」には善と悪の二種あるが、その種や程度によって「報」は様々な現れ方をし、軽いものは世代を超え、生まれ変わった自身や子孫に「報」が生ずることがあるという。

障害や重篤な病はこのような「業」のうち、悪行に対する「報」と見られている。仏教説話には、悪業に対する「報」としての障害が多く登場する。

「盲」「ろう」という障害も「宿世不善《しゅくせふぜん》の業報《ごうほう》」と断じられ、ある男は盲で両眼共明るさを失って浮世暮らしをしていたが、ある時、「定メテ過キシ世ニ重キ罪ヲ作リタル報ヒ」に気づき、「何時業報ノメグリ来ルベクモ知レヌコトナレバ、（中略）油断ノナラヌ」との思いに至ったという。（注9）障害に対する無力感がこのような因果応報思想を支えたのであろう。

座頭を殺害して官金（江戸幕府公認の座頭が貸し付けていた金。非常に高利で、取り立ても苛酷であったといわれる）を奪った凶男は裕福となるが、その妻が殺された座頭に似た子を生み、その子が父の財産を散財し、自らが殺された座頭と名乗り、やがて父を殺し自害したという逸話に対して、「誠に因果は遁れがたきもの」と説いている。

罪は人への加害や仏神への背信として「仏罰」を招くとされる。大火に乗じて死人の衣や金品を奪い、昼夜非道の物取りをして富んだ者が盲人となる。その子孫も「一眼」「一足」などの身体障害者になったという。

このような不善の悪業に対する罰として、梅毒やハンセン病、身体障害が生じている。仏教説話には身体障害が多く見られるが、精神障害や知的障害も少なからず存在する。

人に理解できない言動をする狂乱、狂気の者は隔離され、さらに症状を悪化させた。それを人は「悪鬼《あっき》」と呼び「鬼病《きびょう》」と称した。動物が関わるものであれば「狐憑き」がその典型である。ある男は齢三十八になるも、数の計算ができず何度教えてもできない「愚昧《ぐまい》」であった。まるで犬が年を取るが如く、「数知」り「起居振舞《たちいふるまい》」など不十分であったが、この愚昧が解消したのは仏の知恵の光が「痴闇《ちあん》」を照らしたとされる。つまり、仏罰ではなく、仏の加護を受けたとされる。数少ない障害者の癒やしの物語である。（注10）

障害や重篤な病気の場合は、かかる「業」のうち、悪業に対する「報」と考えられていた。その具体例が、上述の仏教説話に残っている。仏教説話は仏教の教えそのものではないかも知れない。だが、時代を超えて多くの人々がそれを読み聞きして、障害者を仏教的解釈によって貶めてきた。その罪は許されるのであろうか。

どのような宗教でも、経典や聖書はその時代的・社会的な背景があり、その制約の中にあって作成されたものである。仏典もキリスト教の聖書も時代背景を踏まえる必要がある。私はアメリカの福音派のような「逐語霊感説（一字一句が神の霊感によって書かれたことを信じること）」を否定するものである。その時代の社会通念や一般常識の枠の中で、また時代的制約を受けて成立したものだからである。だから、仏典にも聖書にも書かれた当時の社会通念が色濃く反映され、障害者の置かれた状況がそのまま映し出されている。キリスト教であっても同様である。問題なのはその時代の差別や偏見、排除がそのまま現在まで引き継がれていることなのだ。人権意識の高揚によって、また人間の尊厳がこれだけ社会通念として認識される時代の中で、それに対する謝罪も訂正もないことが非常識なのだ。

仏教における因果応報思想がどれだけの人々を苦しめてきたのか。その解釈が誤っていたというこ となのか、解釈の問題ではなく教義の問題なのか。古代社会の無知なるが故のこととして済ますことができるのか。それによってさらに傷ついた人々が多くいるということを、知らなくてはならない。だからこそ社会にそれを知らしむることが必要なのではないか。

❀

仏教の因果応報の考えに苦しんだ人たちに出会った。決して少なくはない。ここから私の体験談を語る。

中学校の特殊学級の担任をしていた時、保護者が神妙な顔つきで私を訪ねてきた。重い知的障害のある生徒の母親である。新学期が始まってすぐであった。私はその母親が来校したことを喜んで迎えた。新担任になった私にわざわざ会いに来てくれたのだ。私も尋ねたいことが沢山あった。

だが、彼女が切り出したのは、どうして息子が障害者になったのかという質問であった。彼は日常生活にも援助を必要とする生徒であった。ほとんどしゃべれないが、こちらの指示はある程度理解できていた。本来であれば、当時の就学基準では彼の障害の程度や特性から養護学校進学が相当であると思われたが、母親が地元の中学校を強く希望して入学してきた。

障害を持った子どもの母親の気持ちが新米教師の私にそれほど理解できていたわけではない。だが、彼女は何故息子が障害者として生まれてきたのか受け止められないのだと思った。さらにその子の弟も同様の障害のあることが分かった。兄弟揃って障害児なのだ。それは決して珍しいことではない。私は自閉症の三兄弟という子どもたちを知っていたからだ。

しかし、次の彼女の言葉に私は言葉を失った。二人の子どもの命名をある寺の僧侶に依頼したという。夫（兄弟の父親）の弟に知的障害があり、どうしても健常児が欲しいと望んだ中で決心したという背景があった。だが、生まれた子どもは二人共知的障害があった。どうしてなのかと私にその答えを求めてやって来たのだ。彼女は主人の弟のことで何人もの人から、障害の因果応報について散々聞かされていたのだ。それでそうならないようにと、祈祷もしてもらえる僧侶に依頼したのだ。だが、期待通りにならなかった。それは自分か夫かはたまた親族の誰かの悪業の報いなのか。それを知りたくて教師の私を訪ねてきたのだという。偉いお坊さんに祈祷して命名してもらった。もちろん決して少なくない金銭を寄進した。その結果二人共障害者として生まれてきた。どうしてなのか、と。

私は返事に窮した。しかし、障害者が生まれるのは過去の悪業の報いであるとの考えは迷信であると告げた。仏教のいう因果応報は知ってはいた。まさかそれをまともに受ける人はいないと思っていたが、目の前でそれを信じている人がいることを知った。障害児教育の教師になったばかりの私は、それ以上答えることはできなかった。だが、ブッダは人の世の苦しみを考え抜いて悟りへの道を説いた。そのブッダが人を不幸に落とす因果応報思想を説いたとは思われない。まして障害者の人権尊重が叫ばれるようになって、未だに悪業の報いであるなどとの説明にどれ程の意味があるのか。私は、息子が社会自立できるようになり、生まれてきて良かったと思える人生を一緒に作っていきましょうと答えた。母親は兄弟の出産後、地域ではよく知られたその寺への参拝を止めた。

開校したばかりの四月、新設養護学校の校長室に一人の母親が飛び込んできた。小学一年生の親であった。彼女は立ったまま私に詰問した。娘は昨年十二月まで地域の通常の学校に入学するものと思っていた。祖父母に買ってもらったランドセルをうれしそうに担いで家の中を歩き回っていた。ところが、暮れになって高熱を出して寝込んだ。解熱剤を与えたが三日間高熱が続いた。四日後熱が下がったが、娘の容態が一変した。あれほど元気でおしゃべりをして動き回っていた子が、突然一言も発することができず、立ち上がることもできなくなった。活発で利発な娘であったという。絵本を読んで聞かせるうちに、自分で読みたいと本屋に親を連れ出して好きな絵本をたくさん買った。読んだ絵本の物語を思い出して上手に語ったという。祖父母はその様子を見て、中学からは私立に進学させて好きな職業を選ぶことに期待した。その期待に応えられる子であると思った。それで高価なランドセルを買って与えたという。

だが、小学校進学三ヶ月前に突然重度の障害者になった。知的だけでなく肢体不自由を併せ持つ障害者になった。それをどう受け止めたら良いのか。母親は私の前で泣き崩れた。障害受容が全くできていないのだった。

彼女はしばらく泣いていたが、次に話したのは親戚からも近所の人からも、障害者は謂われなく生まれるものではないと言われたことだった。それには背景がある。親や何世代も前の先祖が悪業を働き、その仏罰を受けてこの子はこうなったという。そんな話は聞きたくないが、校長先生はどう思うかと詰めてきた。

その頃には私は障害児教育二十年以上の経験があり、親の障害受容についても取り組んできていた。私ははっきりと「仏教の因果応報思想は迷信である」と伝えた。仏教の開祖であるお釈迦様は人間の苦しみをとことん理解して、人がこの世で幸せになれるようにと仏教を開いた。そのお釈迦様が人を苦しめることは言わない。それは仏教を誤って教えた人たちの間違いなのだと。人を苦しめるものは本当の宗教ではない。そんなことで悩む必要はない。これからこの子がどう生きていくかを学校と一緒に考えていきましょう。今は福祉も充実してきている。教育と福祉が娘さんを守っていきます、と。面白半分に言う人たちの迷信に惑わされてはいけない、と。

私が大学の教員を辞したのは、牧師であった妻が病で亡くなった時と同時であった。私は残された人生を教会の牧師として生きることを決心した。それは妻の遺志でもあり、彼女が切り開いたホームレスや障害者、貧しい外国人たちと共に生きる教会を継続するためであった。教会では毎週の説教を担当するだけでなく、三十年近く続けてきたホームレスの支援活動のために働いた。週二日の食事会、食料や日用品などの買い出しや献品や献金の受け取りや礼状の送付、またホームレスや地域の人たちの相談にも応じていて、また夜にはホームレスの人たちへの弁当配布も行い、大学を辞してものんびりすることはなかった。

そうした中で教会の会堂を使った「障害児のための無料学習塾」を立ち上げた。私の地域貢献としてやれることという発想である。同時に地域の人たちが集える場所になったら良いと考えたのだ。さらに子ども食堂を開設することも決めた。

ホームレスの人々の多くは家族がいない。いたとしても今では会うことも叶わない。私はよく教会の前の中学校のグラウンドで生徒たちの部活動をじっと見つめているホームレスの人々を見かける。子どもたちと一緒に食事することで何らかの慰めが与えられればと考えた。同時に、子どもたちもホームレスの人々との交流があれば、排除や差別のない社会への一歩に繋がると考えた。

学習塾が始まると、保護者が教会に送迎で来るようになった。教会での学習塾がどんなものか実際に見たいと思ったのであろう。その中である子どもの祖母と親しくなった。毎回中学二年生の孫の送迎をしてくれていた。

ある時、彼女が帰り際に私に尋ねてきた。「先生は牧師さんと聞いていますが、障害者が生まれるのは親や先祖が悪行を働いたという話をどう思いますか？」それは近所の人たちから何度も聞かされた話だという。その上、ある宗教を信じている人が信仰を勧めに家に来る。信じたら障害が治る、家に取り憑いている「業」が取り除かれるという。本当なのかと。
私は障害は親や先祖の「悪業」の「報い」ではないと答えた。現在でも何故障害者が生まれてくるのかという問いに対する答えは不明である。高齢出産や遺伝が影響することもあるが、誰もがそうなるわけではない。説明のつかないことを「悪業」のせいにしたのは、まだ科学や知識がなかった時代の発想ではないか。信仰によって障害が治るということはない。むしろ、障害のある人がその人生を喜んで生きられるように、周囲や関係者が支えることが大切ではないのかと答えた。

障害は現在でもその発生原因が特定できないものが多く、一般に治癒されるものは「病気」、治癒が不可能で生活上の困難が続くものが「障害」と呼ばれている。今日では障害の定義として国連では次のように定義している。「障害者という言葉は先天的か否かにかかわらず、身体的または精神的能力の欠如により、普通の個人または社会生活に必要なことを、自分自身で完全、または部分的に行うことができない人のことを意味する」。（国際連合総会「国際連合の障害者に関する決議」、一九七五年十二月九日）

さらに一九八二年の国連総会では、「障害者に関する世界行動計画」が採択され、そこでは「ハンディキャップ（社会的不利益）は、障害のある人と社会的な環境との関連によって生じるもの」と定義づけられた。これによって障害とは、個々人の身体的・医学的な問題に限定されるものではなく、社会的環境や社会的条件によって作られるという側面に目が向けられるようになり、その結果社会参加を疎外するものに焦点が当てられるようになってきた。障害は障害当事者だけの問題ではなく、社会全体の重要な課題であることが示されている。

このような障害理解は人権意識の高揚とノーマライゼーション、インテグレーション、そして現在のインクルージョンに至る社会構造の考え方の進歩によるものであるが、そのような人権意識や社会意識が低かった中世や近世の日本社会では、障害者に対する差別や偏見や排除は至る所にあったであろう。

障害の出現の原因は、人の犯した業の結果であると仏教は説明してきた。だが、仏教の因果応報思想によって、障害者がどれ程苦しんできたかを明らかにする必要がある。それは今日の科学的実証主義の時代にあっても生き残っている教説だからである。私が障害児教育の教師であった時に、保護者から何度この言葉を聞いたことだろう。我が子が障害児として生まれてきたことを受け入れるまでにどれ程の苦悩と流した涙の時を過ごさざるを得なかったか。その回答を、仏教の因果応報思想に求めざるを得なかった人たちが少なからずいたことを身をもって知らされている。

因果応報と障害との関係について、現在の仏教教団はどう答えているのか。これだけ広く流布した障害の原因としての「悪業」説が、今日まで全く訂正されることなくまかり通っていることに私は怒りを覚える。ましてそれが特定の宗教団体の教えとして金品を収奪するものになっていることも私たちは知っている。上から目線で衆生をさらに苦しめる宗教は、宗教ではない。釈迦は人を不幸にすることを許しているのであろうか。

現在、因果応報思想で人々を苦しめ、巨額の献金を求めて多くの家族を破綻させたさる教団が司法によって裁かれようとしている。このような似非宗教が生き延びているのは、過去の悪業を取り除くと訴えてきた教義が存在するからである。この理不尽で不合理な教義を信じる人々が大勢いる。人を不幸にするものを宗教とは呼ばない。いつになったら目が覚めるのか。似非宗教を信じる者も、それを教義としてまき散らす者も。

惣じて世上を見るに、五体不具の子を設くるは、皆過去現在共に、悪心而巳（のみ）を起こし、悪業を造故（なすゆえ）なり。

（仏教説話）

このような言葉が障害者やその家族をどれだけ苦しめてきたことか。仏教教団に猛省を促したい。

2　仏教の同和差別

一九七九年、アメリカのプリンストン大学で開かれた世界宗教者平和会議で、当時の全日本仏教会理事長町田宗夫《まちだむねお》（当時曹洞宗宗務総長）が、「日本には部落差別はない」と発言した。このいわゆる「町田発言」に端を発して、宗教界における部落差別糾弾が行なわれ、一九八一年に「「同和問題」にとりくむ宗教教団連帯会議〈同宗連〉」が結成された。さらに一九八五年天台宗延暦寺で第九回同和研修会があり、町田による基調講演が行なわれた。その際に部落解放同盟による糾弾会が五回行われ、その場で彼は自らの真摯な懺悔を根幹として同和問題の取り組みへの姿勢を切々として語り、「同和問題の解決こそが我々宗教者の真の使命」と述べたという。

だが「同宗連」結成以後も、宗教団体および宗教者による差別事件は、対外的に公表されたものだけでも二十件余に及んでいるという。

普遍的な価値である平等と平和を説く宗教教団が何故これほどまでに悪質な差別事件を繰り返すのか。その根底にあるものは何か。ここでは、それらが釈迦の教えにあるものなのか、あるいは仏教教団が培ってきたものにその原因が求められるのかを探る。

部落解放運動の近代化は、一八七一年のいわゆる「解放令」の年を起点としている。この「解放令」を欺瞞的改革として真の解放を願って設立された「全国水平社」が一九二二年に設立された。この時期の部落解放運動には、当時の自由民権運動が大きな影響を与えた。だが、大きな社会問題となったのは、一九〇二年和歌山県山形有田郡教念寺《きょうねんじ》の西本願寺布教使、龍華智秀《りゅうげちしゅう》の差別発言である。後に僧侶による差別事件の典型と言われるようになった彼の発言は次のようなものであった。

「彼等は社交上人間外として擯斥されているいわゆる虫けら同様のエタではありませんか、彼らでさえこの様に多額の寄付をしている。いわゆる御参詣の皆さんはいづれも立派な人類でありますから、充分寄付して下さい」と。（注11）

部落大衆の抗議にもかかわらず龍華は、「小生の心事は、平等慈悲の光明中の生活をする人々に貴賤上下の差別ある理由もなく、別して宗教家の眼中愛憎の念もなく、当時の人々が申居候事を耳にして、無念無想知らず知らず一言ありしは後悔も後の事」と述べるに留まる「反省の弁」であった。（注12）

一九二二年全日本水平社創立大会が開催され、そこで採択された「水平社宣言」の中に次のような一文がある。

「これ等の人間を勦るかの如き運動は、かへつて多くの兄弟を堕落させた事を想へば、此際吾等の中より人間を尊敬する事によつて自ら解放せんとする者の集團運動を起せるは、寧ろ必然である」とし、「人の世に熱あれ、人間《じんかん》に光りあれ」と結んでいる。

この水平社宣言は従来の宗教者中心のそれまでの融和運動に対する拒絶であった。この拒否をもって「部落民の絶対多数を門信徒とする東西両本願寺が此際我々の運動に対して抱蔵する赤裸々なる意見を聴取し其の回答により機宣の行動を取ること」と決議した全国水平社は、即日東西本願寺に対する激しい抗議運動を巻き起こし、以後例年繰り返されるようになった。

その内容は部落大衆を諦めの渕に追いやった誤った「業」論への批判であり、「浄土三部経」の一つ「感無量寿経《かんむりょうじゅきょう》」における「旃陀羅《せんだら》」への批判であった。

「業」は既に見てきたように、因果応報思想の「悪業」が「悪報」を生ずるという差別観であり、障害や重篤な病は「悪業」を因として生まれると説き、障害者差別増長の役割を果たしたものである。

「旃陀羅」とは、中世日本の一時期から仏教経典の用語を概念化し、主として僧侶によって広まった被差別民への呼称である。古代インドで前五世紀頃に登場する。被差別民は四階級以外の最下層の存在であるとされた。経典「観無量寿経」に登場する。古代インドの最下層に位置づけられた民が、仏教経典に登場することで、水平社の人々は仏教の反平等性に抗議した。

鎌倉中期に成立した「塵袋」には次のような記述がある。

「天竺に旃陀羅と云うは屠者なり。生き物を殺て売る、エタ体の悪人なり」。（注13）

現行の『日本国語大辞典』（小学館、二〇〇三年）には「インドで四姓（カースト）の最下級で首陀羅よりもさらに下の階級。屠殺・漁猟の職業に携わった。不可触賤民」とある。

釈迦の言葉は漢訳を経て日本に伝来し日本語へと翻訳された。「観無量寿経」の「旃陀羅」の翻訳について、浄土真宗の仏教学者・僧侶である霊山勝海《よしやましょうかい》の見解はこうである。

「是旃陀羅」を和訳する場合、「賤民の仕業」「屠者の業」「人非人の所作」「チャンダーラ（賤民）の所行」と意味を下付して訳されている。「センダラなり」と言葉どおりに訳さないで、何故「旃陀羅のなすところなり」と読み、理解するのだろうか。このような読み方をすれば、センダラは自分の生母を殺す種姓ということになってしまう。あえて「センダラの所行である」と補訳したことに問題がありはしないか。

彼は「「これ旃陀羅（のなすところ）なり」ではなく、母を罵り母を殺害しようと意志しそれを実行しようとする行為が、アジャセをして、「旃陀羅（＝賤しい人）」ならしめるのである。カースト最下層のセンダラの行為と語を補って解すべきではない」、として注記の中で、「センダラの業というのは旃陀羅種のものの行う営為職種をいうのであって、他の種姓のものが類似の行為を行なったからといってセンダラになるのではない。基本は種姓であるからである」と述べ、「旃陀羅」の語を翻訳するにあたり、多くの場合、言語にはない「意味の下付け」が伴われていることを指摘して批判している（アジャセ（阿闍世）はインド最強のマガダ国王ビンバジャラ王の太子であったが、成長して父を殺して王位を奪い、母イダイケを幽閉した）。（注14）

また、解剖学者の養老孟司《ようろうたけし》氏は、「種姓」に関係なく意識が実際の差別へと展開する心理について、死体に対する感情例として次のように述べている。

「不気味さは生首の性質ではない。（中略）見る者の判断である。それを、しかし、対象すなわち生首の属性と考える。ここに差別が発生する心理的な要因がある。（中略）相手にその人の属性でないものを属性として押しつける。押し付けた意識は、押し付けた当人にはない。その場合、押し付けられた側は、そこで「差別された」と感じるのである。同性愛だろうが、障害者だろうが、被差別部落出身者であろうが、本人にとってはそれは善悪・好悪の問題ではない。（中略）「対象の属性でないものを、対象の属性と見なす」。そこに差別が始まる。（中略）「聖」は社会的には「差別」と認められていないが、心理的には差別といってよい。（中略）「聖」もまた「対象の属性でないものを、対象の属性とする」ことだからである。（中略）一般に「聖」が差別されないのは、社会的に不利益を被っていない、ないし利益を得ている、という判断があるためであろう。畏怖の感情は聖に、不気味の感情は賤に、結びつく傾向がある」。（注15）

また、仏教学者であり曹洞宗僧侶の石川力山《いしかわりきざん》は、「賤民概念」に基づく差別について、「差別者」と「被差別者」を「強者」と「弱者」とした上で、「強者」がいつまでも「強者」で、「弱者」が常に「弱者」であり得るわけではなく、お互いの立場は容易に入れ替わる関係にある、と述べている。この指摘は、身分制度が維持される要因の一つとして、「強者」であり続けたい者（差別者）をして、「弱者（被差別者）」との立場の逆転を生じさせないためのものであることを想起させる。（注16）

彼らのような解釈を、仏教者たちは何故取らなかったのか。仏教経典の中に登場する「旃陀羅」への蔑視は根拠なき慣習や風習に基づいて、自らを優れ他を劣っていると判断する意識と行為、それ自体が「賤しい」ことであり、差別をする根源は他者ではなく自己にあるとする考えとは全く逆のものである。釈迦はこう述べる。

「生まれによって賤しい人になるのではない。生まれによってバラモンになるのではない。行為によって賤しい人にもなり、行為によってバラモンにもなる」と。

この教えは、今日に至るまで受け継がれることはなかった。仏教教団の僧たちは、自分たちは「旃陀羅」とは無関係の者、尊い釈迦に教えを守る優れた者と考え、そのような仏教徒が「賤しい者」になるとは意識の片隅にも上らなかったのだろう。自分たちは旃陀羅とは全く異なる者という、高い場所から見下げる傲慢さがあったに違いない。僧の身分が差別者であったとは、毫も感じてはいなかったのだろう。僧たちが釈迦の教えを全く理解してこなかったことが、今日に至るまで、差別を撒き散らしてきたのだ。その罪はどれ程糾弾されようとも許されるものではない。

「町田発言」を詳しく調べると、仏教教団の人権問題の希薄さが証明されたと言うべきであることが分かる。宗教家に相応しくない無知蒙昧《むちもうまい》を曝け出し、彼らには人権意識のかけらも見られないことを露呈したのである。

町田は「日本には部落差別はない。部落解放を理由に何か騒ごうとしている者がいるだけで、日本政府も自治体も誰も差別していない。私は日本人だからあなたより一番よく知っている。日本の名誉のために部落問題は絶対削除してもらいたい」と発言した。

同和問題に取り組んだ真言宗の僧侶佐々木兼俊《ささきけんしゅん》氏は、当時のことを次のように語っている。

当時、町田さんは全日本仏教会の理事長であり、全日本仏教会の代表としてその会議に出席したのですが、所属が曹洞宗の人でしたから、曹洞宗がこの問題の対応をしたのです。しかし、その発言は、町田さん個人や、彼の所属する曹洞宗だけの問題ではありません。仏教界やすべての宗教教団は、部落問題をはじめとする差別問題について何らかの問題を抱えていたのに、教団の課題として正面からは取り組んでいない状況だったのです。言い換えれば、町田発言は当時の宗教者の感覚なら誰がしてもおかしくないことだったのです。（中略）当時の宗教界の中心にいる人々から、この発言の問題性について意見が出たのではなく、部落解放同盟からその問題性を指摘され、糾弾されたのです。（注17）

私にはこの町田発言に、ある心理学者の発言が重なる。二〇〇三年つくば市で開催された「第16回アジア知的障害者会議」で講演したピーター・ミットラーは会議の席上で、「日本には障害者差別はない」と述べた学者がいたことに驚いたと述べている。一九八九年に「子どもの権利に関する条約」が国連で採択され、日本でも一九九四年に批准・公布された。この条約の第二三条は、障害児の権利に関する項目であり、障害児の尊厳の確保、自立の促進、地域社会への積極的な参加等が明記されている。つくば市の会議では「日本には障害者差別はない」と述べた学者がいたというが、彼は何故日本には障害者差別がないと発言したのか。私は唖然とした。日頃障害者への差別やいじめをいやというほど見聞きしている現場を生きてきたからである。それは単なる事実誤認ではなく、民主主義国日本には障害者差別など存在するわけがない、という日本政府の見解を語った御用学者のもの謂《い》いである。日本は「美しい国」と語る人物の荒唐無稽な論理の付け直しではないのか。

町田発言は、事実を覆い隠す心理学者の発言とは異なっている。それは文字どおり無知の為せる業である。社会で起こっている部落差別を知らないわけがない。ただ、それに自分たちが関わっていたことを全く知らなかったのだ。苦しむ人たちと一緒にという釈迦の教説が、実際の仏教界では全く機能してこなかったことを意味している。事実を隠す心理学者と自分たちが踏みつけていた事実に全く気づけなかったことと、どちらの罪が重いのか。両方共に日本には差別はないと世界に向けて虚偽を伝えたことは共通であるが、私は町田発言の重さが際立っていると考えている。何故なら、心理学者の発言は政府に媚びる愚かな個人の発言であり、誰もが「それは違う。日本にこそ障害者差別は日常的にある」と糺《ただ》すことができる。

だが、町田発言は単に宗教者の無知で済むことではない。仏教界全体が解放同盟の指摘を受けるまで気付かなかったことは、仏教界の意識の希薄さを露呈しているからである。新聞やニュースの記事を知らなかったこととはわけが違う。しかも、部落差別は仏教の内部に深く入り込んでいる現実の差別事象なのだ。釈迦の教えを生きる僧としての生き方が欠如していたとしか言いようのないことではないのか。それだけの重さを伴った発言ではないのかと思う。

この事件が発端となって各教団が集まり、一九八一年「同和問題にとりくむ宗教教団連帯会議（同宗連）」が結成された。「深き反省のうえに、教えの根源にたちかえり、同和問題解決へのとりくみなくしては、もはや日本における宗教者たりえないことを自覚し、ひろく宗教者および宗教教団に実践と連帯を」の呼びかけに応じて結成された。参加団体は五十五教団、三連合体であった。解放同盟の糾弾によって結成されたものではあったが、「部落差別の事実を自己自身に関わる問題として受け止める」宗教者の自発的な組織であった。今までの部落差別は東西本願寺と差別事件を起こした特定の教団の問題という認識を打ち破り、この問題を避けては通れないという意識を促した。

だが、同宗連の結成によって、差別問題が一挙に解消されたわけではない。むしろ、次から次へと差別事件は起こり続けた。それは過去に行なわれていた差別事象が、その時期になって改めて差別として捉えられるようになったからである。その代表的なものを何点か挙げる。

㈠ 高野山真言宗差別事件

「仏前勤行次第」の「三和讃《さんわたん》」の中に差別表現が多く含まれていたことが判明した。それは今まで全く問題とされることなく放置されていた差別事象であった。そこには次のような表現がある。

「過去に造りし報いにて、盲ろう暗あの輩に生まれて法門きくことも唱ふることもならぬ身は、諸仏の慈悲に漏れぬべし、かかる衆生救ふには、他力の方便優れたる、真言陀羅尼にしくはなし」。

「因果応報の道理を信じ異端邪説に惑うべからず」。

この文章は後に改訂されている。差別表現であることを理解した結果であろう。

私の親戚の家に障害児が生まれた。そこは代々真言宗の檀家であり、法要はすべて真言宗が執り行っていた。毎朝の供養は欠かすことなく、開祖空海についても学んでいた。父親はその娘に障害があると判明した時、私の下を訪れた。開口一番この様に言った。

「どうして娘に障害があるのか。それは自分の為した罪の結果なのか。それとも親や先祖の犯した罪の報いなのか」と。

娘の障害が判明したのは三歳児検診によってである。私はその子が生まれてから何度か会っている。正月やお盆には親戚で集まる慣例があったからだ。私は自分の経験から、その娘に障害があると分かっていた。それまで何も言わなかったのは、検診で正確に判定されると思ったからである。

父親が私に意見を求めたのには理由がある。私が障害児教育の専門家であることを知っていたからであり、さらに宗教者として教会の牧師を務めていることも知っていたからである。私は、仏教の「因果応報思想」は迷信であるときっぱりと答えた。誰のいつか分からない悪業の報いが、何世代も後の子孫に下ることはない。それは障害や厄の被害など、人智ではその原因を知り得ない時代の産物なのだ。恐怖や諦めの念を起こして仏教への帰依へと導く世俗的な仏教伝道の方策に過ぎない。そんなものを信じる必要はないと述べた。

❀

私は障害者が生まれる原因は、一部に遺伝的要因もあれば、高齢出産や薬物摂取、環境ホルモンの影響、また周産期の異常などいろいろ考えられるが、明確にはほとんど分からない、と話した。父親は泣きながら娘に障害を負わせたことを何度も詫びていた。私は再度、障害はあなたの罪の報いではないと伝えた。そして過去に何があったかを問うのではなく、今後どうするのかを話した。教育や福祉によって障害者は守られている。彼女が一生を笑顔で楽しく過ごせることを考えよう。家族だけで一人の障害者を抱え込む時代は終わった。これから一緒に考えていこう、と。

障害は過去の悪業の報いであると仏教は語ってきた。だが、そうではない。原因不明の事柄に理屈をつけて諦めさせることが正しいこととは思われない。真言宗を信じ切っている親戚の父親は、いつかその教義の不当性を乗り越えられる時が来るのだろうか。

全国水平社宣言を起草した西光万吉《さいこうまんきち》は、「業報に喘ぐ」という論文で西本願寺を鋭く告発した。それは西本願寺に限られるものではない。

佐々木兼俊氏は、次のように語る。

「業による輪廻」は仏教界にとって最大の問題の一つである。（中略）ここで現世を正当化する「業による輪廻」と言ったが、仏教における業は、本来「無我業」であり、輪廻の主体を否定するところにその真骨頂がある。これを「諸法無我」という。絶対的な「諸行無常」であるからこそ、「諸法無我」として業（行い）の主たる我（アートマン）は相対化される。だから、輪廻からの解脱＝解放があるのだ。つまり、仏教本来の言うところの「輪廻」は、「輪廻からの解放（解脱）」に対する想像力なのである。しかし、この和讃で説かれた差別を正当化する「業による輪廻」は現代の社会的価値観や評価を、神あるいは仏の世界観で説明し、社会的矛盾を納得させようとする。つまり、「善因楽果・悪因苦果」である。その因果論が前提であるから、楽果を享受する者は善を施したのであり、苦果を受ける者は悪を行ったのであると一般的に説明する。

ところが何故、善を施したならば、善果を得、悪を行ったら、苦果を受けるのか、ここでは明らかにされていない。それどころか、善悪や苦楽は全く俗世間的な価値観である。つまり、現実世界の矛盾を個人の責任に還元してしまう、政治的な論理として使われてきたのである、と述べている。（中略）社会矛盾を個人責任に還元するとは、言い換えれば、社会矛盾を生み出した支配権力の責任の隠蔽である。その考えは被差別者に牙をむく。最も抑圧されている者を、因果応報で徹底的に断罪してしまう。

佐々木氏はこのように述べて、因果応報の理が持つ矛盾を指摘する。そこでさらに次のように言う。

因果応報と簡単にいいますが、最も差別され抑圧された人でなければ、この苦しみ、重みはわからないのです。人はさまざまなハンディを背負っています。それを皆で支えあうことができればいいのですが、残念ながら、因果応報の考えではそうはなりません。そのようなハンディは、すべてその人自身が原因を作り出したのだから、自ら背負うべきなのだということです。

それで、「自他のいのちを生かすべし」と入れたわけです。互いに支えあい、生かしあう、この生き方を勧めていこうと。（注18）

だが、これでは根本的な解決にはならないことを佐々木氏は指摘する。言葉だけの他者との共存や支え合いは、実際の社会で苦しむ者には届かないと。因果応報の理そのものを、「業の輪廻からの解放」とする教義の徹底こそが求められるという。

(二) 烏枢沙摩明王真言御札事件

高野山大学の卒業生で、解放運動にも熱心に取り組んでいた松根鷹《まつねたかし》氏は、高野山清浄心院で御札を受け取る。それが「烏枢沙摩明王真言御札《うすさまみょうおう》」であった。松根氏からその差別性の指摘が教務部長に届き、その後朝日新聞に掲載されて大問題となった。

この事件は、一九七七年に「諸尊真影本誓集《しょそんしんえいほんぜいしゅう》」という江戸時代の注釈書から「烏枢沙摩明王真言」の解説をそのまま引用し、振り仮名を読みやすく直したお札を作り配布したものである。江戸時代に木版印刷された誦の中には、次のような差別内容が盛り込まれていた。

若人見死戸（もしひとしかばねと）、婦人産生處（おんなのうぶやと）、六畜産生處（ちくしょうのうぶやと）、一切血流處（いっさいのちのながれるところと）、或遇多陀羅（もしはえたのたぐい）、屠者等穢人（けがれたるひとをみ）、或入大小便（もしはだいしょうべん）、及一切穢處（いっさいのけがれたるところにいらば）、誦此解脱咒（このしんごんをとなうべし）

烏枢沙摩明王とは、穢れを祓い清浄にする力を持った明王として知られている。後に不浄を清めるという意味で、「厠の神」と結びつき、便所にこのお札を貼るようになった。人間に取り憑く穢れは、烏枢沙摩明王真言である「おんくろだのううんじゃく」と唱えれば、解消すると人々に流布された。しかも、有り難いお札であるということで、一九八一年にわざわざ活版印刷され販売された。お札を読めば一目瞭然、部落差別そのものが記されている。便所と並んで不浄の者と被差別民を貶めている。

この事件は、単にお札に部落差別的文言を使用したに留まらない。穢れ思想と業による輪廻などの仏教の差別観について、根本的な問題が提起された事件であった。この事件は、第一回糾弾会で、お札を作らせた当事者が、何故差別なのかが理解できない状況であったという。それほどまでに、部落差別に無知であり、自分たちが加害者の立場にあることの意識が全くなかったのである。

この問題に取り組んだ佐々木氏は、「まずは、自分が変わることだと思った」と述べている。（注19）その言葉に、その後三十年にわたって高野山の同和局長等の任に当たってきた佐々木氏の誠実さが現れている。長きにわたって差別の加害者であった仏教界全体が変わるには、自らが変わることだと述べた。だが、それは、信仰を個人の問題とする宗教者の限界であった。教団が組織全体が変わることなく、個々人が人権意識に目覚めることはない。今日に至るまで宗教は心の問題であるとしてきたことが、問題の所在は社会の側にあり、社会変革が求められている中で、現実世界の矛盾を諦めさせ、来世こそ、神の国でこそ本当の平和が訪れると説く宗教のあり方を決定してきた。だから宗教は変われないのだ。それを私は仏教的、キリスト的観念論と呼ぶのだ。

(三) 家系図差別事件

一九八四年広島で発生した事件は、檀家の求めに応じて曹洞宗住職が、過去帳をもとに家系図を作成したことから始まった。依頼した檀家は部落のそばに住んでいるが、家系図を部落民でないという証明として「釣書」に添え、娘の縁談に使用したという特異な事件であった。

関わった僧侶は家系図を作成すること自体が差別だと認識していたが、日頃の人間関係故に作成し渡したと言うことである。

ところが、部落解放同盟広島県連の糾弾の最中、この事件の思想的背景に奇しくも一致する内容の『家庭訓』が復刻されていたことが明らかになった。同じ曹洞宗の僧であった岸沢惟安《きしざわいあん》によるこの著書は、戦前の天皇制国家観に見られる「家父長制」的志向やそれに基づく「修身斉家治国平天下《しゅうしんせいかちこくへいてんか》」の考え方に貫かれており、血統尊重のためには結婚粛清であるべしと、身元調査を勧める内容となっている。この著書は終戦直後の刊行という制約もあったが、それが三十年後に何ら批判もなく復刻されるところに、差別構造の根の深さを知らされる。（注20）

㈣　変成男子《へんじょうなんし》問題

古来、女性は成仏することができないとされ、一旦男になることで成仏ができるようになるとした仏教思想である。転女成仏、女人変成とも称される。

初期の経典には男尊女卑の思想があり、阿含経《あごんきょう》で釈迦は女人の九の罪業について述べている。別の仏典では男女平等の教えもある。だが、初期仏教経典には、女人は転輪王《てんりんおう》や正等覚者《とうしょうがくしゃ》（ブッダ）になることはできないと説かれていた。しかし、女人は男と同じく阿羅漢果《あらかんか》を得て解脱することができるとも考えられていた。

日本では奈良平安の時代になり、神道にあった女人禁制、出産・生理に伴う流血が穢れとする意識と結びつき、女人五障《ごしょう》説・女人垢穢《くえ》説・天女成仏説が受容され、流布されていった。女人不成仏に関する仏典や差別的文言が強調されるようになったのは、僧侶よりは儒仏一致を唱えた文人貴族の影響があったためと言われている。

最澄《さいちょう》は「法華秀句」において、女性が成仏できないという考え方を否定しているが、比叡山を女人禁制にしたのは最澄自身であった。鎌倉時代には、法然《ほうねん》・親鸞《しんらん》・道元《どうげん》・日蓮《にちれん》・叡尊《えいそん》らがそれぞれの立場で女人救済を説いたが、その一方で女性の身体のままでは成仏はできないという旧来の伝統説を否定はしていない。

江戸時代には、女性の罪業の深さを説く「血盆経《けつぼんきょう》信仰」が民間に広がった。明治維新後には法華経宗派を初めとする教義を「女性は成仏できない」という儒教的家父長制による女性蔑視の正当性を証明する根拠とすることが日本仏教界全体での定説となり、国粋主義の台頭もあって尼僧を廃止した日蓮正宗の例もある。

戦後になって男女同権が謳われるようになると、儒教的な男尊女卑が否定されるようになったが、例えば尼僧が髪を下ろすのは、女性のままでは成仏が不可能ということで、成仏したことを男子の姿で表わしたものといわれており、依然として今日に至るまで、女性の成仏は認められていないと見られる。この差別問題は近年にも起こっている。

二〇一八年から二〇一九年にかけて、東本願寺で「経典の中で語られた差別」という企画展があった。だが、その展示会で経典の中で示される「女人五障」「変成男子」等を作成したパネルを真宗大谷派宗務総長が展示から外した。これにパネル作成に関わった研究者が抗議したという。外されたパネルは、以下のものであった。

一、「女人五障」の教え　「般若経」「大智度論」（龍樹）「浄土論」（天親）
二、「変成男子」の思想　「無量寿経」「浄土和讃」（親鸞）

三、罪深い存在とみなされた女性　「女人往生聞書」（存覚）「御文」（蓮如）

これらは「経典に表わされた女性差別」の核心に当たるうえに、浄土真宗にとって関係のあるものばかりである。女人五障とは、女性は五つのものにはなれないという考えである。その五つとは、梵《ぼん》天王《てんのう》、帝釈天《たいしゃくてん》、魔王、転輪聖王《てんりんせいおう》、仏をいう。そもそも仏教は誰でもが仏になることができるという教えであり、これらはそれに反して出てきたものである。「変成男子」とは、「女人五障」を解消する意味があると考えられるが、女性は一度男性に変じて成仏するという考えである。「女人禁制」時代の高野山で女性が亡くなって墓が建立できたのは、男性に変わったからだと考えられていた。「罪深い存在とみなされた女性」とは、檀家制度のもとで女性が罪深いと説かれてきた事を示している。その内容は「業論」として、前世・現世・来世の因果論として説かれた。親鸞が自らを「罪悪生死の凡夫（罪悪性を持ち、迷いの世界に生きる人間のありよう）」と捉えた内容とは全く異なり、女性だから罪深いとした。

それは女性だけでなく、被差別部落、ハンセン病者、障害者等の社会の片隅に追いやられていた弱者までもが対象となった。前世で悪行をしたから女性に生まれ、さらに女性であることが因となって、来世は地獄に堕ちると説教した。地獄に堕ちたくなかったら信心を持つように勧められて、衆生は感謝の念をもって受け止めたが、それは結果的に身分制度に目を向けることに気付けない人々を育て、当時の権力者・為政者の言うがままの世の中を作り出すことに寄与することになった。

この展示会では東本願寺側からまずタイトルの変更が求められた。「経典の中で語られた女性差別」を、「残された課題——日本文化の中の女性差別」にするというものである。仏教の経典にある女性差別の問題でなく、日本文化の中の女性差別への変更は、浄土真宗が女性差別をしてこなかったことにしようとする意図が見えている。自分たちの犯罪行為を暴かれたくないとの思いからの変更要求なのであろう。

女性が不浄のものとして扱われ、女人禁制とされてきた時代は今でも続いている。富士山は霊峰として崇められ、信仰の対象とされていたが故に、穢れた女性が入山すると悪いことが起こるとして長く女人禁制であった。それが解かれたのは、一八七二年のことである。高野山や比叡山もかつては女人禁制の場所であった。理由は経典に記された女性は「穢れた存在」との一文による。(注21)

今日のようにこれだけ人権尊重の時代になっても、女人禁制が生き残っている場所がある。一つは言わずと知れた相撲の土俵である。相撲は神に奉納する神事であり、不浄とされる女性が土俵に上がることを許さない。

日本に女人禁制の場所はまだある。

一、舟木石神座(兵庫県)二、石仏山(石川県)三、大峰山(奈良県)四、沖ノ島(福岡県)

これらは現在もなお女人不浄の理で、女人禁制が行なわれている。万人は仏の前で平等というブッダの教えはどこに行ったのか。仏教もキリスト教も、開祖の言動に尊崇《そんすう》の思いがあるが、その後の教団になるとその教えが人を苦しめるものになる。どこに問題があり、何が間違っていたのか。女性が男になれば成仏できるとは、何たる時代錯誤か。

㈤　差別戒名事件

差別戒名とは、江戸時代中期から昭和二十年頃まで、主に被差別部落の壇信徒に授与された、社会的差別の意味を持つ文字や符号などを、戒名・位階などに織り込んだものをいう。日本の仏教で行なわれた差別事件の一つである。仏教に帰依した「仏弟子」に授けられる戒名ではなく、人間の尊厳と平等の教えに反して僧侶自らが授与してきた差別の象徴である。

具体的には、道号・戒名に「革」「僕」「屠」などの侮蔑的な文字を用いたり、「禅畜門（男）」「屠士（女）」「革門」「僕男（女）」「革男（女）」「非男（女）」などの一般には用いられない差別的な特殊文字が使用された。また、「玄田牛一」（縦に読むと畜生）といった例もある。天台宗の差別戒名には、○○善似男、○○善似女という戒名がいまなお多く残されている。「似」とは、人間に似てはいるがそうではないという意である。また、墓地そのものが地理的条件の悪いところに設けられることもあった。

身分外の身分として差別された「穢多《えた》」に対して、寺格外の寺格として寺格系列の最下位に位置づけられて差別されたのが、「穢多寺」である。部落の中にある寺院はそう呼ばれていた。一般寺院の出家・得度に際しては、本山の法王から剃刀の儀式を受けることになっていた。だが、「穢多寺」ではそれが叶わなかった。仏教者にとって最も基本的かつ重要な出家・得度の段階から排除され、部落の寺院にとって著しい差別の刻印が押されるものとなっていた。

さらに、本来供養のための精霊簿である「過去帳」において、被差別部落の死者に対しては、「穢多、非人、新平民」などの「賤称」や差別的な「身分」が添え書きされ、記載形式も被差別部落の死者のみが「過去帳」の「巻末に一括記載」や「一字下げ」「下段・欄外記載」がなされ、加えて壇信徒の中で被差別部落の死者のみを別の「過去帳」に記した別冊「過去帳」にする事例もあった。

近年では差別事件を反省する意味で、差別戒名をつけられた故人に対する追善法要が行なわれるようになっている。

この差別戒名事件は部落解放同盟の告発により、多くの事件が浮かび上がってきている。以下に二点紹介する。

・菫理院菫理差別事件

一九八四年真宗大谷派因伯組同朋研祭会の席上、「蓮如上人の女性観」のテーマで語られた、真宗大谷派の教学面での最高責任者であり、当時大谷大学名誉教授であった藤島達朗《ふじしまたつろう》が行った差別発言である。

まあ、しかし社会はなかなか変わるものではありません。だから昔からのいろいろなものが残るのもやむをえない。特に同和問題もそうです。

江戸時代まで、百年前までは、社会の通念だからそういう戒名が付けられてもやむを得ない。そういう戒名をその時代の人がつけたからといって……それはやむを得ないですよ。仕方がないです。

それを今さら取り上げて大騒ぎですよ。仏教界大騒ぎですよ。何ちゅうことかと思う。その頃の常識。常識だから仕方がない。常識だからそういう戒名をつけたからと言って、文句を言われる筋合いではない。文句をいわれるなら、社会全体が、日本民族全体が言われるべきです。（注22）

日本を代表する一宗派の著名な学者が、薄ら笑いを浮かべて蔑みに満ちたこのような発言を行なった。自らの発言が一般常識からとてつもない差別発言であるとは毫も感じていないその鈍感さはどこから来るものなのか。苦しむ者に寄り添うブッダの教えとは真逆の生き方を恥じることはないのか。

・曹洞宗師家養成所講師差別事件

一九八七年曹洞宗師家養成所で、講師であった井上哲玄氏《いのうえてつげん》が発言した以下の暴言である。

宗門、随分きつく責めを受けているようだけど、向こうの人たちのね、本音を聞いてみると、『宗教家なんだから誰か本当のことを教えてくれる人はやっぱりいないのか』ということなんですよね。（中略）

差別についても、昔、『畜男』とかついたり『畜女』とかついたりしているということだけど、当時としてみれば、名前が、文字があるだけでも感激したんでしょ。だいたい石ころの墓しか作ってもらえなかったんでしょ。そういう時代の人達は、それで満足してきたんですよ。ちゃんと、何も問題なく生きてきた、ところがその様子を見て、後の人たちが問題を起こしたんでしょ。そうじゃないですか。今の人たちが問題を起こしたんでしょ。今の人のところで、問題がキシッと問題解決しなきゃ、どこで誰が解決するんですか。（注23）

この発言の趣旨は差別戒名をつけられた部落の大衆は、それだけでもあったからましだ、石ころの墓しか作ってもらえなかった、あるいは墓さえ持てなかった大衆は多くいるわけだから、その中で墓石を持ち得たこと自体幸運なことである、ということである。だからといって差別戒名などをつけて良いはずはない。

世界宗教者平和会議差別事件への糾弾をはじめた一九八一年以降、解放運動は仏教界に対して様々な提起を行なってきた。その中心となる内容は、三点である。

一、悪しく業論の克服
二、旃陀羅に代表される教義・経典の差別性の克服
三、身元調査のお断り運動の徹底

ただ、仏教界全体が差別問題に向き合っておらず、自分に向けられた問題とは自覚していないというのが実状である。差別戒名を初めとして、差別の実態調査を求めても、それは過去のもの、旅の僧が為したことと逃げの一手で本気で調査する気持ちが見られないという。

仏教は苦しむ衆生のためのものであり、苦しみを負う者をさらに追い詰めるものであってはならない。差別をまき散らしてきた仏教界は変われるのか。変わることができず従前のままであれば、それは仏教の死滅を意味している。原点に帰れ！　ブッダに帰れ！　それこそが仏教再興への道であろう。

第三章
キリスト教の差別と排除

1　障害者の洗礼拒否

「障害者には信仰は持てない！」。私は何度この言葉に泣いたことか、どれだけ反発してきたことか。私にはこの不条理な言説に怒りをもって答えなければならない責務がある。何故なら障害者と共に生きてきて、最も彼らを理解する者の一人として、そして一緒に教会生活をしている仲間である障害のある信仰者を擁護しなければならない立場にあるからだ。「障害者に信仰はない」と主張する多くの牧師や神父、一般信徒に対して、そうではないと根拠を示しながら反論しなければならない。何故、キリスト教を信じる人たちの間で、このような障害者排除が起こるのか。それは、日常的に障害者と関わる機会を得なかった人々の持つ偏見に由来するからなのか。それともキリスト教会で長く障害者蔑視が刷り込まれた結果なのか。日本社会では障害児者と共に生きる社会が形成されてこなかった歴史的背景、また障害者をひたすら社会から隠すという思惑から、障害者と一緒に生きる土壌がそもそも育ってこなかったといういわゆる〈障害者＝マイナス存在〉のイメージの固定化がそこにあるからではないか。キリスト教会もその例外ではない。

実際に教会に障害者が受け入れられることは極めて稀《まれ》である。社会で指摘されている障害者排除が、教会の中でも起こっている。それでも視覚障害、聴覚障害、精神障害の人たちが教会員となる例は少しはある。しかし、知的障害の人たち、とりわけ言葉のない重い障害者が教会員になることはほとんどない。端的に言って、その様な障害者を受け入れない時代があまりに長く続き、教会は障害者が入るところではないと考えられていたからである。そもそも障害者のことを教会は考えない。宣教の対象とは全く考えていない。それは、障害者に信仰は持てないという誤解が牧師や神父の間にあったからである。さらに言えば、キリスト教の持つ優生思想がある。神に特別に選ばれた者の思いが、差別意識を引き起こす。「障害者は我々とは違う」という差別感情の壁の故に、障害者は教会の門をくぐることができなかったのではないのか。

❀

私は以前、『ホームレス障害者――彼らを路上に追いやるもの』(日本評論社、二〇一二年)という本を出した。教会の礼拝に集うホームレスの人々の中に、障害者が多くいることを知り、ホームレスの人々が決して自己責任でそうなったのではないことを示した。この本について大きな反響があった。読者から、私の教会には多くの障害者がいて、みんなで助け合って生きていることを具体的な事例で示したことに対し、教会であれば受け入れてくれるであろうと期待して行ったが、無視され、追い出されたという手紙や電話をたくさんいただいた。多くは精神障害や発達障害のある人、中には身体障害の人たちもいた。一ヶ月ほど教会に通ったが、牧師からここはあなたの来るところではないと、閉め出されたという。そのことを主治医に伝えたところ、「宗教者は言っていることと実際に行っていることは違うことが多いから、これ以上傷つくことのないために教会には行かないように」と言われたという。社会の側が教会の排除を見抜いている。キリスト教会がどれほど聖書の世界から遠く離れていることを示しているか。

精神障害者が近隣の教会に通い始めたが、牧師をはじめ教会員が誰も話しかけてこない。三ヶ月ほど経って、牧師はこの教会はあなたに何もしてあげられないから、専門家のいる施設や病院に行くようにと言われ、教会を追い出されたという。その人は何か助けを求めて教会に行ったのではない。人との交わりを求めて教会に行ったのだ。彼女は私の教会に来て、話を聞いてくれる教会ができたことを喜んだ。どうしてこうなったのか。

彼女を追い出した教会の牧師は神学校で解放の神学を語り、苦しむ者、貧しい者のための教会を説く人であった。これがキリスト教の実態である。

新約聖書には障害者が非常に多く登場し、彼らをキリストは愛されたことが物語に示されている。神の国の福音を説くキリストの相手として選ばれるのは、紛れもなく障害者をはじめとする苦しむ人々である。キリストは障害者に最も近しい存在である。いや、キリスト自身障害者であったのだ。イザヤ書53章に見る「苦難の僕」の姿は、そして十字架に上げられた無力で何の力も持ち得ないキリストの姿は、紛れもなく救い主イエス・キリストが障害者であることを示している。

そしてキリストは私たちに向かってこのように言う。

医者を必要とするのは、丈夫な人ではなく病人である。私が求めるのは憐れみであって、いけにえではない。

（マタイ伝9章12、13節）

疲れた者、重荷を負う者は、だれでもわたしのもとに来なさい。休ませてあげよう。

（マタイ伝11章28、29節）

これらのキリストの言葉からは、障害者排除の思想はどこにも見当たらない。この福音書の根底にある思想が、教会形成の土台にならなかったのは何故か。キリストの言葉と行いは、キリスト信者にとって模範であり、生きる道筋である。では、何故キリストの障害者への思いが、教会では定着せず伝統とはならなかったのか。何故、教会は聖書とは異なった方向に歩んでしまったのか。

言葉（表出言語）のない人は、信仰を持てないという。何故なら、パウロの言葉「口でイエスを主であると公に言い表し、心で神がイエスを死者の中から復活させられたと信じるなら、あなたは救われるからです。実に、人は心で信じて義とされ、口で公に言い表して救われるのです」（ローマ書10章9、10節）に重きを置いているからである。言葉で信仰を告白できない者に信仰はないという。私は何度この言葉を牧師たちから聞いたことであろうか。私は再度問う。表出言語でなければダメなのか。手話ではいけないのか。サイン言語ではダメなのか。身振り手振りのジェスチャーでは不合格なのか。

人として生まれてきた以上、人としての意思は持っている。言葉のないように見える重い障害者との意思疎通ができないのは、私たちの側が応答できるコミュニケーションの手段を持たないからではないのか。問われるのは彼らではなく、私たちの側ではないのか。そもそもパウロの時代には障害とは何かということについてどれほど理解されていたのだろうか。私は、現在も教会から障害者が排除されている現実を見て、そこに何があるのかを探ってみたい。

(一) 言葉の神学的意味

私たちは人との関わりの中で、相手の意思を読み取り、自分の意思を伝える。それをコミュニケーションと呼ぶが、意思のやりとりをするためにコミュニケーションのツール(手段)として、言葉を用いる。言葉は同時に、目の前に存在しないものをイメージさせる表象の役割を持っている。例えば「りんご」という言葉から、赤くて丸い果物、食べると甘くてシャキッとした食感を持つものとイメージされる。言葉は人と人とが意思疎通する手段というだけではなく、概念に直結した思考的ツールでもある。人の言語発達は様々な段階を経て、個人対個人の意思疎通から、集団として社会の中で意思疎通が図れるものへと発展していく。

言葉は人にだけ与えられたコミュニケーションの道具なのであろうか。人以外にも、チンパンジーやイルカや鳥にも言葉があることはよく知られている。現在では昆虫にも独特の言葉があることが分かってきている。他の生物の言葉は、危険を知らせたり、命令するために使われるのに対して、人の言葉は、仲間の間で関心を共有することを目的としている点が、決定的に異なるとされている。

一九〇〇年頃から、言語学者たちによって、言葉はどのように獲得されるのかについての研究が始まった。一九五〇年代にアメリカの哲学者で言語学者であるノーム・チョムスキーが、生得的言語の概念を理論づけた。それは生得論的アプローチと呼ばれ、彼は次のように主張した。

①言語は人という種に特有で固有であること。
②言葉の獲得は文化の違いを超えて共通であること。
③脳は生得的な言語器官を持ち、言葉の獲得においては環境の果たす役割は少ないこと。（注1）

チョムスキーの主張によれば、人には生まれながらに言語を理解する装置があらかじめ備わっているという。それを言語獲得装置と呼び、特殊化された生得的な言語装置であるとされた。たとえて言えば、鳥には羽があるから空を飛べるように、人にはこの言語獲得装置があるから発話ができ、相手の言語も理解できるとした。これは人にだけ与えられたもので、他の生物にはないものと考えられた。

しかし、この理論には限界があり、複雑な言語文法は、四歳を過ぎなければ獲得できないことが証明され、具体的な例として、両親がろう者である子どもでも健聴者であることから、言語環境抜きに言葉の獲得は困難と考えられたりするようになってきた。

現在では、言語行動を環境における先行刺激との関係で見る立場の行動主義的アプローチと、生得論的アプローチの両者を融合させた相互作用論的アプローチという立場が有力となっている。すなわち人としての生得的な言語能力だけでなく、社会的、環境的な認知要因を含めた相互の作用により、人は言語を獲得すると考えられるようになってきている。

「障害とは何か」という問いに対して、障害を個人の問題とする考え方から、障害を社会の問題として捉える障害観の転換により、「個人因子」と「環境因子」の二つのベクトルで障害を理解する方向になってきたことと同様に、言葉の獲得も個人と環境の両面から捉えるように変わってきている。

教育の世界で、障害のある子どもの言語指導のあり方や、外国籍の子どもや虐待児の言語獲得に向けた特別なプログラムが用意されている現実は、言葉は言語環境のあり方に大きく作用されることを前提にしている。教育的環境なしに言語の発達はあり得ない。

アヴェロンの野生児は教育学でよく取り上げられる事例である。十八世紀の終わりに、南フランスの森の中で発見された野生児で、実は知的障害と共に自閉症を併せ持っていたといわれている。発見当時は十二歳くらいで、その後パリに移送されたが、普通の少年のように言葉も覚えて社会生活が送れるようになったのではない。発見者は軍医のジャン・イタールであり、少年を引き取って、ヴィクトールと名付けて教育を行った。だが、会話は不可能であった。彼は推定四十歳で死去した。死因は不明である。

野生児の研究で知られるアメリカの精神分析医ブルーノ・ベッテルハイムは、ヴィクトールが自閉症であると主張する。ヴィクトールについて記された資料の分析によって、その行動様式が重い自閉症の子どもに当てはまるからである。自閉症の子どもは言葉を持たない。模倣活動も行わない。他者への興味関心もなければ、集団活動への参加意欲もない。これらのことがヴィクトールにも該当すると考えられる。ベッテルハイムはこのように言う。

ごく幼い時期の環境があまりに普通の状態とかけ離れていて、しかも生まれつきの資質がとりわけ環境の影響を蒙りやすいばあいには、人間発達が全体として疎止されることになり、人格の諸側面のうちにはどうにか発達する部分があるにしても、それらの側面すらはなはだしく歪んでいてあまり役には立たないことになろう。（注2）

私がアヴェロンの野生児の事例に触れたのは、言語発達を含めて人間の成長には、その人を取り巻く教育的環境が不可欠であることを示すためである。特に言葉の発達には人的な環境が不可欠である。言葉は独りでに口をついて出てくるものではない。まして重い自閉症であれば、なおさら表出言語の習得は難しい。つまり、人は生得的に言語獲得装置が植えつけられているとは言いがたい。言葉は神からの賜物として、すべての人に平等に与えられているのではない。厳密に言えば、人間が聞き分ける能力としての言葉はすべての人が持っているのではない。人間に聞き分けられなくても、神は如何なる人の言葉にならない声も聞きたもう。

神学の世界では、「言葉」がとりわけ重要な位置を占めているのは不思議ではない。神は言葉によって世界を創造し、御子キリストは言葉であるとされた（ヨハネ伝1章）。言葉を理解する者が神とキリストを理解するとされ、言葉のない者は中世まで門外漢とされ、教会から排除されてきた。

二十世紀の著名な神学論争として知られる「神の像（イマゴ・デイ）」論争も、言葉を巡る問題として見ることができる。

神の像（イマゴ・デイ）は、創世記1章に記されている「神はわれわれのかたちに、われわれにかたどって人を造り」とある「かたち・イマゴ」と「かたどって・シミリチュード」の二つの概念を指していう。神学的には、ローマ・カトリック教会では、イマゴは理性において残存し、シミリチュードは堕罪によって失われたと説明する。マルティン・ルターはこの二つの概念を否定し、自身が神の前で罪を犯しているという自覚を強調した。だが、堕罪《だざい》によっても神の像の残余があることを認め、神と人間との本源的な関係性は残されていると主張した。

この神の像をめぐる論争は、二十世紀のエミール・ブルンナーとカール・バルトのいわゆる「神の像論争」として世に知られることになる。一九三四年に起きたこの論争は、ブルンナーの『自然と恩寵』の書の中で、人間が堕罪にもかかわらず動物や他の被造物と異なる「人間たらしめるもの」を、「言語化能力」であるとして、そこに神の似姿を見ようとした。ブルンナーは、人間だけにしかない言語能力や、語りかけに対する応答責任性こそが、神の像の形式的に残存するものであるという。このような神の像の残滓《ざんし》は言語化能力であるとの主張に対して、バルトはその考え方には自然神学の傾向があるとして鋭く批判した。

自然神学とは、神についての認識をキリストの啓示に直接よらないで、人間の本来の理性の能力によって探求しようとする考え方である。神とはどのような方であるのかは、キリストによって示される以外には何も知らないというキリスト教の本来の考えとは別に、人間の理性によっても神を知ることができると考えたのが自然神学である。分かりやすく喩えれば、宇宙の法則や人体の神秘性の中に、神を知ることができるとする神学である。だが、それは人間の能力への信頼であり、人間の理性では神を知ることはできないというカント哲学を否定するものである。

人間本来の能力で神認識が可能であるとしたブルンナーに対して、バルトは「否、ナイン！」と突きつけたのである。バルトはブルンナーの示す「人間の啓示能力性」について批判をする。人間の側から神への道はないと主張するバルトにとって、人間の側から神への道があるというブルンナーの主張との間には大きな隔たりがあった。

最近の研究では、この論争は自然神学論争として一応の決着は見たものの、実際には神学論争以外の点からもこの論争を見るべきではないかと主張する考えもある。それは、ブルンナーのいう神認識を人間の良心や責任応答性の延長線上で理解すること、また神認識の可能性が自然や既存の秩序の中に見出される可能性を持つブルンナーの人間学は、当時の政治的社会的な文脈の中ではあまりに無邪気で単純な発言とバルトには思われたのであろうということ。このような人間学はナチスの考える国

家の神話に対する正当性を与えるものと考えられたからである。（注3）

私が注目しているのは、自然神学論争そのものではない。ブルンナーの主張する他の動物や被造物を分けるのは人間の持つ「言語化能力」にあるという思想である。人間を他の生物と決定的に分けるのは、言語能力であり、この言語能力に対する無批判的な肯定が、何を招いてきたかについての反省があまりにない。「言語化能力」こそが人間を人間たらしめるものであって、猫ではないと証明するという誤解が、言語のない障害者を教会の外に追いやってきた原因ではないのか。言葉は生まれながらの生得的な機能であり、環境によって言語発達は変わり得るという事実を無視した神学者たちによって、障害者差別が起こったのではないか。やがて興ったナチスによって、多くの障害者が生きる意味のないものとして抹殺されていった。その根底に、人間自身の高貴性、他の生物と異なった言語化能力への過信が背景にあることを知らなければならない。

㈡　コミュニケーションの教育学的意味

コミュニケーションとは、一般的には対面する者同士が、主に言葉によってお互いの意思や意見を確認する会話を指しているが、今日では人間以外の生物と意思疎通を図れる技術や、言葉を解するコンピューターの進歩によって、その原則が通用しなくなってきている。

コミュニケーションは、送り手が言葉によって相手に意思を伝え、受け手がそれを解読して取り出すことであるが、そこには視線や身振り、表情などの非言語行動によるものも含まれる。それは相互情報伝達過程と呼ばれるものである。

キリスト教世界では、言葉のない障害者が教会から排除されてきた。それは言葉が信仰告白を困難にさせていると考えられたからである。しかし、同時に言葉によるコミュニケーションの困難さは、人間関係の形成に大きな問題を与えている。そもそも人間関係の成立に難のある者に、神との関係が成立するのかという問いが生じたのである。言葉は人間社会を生きる上で、相手の理解、仲間の理解を円滑にするツールであるが、同時に神との関係も言葉によって可能になる。神の言葉を聞くこと、聖書を読むこと、神への祈りを捧げること、それらはすべて言葉の理解を前提としている。人は言葉によってものを考え、概念を形成し、自分の意思を明確にする。言葉のない者がどうして神との関係を結べるのだろうか。

キリスト教世界では、このような疑問が当然のように横たわっていた。ここで問われるのは、言葉のない人は自らの意思を持ち得ないのかということである。軽度の障害者であれば、言葉はなくとも身振り、手振り、サイン言語によって意思を表明できる。ではそのようなコミュニケーションの手段を持たない重い障害者には、意思はないのであろうか。

❀

ここで私が養護学校で実際に言葉のない障害児とコミュニケーションの授業に取り組んだ事例を二

件紹介する。障害の重い子どもたちの教育現場には、発語のない子どもたちが大勢いる。しかし、それはうわべの印象であって実際には一人ひとりが「内言語（自分の言葉）」を持ち、認知力以上の「内言語」を持っていることに気づかされる。いわゆる重度・重複障害と呼ばれる重度の肢体不自由と知的な遅れを併せ持つ子どもたちは、音声言語による発語がないため、またその他のコミュニケーション手段もごく限られていて、指導上大きな困難にぶつかることが多い。しかし、その子たちとの日常的な関わりの中で、そのような子どもたちから課題を突きつけられている思いを強く感じる場面がある。

・指導事例①

中学三年生のA君は、障害が重いため通学が困難であり、訪問教育を受けていた。自発的に体を動かせる部分がほとんどなく、人工呼吸器をつけているため意思の表出方法が見つからない。ある日、A君の目を見つめて、「自分の言いたいことを目を動かして伝える子もいるよ。やってみようか」と言うと、それに応えるようにまつげの生え際、まぶたの縁がひらっと動いた。それ以来、試行錯誤の末に、どのような話もまぶたの縁を動かすことで「イエス」を伝えることができるようになっていった。強調したい時には、少し大きめにヒラヒラ動かすこともできるようになった。このような指導の繰り返しの中で、毎回の授業で意思を伝えることができるようになった。言語を聞き分ける能力があったのだ。

Ａ君の指導がどれ位成果を上げたのかについては、「Ａ君新聞」を作ったことに示される。高校二年生のある時、Ａ君のグラグラしていた歯が何かの拍子に取れた。本人にとっては一大事件であった。このことをみんなに知らせる新聞づくりをしようと盛り上がった。文章の案を教師が提案し、編集長のＡ君が提案に対して、「イエス」、「ノウ」で文章を決めていく。やがて新聞が完成し、親に見せたところ大変驚き、子どもの成長とそれを引き出した教師の関わり方に涙ぐんだ。目の動きがコミュニケーション手段となった例である。

・指導事例②

Ｂ君は小学一年生。内部障害がいくつもあり、人工呼吸器を使用し、食事は口腔ネラトン（チューブを栄養補給時にだけ経口的に挿入し、チューブの先端は食道に留置する食事方法）による。時折足や体が無意識的に動くことはあるが、視界からの情報はまぶたを開けてもらった時に限られ、彼の意思の表出方法はなかなか思いつかなかった。

訪問授業を行ったが、いわゆるベッドサイドティーチングである。このＢ君から伝えられる方法は何かあるのか。それが教育の課題であった。やがて教師はそれを見つけた。

問いかけや歌を歌う時には、呼気に力を込めていることに気づいたのだ。それ以来、呼気に注目して授業を行うようになった。心拍数や覚醒状態を確認しながら授業をした。その授業は教師の働きかけが分かるように、一つひとつの活動を呼気に合わせて提示するようにした。呼気の変化にも留意した。働きかけた時に呼気に力が入る。呼気に確実な強弱がある。応えるように長い間呼気を強めることがある。

このような特性を理解した上で、呼気に合わせて絵本を読んだり、呼気に合わせて電車のアナウンス「出発」「進行」の合図、駅名の呼称を行うことができるようになった。呼気で相手に意思を伝えることができるようになったのは小学三年生である。三年間の指導によって、呼気でコミュニケーションが取れるようになった事例である。

この二つの事例には、教師の涙ぐましい努力が背景にある。子どもとの関係性を築くことの難しさ、体調不良による指導時間の短縮など、困難を覚えたことは数えきれない。だが、この子と会話をし、心を通わせたい、コミュニケーション手段を確立させたいという教師の熱心さが、このような成果をもたらしたのである。

養護学校の教育、特に重度・重複障害児の指導に関わる教師は、この子は教師の話を聞いている、分かっているという強い思いがなくては教育はできない。初めからこの子はどうせ分からないと考える教師では、道は開かれない。教師の思いは、まだ見ていないものを信じる信仰者の思いに通じるものがある。教育は祈りなのだ。

二〇一六年七月二十六日の未明、神奈川県相模原市にある知的障害者施設「津久井やまゆり園」で施設利用者十九名が死亡し、施設利用者と職員合わせて二十七名が負傷するという事件が起きた。この事件は戦後最大の無差別殺戮事件としてメディアでも大きく取り上げられた。犯人は、障害者の抹殺は正しいことだと主張し、特に言葉のない重度の障害者は生きる意味がないとして、言葉があるかないかを職員に確認しながら、殺人を繰り返したという。

言葉のない障害者は、生きる意味がなく、周りを不幸にする存在なのだろうか。そもそも、言葉のない障害者は人ではないのか。物にすぎないのか。あのような人たちに人格はあるのかと傲然と言い放った政治家がいた。むしろ、そう考える者にこそ、真実の人格があるのだろうかと問いたくなる。人はどんな状態であろうとも、生まれながらに平等であり、差別は許されないという人権思想を持たない者が言葉の暴力を行う。それは、心底許されないということを、私たちは人間として心に刻みつけるべきである。

養護学校の指導事例に示されるのは、どのような重い障害があろうと、人である限り意思を持っているということである。このことを抜きに教育はなし得ない。とことん子どもの発達に心血を注ぐからこそ、道は開かれる。もし、コミュニケーションが取れないとしたら、それは障害者の問題ではなく、コミュニケーション手段を見つけられない私たちの側の問題である。

キリスト教が、言葉に対して異常な信頼を寄せることによって言葉のない人たちを排斥してきたのは、あまりにも愚かなことである。そのような人たちは、津久井やまゆり園事件の犯人と、一体どこが違うのだろうか。

(三) キリスト教史における障害の捉え方

西洋の障害児教育は、キリスト教信者によって担われていた。そこに至るまでには、障害者無用論の中にあって、障害者を一人の人格とみなして、教育が可能であると信じる人たちの努力があった。ここでは、西洋の盲人教育、ろう者教育に焦点を当てて障害者の歴史の一片を見ていきたい。

・聴覚障害者への差別

今日、ろう学校の教育では手話を言語として教えている。だが、手話が聴覚障害者の言語であることを認めない時代が続いた。十八世紀後半になって手話に光明が当たるようになって、百年も経たないうちに再び口話法(ゆっくりした口の動きから話し言葉を理解し、伝えたいことを声に出して話すコミュニケーション方法)が用いられるようになる。ここでは、口話法か手話法かという問題には直接触れないで、歴史的にろう者がどのように見られ、どのように教育されてきたかについて見ていきたい。

ろう者の教育が論議される以前には、彼らは社会の中でどのように位置づけられてきたのか。率直に言って、彼らは蔑《さげす》みをもって「余り者」と呼ばれ、社会の中に居場所を持たなかった人たちであった。十六世紀の半ばまで不当な法律によって、ろう者は知的障害や精神障害と同じと見られ、彼らに対する教育など寝ぼけ話として、社会から彼らを拒絶することを正当化してきた。多くの哲学者や神学者はいかなる理性や信仰をもってしても、彼らを創造主との関係性が断ち切られた存在と見ていた。ろう学校を開設したシャルル・ミシェル・ド・レペ神父は、彼の時代にあっても、ろうあの子どもたちが三歳になる前に殺される国があったと語っている。しかし、キリスト教啓蒙思想の影響のもとで、ろう者には人権が与えられたのか。いやそうではない。キリスト教は残念ながら、万能ではなく、無《む》謬《びゅう》でもない。むしろ差別する側に回り、ろう者を傷つける役割を果たしている。

ボルドーろう学校の校長であったロシャンブロワーズ・キュキュロン・シカール神父は、次のように述べている。

ろう者は単に歩く機械であって、その身体の構造は（行動に関する限り）、動物のそれにも劣っている。コミュニケーションの手段も持っていないうちは、彼の感覚印象はまったく移ろいやすいものであり、精神内のイメージもつかの間のはかないものに違いない。彼の心の中には何ものも残らないし、（中略）道徳性に関して言えば、（中略）あらゆるものを自分のものだと言い張り、いささかの理性的な配慮もなく暴力的な衝動のみに突き動かされて（中略）（注4）

ろう者は聴覚に障害があるだけで、あらゆる点で他の人々と全く変わらない。それをかくまで貶めているのは何故なのか。神は被造物を良きものとして創造した。しかし、聴覚不備という一点を欠いたが故に、彼らを神から遠い者と見たということではないのか。聖職者である者が、否、聖職者であるからこそ、言語を持たないろう者への特別な蔑視があったのではないか。背景には、言葉に対する特別な賜物理解が見える。

皮肉なことに、トラピスト修道院では口を開くことは厳禁であったという。身振り言語でコミュニケーションを取ることが、厳格な戒律の中に記されている。すべてを知っておられる神の前で、人の言葉は無用とする考え方は、同時に人の言葉は自分の高ぶりを示すものとみなされたからである。かつての修道士の方が、言語とは何かの意味をよほど深く理解していた。

手話は教育以前の子どもたちが自然に身につける言語である。だが、ろう学校では長く口話法を教えてきた。口話主義がその頂点に立ったのは、一八八〇年ミラノ国際ろう教育者会議の決議で、ろう者の社会的復帰を図ることを名目に、「手話の排除」が宣言された。その時、グラハム・ベルは「純粋口話主義の勝利は淘汰という自然法則の貫徹である」として喝采を叫んだと言われている。ベルはろう教師であり、聴力検査の発明者、その副産物である電話の発明者であることで知られる。

彼はろう者同士の結婚によってろう児の出生が増加することを危惧し、「ろう者という人類の変種」が形成されつつあると指摘して講演を行っている。ろう者同士の結婚を禁ずる社会政策の必要性を説いている。内容的には、優生主義の主張である。この講演は大学や社会から激しい反発を買ったが、その講演では次のように述べている。

ろう者に対する誤った考え方を膨らませるためには、ろう者をろう学校に閉じ込めて人目に触れないようにすることが有効である。彼らの身振り手振りは、それについて知らない人たちには

驚きであり、恐怖心さえ引き起こす。（注5）

このように述べたベルは、今日ではろう教育の父と呼ばれ、ヘレン・ケラーの庇護者として知られる。何よりも電話の発明者として、人類の偉人として列せられる人であろう。だが、手話を猿まねとして厳しく禁じた一面がある。彼の授業では、手話を使用させないために、後ろ手に縛り上げたという。人には神から与えられた言葉がある。これを遣わない者は人とは認めない。言葉が神による賜物と考えたことの過ちを思う。ベルは今日の言葉で言うところの「優生主義者」であり、障害者への蔑視を抱えて生きた人であることに、改めて驚きを禁じ得ない。

❀

私は教育現場にいて、管理職の障害者蔑視を何度も見てきた。ある校長は養護学校の児童生徒を前にして、「君たちは、一生税金で生活することになる。だから社会に対して、ありがとうを繰り返し言い続けなければならない」と何度も話したという。また、ある校長は、若い頃教育センターの指導主事をしていて、同時に自分の子どもの通う学童保育の責任者をしていたが、養護学校の子どもがその学童保育に入りたいと希望を出したところ、保護者会を開いて断固反対の意を表した。彼は自分が障害児教育の専門家であり、障害者を入れるとどの様な問題や混乱が起こるかを書面にして保護者たちに説明した。その結果、養護学校の子どもの希望は認められなかった。

この二人については、直接私が関わったことなのでよく知っている。前者の校長は、私が勤めていた中学校の教頭であった。後者は、保護者が学童保育の希望を出したので、そこに繋げたのが当時養護学校の教頭をしていた私自身であったからである。

社会には、学校には、このような人たちがいるのも事実である。養護学校の教員、校長は世にあるたくさんの職業の一つではない。その人の生き方、考え方が問われる仕事なのだ。

キリスト教会の神父や牧師が、障害者に対する差別や偏見を持っていてもおかしくない。そんな事例を残念ながら多く見てきた私にとって、キリスト教とは一体何かをいつも問わなければならないようになっている。

・視覚障害者への差別

フランスのパリ施療院の貧民救済は、歴史的にもよく知られている。カトリックの慈善事業として始められたものであるが、カトリック信仰の中核である神への愛、隣人への愛は、アガペーの言葉で知られるように、他者のために仕える生き方が奨励され、その形を取ったものとなった。六〜七世紀のことである。

一世紀半ばのエルサレム教団に始まる初代キリスト教会では、「神は喜んで施す人を愛してくださる」（第2コリント7〜9章）を文字通りに行い、貧しい人々、病気の人々への食事等の提供を行っていた。やがて五・六世紀になるとイタリアのベネディクト修道院では、「訪ねてくる者は、キリストを受け入れるように受け入れよ」と会則に記し、巡礼者用の宿泊施設を設置した。そこには病人や貧しい者のための施設もあり、これが後の病人や貧しい者を保護する施設へと発展していった。

しかしその後フランスでは近世になるまで、障害者は至るところで遺棄されていたという。フランスで最初の盲人救済施設キャンズ・ヴァン救済院は、十字軍遠征でビザンツ帝国に捕らえられ、失明刑によって盲人とされた三百人の貴族がサラダン皇帝から送り返された時に、彼らの救済のためにルイ十四世がパリに建てたという伝説がある。この救済院は、聖職者的な性格を有し、ここで修道士、修道女になるための条件は、盲人であること、貧しいこと、カトリック信仰を持っていることであった。ここには百五十二人の盲人修道士、晴眼修道士六十人、そして盲人と晴眼修道女八十八人が生活していたという。(注6)

やがて十八世紀後半になると、フランスの障害児教育は一挙に花開くことになる。ド・レペ神父がパリろうあ学校(一七六〇年頃)を設立し、ろうあ者のための教育を開始する。盲人教育では、ヴァランタン・アユイが王立パリ盲学校(一七八四年)を設立し、点字法を開発する。

アユイの基本的な考えはこうである。盲人の多くはキャンズ・ヴァン救済院で修道士・女として、人々の喜捨《きしゃ》によって生活していたが、教育によって社会での職業に就くことが可能になると考えた。物乞いや社会への依存から自立の道が拓かれると信じた。アユイに対しては、多くの反対意見があったが、アユイは盲人も独立した人格を持つ人間であり、彼らを教育することは、人間愛からくるものだと説いた。アユイは、当時のモンテーニュ、ロック、ルソーなどの啓蒙哲学に触れていて、人権思想を持っていた。ド・レペやアユイたちによって、ろうあ者や盲人の教育が始められ、今日の障害児教育の礎が築かれた。

このように、障害児教育がキリスト教啓蒙思想の中から確立されたものであることは事実であるが、それについての意見としてさらに二点挙げたい。

・視覚障害者以外の障害者への差別

救済院では、盲人を収容する際に、彼らを教職（修道士、修道女）として位置づけたという。そこには彼らを教職にある者として優遇するというよりも、ある打算がある。当時の障害者は物乞いによって生きるしか道はなく、多くの障害者が道に座って人々の憐れみを乞うて生きていた。だが、それがあまりに多くいて、町の風紀を乱すと考えられ、物乞いが禁じられていた。だが、救済院の盲者は特権として、彼らだけに物乞いをする権利が与えられたという。修道士・修道女という神に仕える者であるからだ。

しかし、よく考えれば分かるように、救済院に入ることのできない多くの障害者たちの物乞いが禁じられることは、彼らの生存権を奪うことになる。社会福祉の制度など全くない時代である。しかも、救済院の盲者は聖職者であるから、日々の生活は一般の修道士と同じである。つまり、知的に障害のない盲者だけが選ばれて修道士・修道女になれたということなのだ。それ以外の障害者は、生きる術も奪われた状況に追い込まれた。文字通り、言葉のない障害者は死すべき者と宣告されたに等しい。

救済院が設立されて、盲人が生活できるようになったことは喜ばしい。だが、それは表向きの成果であり、実態は彼らの背後にいる大勢の障害者の遺棄に繋がっていることも知るべきである。

・盲人やろう者が何故優遇されるのか

西洋の障害者救済は、盲人やろうあ者を対象にして行われた。では、知的障害や肢体不自由に対してはどうであったのか。

盲教育やろうあ教育は早くから始まった。パリ施療院が貧民救済の目的で六〜七世紀に設立・活動がなされたが、そこには障害者の中でも盲人やろうあ者がいたと思われる。やがて十八世紀になると、ろうあ教育、盲教育が盛んになっていく。西洋で最初のパリろうあ院は、一七六〇年頃に設立、最初の盲学校であるパリ盲学校は一七八四年に設立された。

だが、知的障害者の学校はそれより大きく遅れ、一八四一年、スイス人医師ヨハン・ヤコブ・グッゲンビュールが、流行性熱病のクレチン病に罹患して知的障害者となった子どもたちのための寄宿舎・学校を作り、さらに、フランス人医師エドゥアール・セガンがアメリカに渡り、一八五〇年代にニューヨークで「精神薄弱および身体虚弱の子どもたちのための生理学的学校」を設立した。

また、肢体不自由児の学校ができたのは、一八三二年ミュンヘンである。このように、知的障害や肢体不自由の学校ができたのは、盲学校やろうあ学校の設立に比べて大きく遅れている。（注7）

日本の障害児教育の歴史を見ても、盲教育、ろう教育が先行して学校を作っているが、知的障害、肢体不自由の学校は、最終的には一九七九年の養護学校の義務化まで待つしかなかった。

障害児教育の中でも、知的障害や肢体不自由の子どもたちの教育が遅れているのは、知的障害の有無に起因している。盲人やろうあ者の中には、知的障害のない人たちが多い。この人たちの教育を優先するのは、社会的有用論が背景にあるからである。知的障害のない子どもたちの教育は、視覚や聴覚に障害があろうと、社会の中で有用な存在となり得る。だが、知的障害や肢体不自由（この中には知的障害を併せ持つ重複障害者が多い）の教育が遅れたのは、社会的有用論の強い影響である。

日本では、一八七二年に「学制」が交布されたが、その中に、「廃人学校アルヘシ」と記載されている。西洋の教育事情を視察した福沢諭吉たちが見聞きした西洋の障害児学校を念頭に置いたものであるが、障害者を「廃人」という差別語で表現した時代感覚が、その後の歴史の中で一掃されないまま、「障害者は役立たず」の印象を消去することができずに、今日を迎えている。

言葉を持つことが、差別感情を生み出している原因となっていることを、我々は改めて知らなければならない。

(四) ルターの洗礼論

一九八二年東海教区教職ゼミナールにおいて、東京神学大学熊沢義宣（当時）教授は、基調講演で次のように述べた。

「障害者は世界全体で四億人、総人口の十パーセントに当たる。信仰告白を絶対条件とする限り、知的障害者は教会のメンバーとなったり、キリストの食卓に与ることから排除されている」と。（注8）

日本の教会には、障害者がいないことが普通であり、知的障害者が信者となることは極めて稀である。洗礼を受け、聖餐《せいさん》に与ることが信者になる条件であるが、洗礼を受けるのは、信仰告白の承認を受けた後である。

使徒パウロは、「口でイエスは主であると公に言い表し、心で神がイエスを死者の中から復活させられたと信じる」ことが、信仰告白であるという。信仰告白は極めて知的な行為である。そうであるならば、知的障害者の信仰告白は極めて困難であり、彼らには教会への門は閉ざされているということになる。事実、従来から知的障害者に信仰は持てないものとされ、教会に入れてもらえなかった歴史が今日まで続いている。

キリスト教において、障害者に対してどのように接して来たのかは、ナチス・ドイツとの関係から明らかである。ナチスは障害者二十万人以上を抹殺し、四十万人に不妊手術を施した。ナチスと当時のキリスト教会がどう関わったのか。

ナチズムの台頭した一九三三年の前年、プロイセン領邦教会会議において、「ドイツ・キリスト者」のグループが全議席の三分の一を獲得した。この「ドイツ・キリスト者」の政治的綱領第七項に、「人類の純粋性を保持しなければならない」とあり、さらに第八項に「寄る辺無き者に対するキリスト者の義務と愛情は必要だが、人民を怠惰な存在や劣等な存在から守ることはより重要である」と記されている。ヒトラーは、「治療の見込みのない患者には安楽死を施すことを許可する」政策を進め、戦争終了までに多くの障害者の命が奪われた。（注9）

戦後七十年を過ぎて、障害者抹殺の歴史が明らかになり、精神医学界のこの犯罪への荷担がようやく歴史の表に現れるようになった。「T4」作戦と呼ばれた障害者殺戮への同意を精神科医たちが行っていた事実を認め、精神医学界が公に謝罪したことが、ETV特集「障害者と戦争」の「それはホロコーストの〝リハーサル〟だった　～障害者虐殺70年目の真実」で放映された（NHK、二〇一五年十一月七日）。

キリスト教関係の福祉施設の中でも、このような非人道的な政策に荷担し、そして黙認された事実がある。障害者の劣等性という、まさに優生主義の考え方の前に、キリスト教会は恥じることなく障害者への蛮行の片棒を担いだのである。

さて、知的障害者の洗礼について、ルターの洗礼論を見ていく前に、カトリックではこの問題をどのように理解しているのであろうか。カトリックの精神薄弱者の洗礼については、アルフォンサス・ファン・コールの『倫理学概論』の教会法の中に記されている。概要は次の通りである。

教会法において精神薄弱者という場合、精神病理学における場合（中略）と違って、理性の働いていないすべての人を指す。（中略）幼児期からの精神薄弱者 amens は、年齢のいかんを問わず、幼児とみなされる。そのため、教会法754条1項は「精神薄弱者および狂暴者furiosusに洗礼を授けてはならない。ただし、症状が出生時から、または理性が働き始める以前からの者には、幼児として洗礼を授けなければならない」と規定している。(注10)

この教会法における精神薄弱者の定義は、理性の働いていない人とされているが、そもそも今日では知的障害者を理性なき者とは考えない。一九七五年の段階での知的障害者の定義とは全く異なっている。カトリックの独断的な定義である。

しかし、新生児にできるだけ早く洗礼を授けるというカトリックの原則は、障害者への洗礼の道を開いたはずであった。人間の理性に先行する神の恩寵の考え方がそこにある。

ルターは『大教理問答書』の中で、洗礼についてこう述べている。

私たちが第一に注目すべきことは、(中略)洗礼が神の事がらであり、人間によって考察くふうされたものでないという事実を疑ってはならないということである。(中略)神の御名によって洗礼を受けるということは、人間から受けるのではなく、神御自身から受けるということである。(注11)

このように、洗礼は神の業であり、一方的な恩寵であると述べるルターは、さらに幼児洗礼についてこう述べている。

幼児洗礼がキリストの御こころにかなうものであることは、キリストご自身のわざから十分に証明される。(中略)さらに申すと、洗礼を受ける者が、信じているかいないかは、必ずしも重大なことではない。信仰の有無によって、洗礼が不当なものとなることはなく(中略)(注12)

また、ルターは、洗礼についての根拠として、以下を挙げる。

実にキリストは、わたしたちがまだ弱かったころ、定められた時に、不信心な者のために死んでくださった。しかし、わたしたちがまだ罪人であったときに、キリストがわたしたちのために死んでくださったことにより、神はわたしたちに対する愛を示されました。

(ローマへの信徒の手紙5章6節)

ルターの洗礼論には障害者の洗礼が、本人の能力や意思によってではなく、神の恩寵の現れであることが明記されている。心で信じ、口で告白しなくても、洗礼はできる。洗礼を受けさせたいと考える親や教会の信徒の交わりが、そのことを可能にする。この信徒との交わりをもう少し掘り下げてみよう。聖書の中に障害者を神のもとに、またキリストのもとに連れて行く人々がいる。

《中風の人の癒やし》

マルコによる福音書2章に、中風の人の物語が記されている。イエスのいる家のもとに大勢の人々が集まった。四人の男が足腰の立たないマヒのある中風の人を運んでくる。群衆に阻まれて近付けないので、男たちは屋根に穴を開けて病人の寝床を天井からつり下げた。イエスはその人たちの信仰を見て、中風の人に、「子よ、あなたの罪は赦される」と言われ、彼は癒やされた。その人たちの信仰とは誰のことなのか。ここでは四人の人の信仰を指している。障害者や病人を支える人たちの信仰の故に、障害が癒やされたのだ。

《足の不自由な者の癒やし》

使徒言行録3章に、神殿の境内に足の不自由な男が運ばれ、ペトロによって癒やされた物語が載っている。彼は生まれながら足が不自由であった。毎日神殿の門の側に置いてもらっていたという。彼はペトロとヨハネが境内に入ろうとするのを見て、施しを乞うた。ペトロはお金の代わりに、キリストの名による癒やしを与えた。するとたちまち、その男は躍り上がって立ち、歩き出した。彼は議会でペトロが取り調べを受ける間、そばに立ってキリストの証人の役割をした。

この物語では、足の不自由な男はキリストによる癒やしを求めたのではない。金銭を求めたのに癒やしが与えられたのだ。彼の信仰が彼を救ったのではない。むしろ、彼を毎日神殿の側に連れてきた人たちの信仰の故に癒やされたと言ってもいい。彼に仲間がいること、この仲間の祈りと実践が彼の癒やしを起こしたのだ。

この二つの聖書の物語は、信仰とは仲間として生きることを示している。仲間の信仰や祈りが神の奇跡を生む。信仰は独りで神の前に立つことではない。信じる仲間が共に生きることの中で示されるのだ。

今日のキリスト教会は、信仰の個人主義的傾向が強く、「信仰の我ら性」、そして教会の共生性が失われて久しい。信仰とは、信じる仲間と共に生きることである。そうだとすれば、障害者の信仰を祈る仲間のいるところには、障害者の信仰もあるのだ。

障害者は信仰を持てないのか。見てきたように、教義的には障害者が洗礼を受けることに問題はない。どこに問題があるのか。それは、「口で告白する」というただ一文である。結局言葉のない者が教会から排除されてきた伝統が、今日に至るまで生き残っている。それは、キリスト教会にある「選ばれた者」思想ではないのか。特別に選ばれた者は、選ばれない者の存在を前提とする。選ばれる存在は「優れた者」であり、そうでない者は「劣等者」である。キリスト教会に根づいている「優生思想」が、障害者排除を招いている。選ばれた者は、それが偏《ひとえ》に神の恩寵であることを心底理解するべきなのだ。

㈤　聖書における言葉の意味

ヨハネによる福音書1章には、大変知られた記事がある。

初めに言（ことば）があった。言は神と共にあった。言は神であった。この言は、初めに神と共にあった。万物は言によって成った。成ったもので、言によらず成ったものは何一つなかった。言の内に命があった。命は人間を照らす光であった。光は暗闇の中で輝いている。暗闇は光を理解しなかった。

（ヨハネによる福音書1章1〜5節）

ヨハネによる福音書は、「共観福音書」と呼ばれるマタイ、マルコ、ルカの福音書とは大きく異なっている。それは、ギリシャ文化の強い影響を受けている点である。他の福音書もギリシャ語で書かれており、アラム語で書かれた後にギリシャ語に訳されたのだが、ヨハネによる福音書は最初からギリシャ語で書かれている。ヨハネによる福音書は、グノーシス主義的ユダヤ人キリスト教であることを示している。

では、「グノーシス」とは何か。グノーシスとはギリシャ語で「認識」を意味する言葉である。彼岸の世界から人間に啓示される、救いをもたらされるという認識が、中心にある。イエスこそが先在のロゴスであり、父である神から愛された者、彼を信じる者を救うためにこの世に遣わされた者であることを、ヨハネは告知する。

福音書の最初に登場する文言は、「ロゴス讃歌」と言われ、ロゴスが神の所有たる世界に先在し、創造を媒介して終末的に到来したことを示している。ここで重要なのは、ロゴスは創造、生成の概念で示されるものではなく、すべての時と世に先立って存在することである。「初めに神は天と地を創造された」と創世記に記されているが、それは「言葉」による創造である。「光あれ」の言葉によって光が生じたとある。言葉は神の意志そのものである。従って、神は言葉において自己を啓示し、人間に呼びかける。イエスが世のできる前から神と共にいて、神と人間を繋ぐ役割を果たすことは、その「言葉性」によってであることを示している。（注13）

このように、神とは何か、人間とは何かの意味を問う時に、我々は言葉の果たす役割の大きさを理解する。ヨハネによる福音書がギリシャ哲学の影響を受けたグノーシス主義の傾向があるからこそ、言葉の持つ重要性がより肥大化されたのである。言葉はコミュニケーションの手段としてだけではなく、言葉そのものに神的な要素が加えられ、神格化された。

カール・バルトは、著書『ヨハネによる福音書』の中で、「ロゴスの本質は「神（ホ・ティオス）」として示されるものの本質と同一視される。神の神性はそのままロゴスに与えられている」と述べている。さらに、神はイエス・キリストにおいて、言語であり、語りかけであり、我々に関わる言であることに比べると、その他のことは色あせると書いている。
また、言葉とは、一人の人物が他者に、自分自身以上のものでもなく、以下でもないものを開示する際の、地味ではあるが比較しがたいほどの真実の形式であり、神も言葉を通して自己自身を開示する。それが神の言葉であるが故に、それはある言葉（ein Wort）ではなく、本来的な言（das Wort）、すべての言葉の中の言であるという。（注14）
ヨハネによる福音書に登場する神の言葉は、メシアであるキリストをギリシャ哲学の観点から表現したものである。バルトの説くように、神の言葉とは究極的に、誰が言葉なのかということなのだ。言葉自身が神の性質を持つことを明らかにしている。
キリスト教では、このように神と人を繋ぐものとして「言葉」の重要性を位置づけてきた。「神の言葉」とは、神の愛の心が結晶したものであり、キリストこそ神の心の結晶となった「言葉」であると解釈される。「言葉が肉体となった」という受肉を表すものである。このようにして言葉は、神と人間の救いに関する重要な概念となり、言葉の理解は、言葉のある者を前提とするようになったのである。

神は人の歴史の中で、多くの者を選ばれてきた。だか、選ばれた者すべてが雄弁であり、言葉の点で非の打ち所のない者ばかりというわけではない。よく知られているように、出エジプトの指導者モーセは言葉に難があった。出エジプト記6章12節では、モーセ自ら「唇に割礼のない者」と言い表し、明らかな言語障害があることを示している。具体的には吃音である。その障害の故に、兄弟アロンがモーセの預言者として民に語る役割を負うことになる。にもかかわらず、神はモーセを民族のリーダーとして選んだ。

預言者エレミヤは、神の召命に際して、こう答える。「ああ、わが主なる神よ。わたしは語る言葉を知りません。わたしは若者にすぎませんから」と。エレミヤの主張に対して神は「若者にすぎないと言ってはならない」と命じ、エレミヤの口に触れて、「見よ、わたしはあなたの口に私の言葉を授ける」と言って、預言者としての召命を行った。

このように、言葉に難のある者を神は選ばれている。それは、神は人の能力を選びの基準とはされないお方なのであるということなのだ。神の一方的な憐れみだけが、神の選びのあり方なのだ。

そして既に見てきたように、言葉はコミュニケーションの一形態である。コミュニケーションの方法は多岐にわたっている。聴覚障害では、口話、手話、指文字、キュードスピーチ（国語の音韻を五つの母音口形と音素レベルで表象する記号（キュー）との組み合わせによって表現する方法）、身振り手振りなど様々な方法があり、一人ひとりのニーズに応じたコミュニケーションを用いる。トータルコミュニケーションという用語で示されるように、多くのコミュニケーション手段がある。視覚障害では、点字や指点字がある。知的障害や肢体不自由においてはサイン言語、身振り手振り、マカトン法（言語やコミュニケーションに難のある人のために開発された言語指導法）、視線誘導法（視線の流れをコントロールして相手に意思を伝える方法）の活用もコミュニケーション手段である。いずれもコミュニケーションのツールとして用いられる。言葉によるコミュニケーションは、それら多くの中の一つに過ぎない。パウロの時代には、手話も点字もなかったであろう。バルトやブルンナーの「神の像論争」では、聴覚障害者や知的障害者のことを全く念頭に置かなかったということは、彼らの教会には障害者がいなかったのか、日常生活の中で障害者を見かけることもなかったのだろうか。障害者が無視される神学論争は無意味である。彼らの存在を認め支えることがなければ、どれだけアドルフ・ヒトラーの大量虐殺を非難しても、それは本質的には同様のことをしていると言われても仕方ないのだ。神より賜いし言葉（表出言語）が人間と他の動物を分けるものであるとしたことが、結果的に障害者を教会から排除している原因となった。神の領域のことを人間の側から憶測して差別を引き起こすことは、古代呪術時代のことであって、人間の傲慢さを表わしている。神の愛は人の持つ言葉を超えていると考えるべきではないか。

熊澤義宣は、『神学』第44号（東京神学大学神学会、一九八二年）「いと小さき者の信仰告白――教会の祭司的役割の問題をめぐって」の中で、障害者の信仰告白と洗礼について述べている。彼は、キリスト教はパウロの「口でイエスを主であると公に言い表し、心で神がイエスを死者の中から復活させられたと信じるなら、あなたは救われるからです。実に、人は心で信じて義とされ、口で公に言い表して救われるのです」（ローマ書10章9、10節）の言葉にあまりに縛られていると述べている。「信仰告白文」を正しく読めなくても、文字通りには理解できなくても、信仰があるか否かを理解することは可能であり、洗礼も可能である。実際に日本キリスト教団清水教会では、この論文の趣旨に基づいて、洗礼式の式文を作成し、障害者の洗礼を執行しているという報告がある。

既に述べたように聖書や経典は、それを作成した個人・集団の置かれた社会的状況に強い影響を受けている。それは制約・制限と言っても良い。その時代や社会背景を念頭に置いて理解するべきものである。二千年前のパウロの言葉を、現代の社会状況を加味して理解することは間違いではない。パウロの時代に障害者の人権や人間の尊厳という理念はなかっただろう。著名な神学者の障害者理解によって、二千年前の聖書が再解釈されることもまた、神の恵みなのだ。

熊澤義宣の論文「いと小さき者の信仰」が出されてから、滋賀県東近江市の障害者施設「止揚学園」の子どもたちの多くが洗礼を受けたという。日本キリスト教団では「新しい式文」を作成し、幼児のバプテスマ（洗礼）の礼典に、次の一文を加えた。「なお、このような仕方は、本人が知的な仕方で信仰を告白することが困難であるような場合に適応してバプテスマを行なうことができる。その場合には、この式文を準用し「両親」「幼な児」などの語を適当になおして用いるがよい」と。一九九〇年にこの試案が示され、二〇〇九年に「式文試用版Ⅱ」が出されたが、未だに試用版となっている。つまり、障害者の洗礼拒否問題は現在も進行中であることが示されている。

2　教会の「いと小さき者」の排除

ここでは、教会の差別・排除について語る。最初にイエス・キリストが語った言葉やイエスを指した言葉を聖書から見ていく。

①キリストは神の身分でありながら、神と等しい者であることに固執しようとは思わず、かえって自分を無にして僕の身分になり、人間と同じ者になられました。人間の姿で現れ、へりくだって、死に至るまで、それも十字架の死に至るまで従順でした。

（フィリピの信徒への手紙2章6〜8節）

②あなた方の中で偉くなりたいと思う者は、皆に仕える者（ディアコノス）になり、一番上になりたい者は、すべての人の僕（ドウロス）になりなさい。

（マルコ伝10章43、44節）

③お前たちは、わたしが飢えたときに食べさせ、のどが渇いたときに飲ませ、旅をしていたときに宿を貸し、裸のときに着せ、病気のときに見舞い、牢にいたときに訪ねてきてくれたからだ。（中略）わたしの兄弟であるこの最も小さい者の一人にしたのは、わたしにしてくれたことなのである。

（マタイ伝25章35〜40節）

これらの言葉は、目の前にある困窮者に仕えることは、その背後にいる神ご自身に対して仕えることになるという。イエス自身が、「苦難の僕」としてその生涯を生き、困窮にある者としてその姿を現わした。困窮者は神の姿の一面を示すものとして、キリスト者は理解する。具体的な困窮者の背後に神を見ること、神に仕えて生きることが奉仕であり、キリスト者は人に仕えて生きる者であることが聖書に示されている。

このように示されているキリスト者の生き方から、差別や排除という実態が何故起こるのであろうか。ここまでは障害者の差別や排除について見てきた。ここからはそれ以外のものについて言及する。いずれも、この世にあっては、「いと小さな者」と呼ばれている人たちである。

いと小さな者たちとは、この世にあって社会の片隅に追いやられている力を持たない弱き者であり、社会の差別や排除を身に受けて苦しんでいる者である。新約聖書に登場するいと小さな者たちとは、障害者や病人、異邦人（ユダヤ人以外の人々）や貧しい者たちであり、徴税人（裕福であってもローマ帝国のために働く者として蔑視されていた）たちである。

旧約聖書時代のユダヤ人は、神の恵みを現世利益として捉える傾向があった。それは長寿であり子孫の多いことであり、生活が豊かであり、健康であることなどであった。そのような考え方からは、障害や貧しさなどから貧しい者たちは神の恵みの薄い者と見られていた。信仰さえあればそんな状況に置かれなかったと考え、信仰の希薄さ、神をないがしろにして生きてきた罪をそこに見る者も少なくなかった。

だが、イエスはそのような考え方を一変させた。むしろ、そのような者こそが神の憐れみを受けるに相応しいものとした。何故、新約聖書には障害者や病人、貧しい者たちがこれほど登場するのか。それはイエスがそのような者たちを招き、受け入れたからである。

このような「いと小さな者」を受け入れることが、私(イエス)を受け入れる者であるとイエスは語る。そのように生きるよう勧められているにもかかわらず。どうして「いと小さな者たち」を教会は差別し排除するのか。その具体事例をそれぞれ取り上げる。

(一) 人種差別

日本のキリスト教の根底には「日本人優生思想」が横たわっている。それはキリスト教に限らず、日本人が抱える「アジア人蔑視」の根幹にある差別感情である。

そもそも明治初期に日本がキリスト教を受け入れる際、宗教としてではなく西洋文化として、西洋精神として受容したのではないかと考える。従来の日本にはなかった新しい文明や文化の象徴としてキリスト教が登場した。未知なる西洋文化は開国後の日本には新鮮な魅力として映っていたに違いない。西洋人の宗教は、ハイカラで言語、音楽、美術、雰囲気も西洋文化そのものを現わすものであり、人々を魅了したのであろう。

特に、明治維新後の西洋に追いつくための「富国強兵政策」においては、西洋列強への憧れと、日本もそのような国家になれるという思いが、アジア諸国に対する蔑視を生み差別を作り出していった。

古くから日本人の中には、中国や朝鮮に対する強い侮蔑の念があり、歴史的にその差別意識が育成されていった。豊臣秀吉の時代の朝鮮征伐は、最終的には大明帝国《だいみんていこく》の征伐を目指したものであったが、背景には朝鮮人は悪い者というイメージがあった。元寇《げんこう》の役の祭に、高麗《こうらい》（朝鮮）を日本征服に協力させたことがある。また、一八七三年の政変で西郷隆盛が「征韓論」で敗れて下野したと記されているが、この「征韓論」の背景には、明治初期の学者たちによって、かつて朝鮮は日本の領土であった旨が、古事記・日本書紀に掲載されていると主張されたことが発端であった。

アジアの盟主たるべき日本にとって、中国や朝鮮は支配の対象であった。明治維新の文明開化に湧いて列強西洋諸国に比肩せんとの勢いを持った日本は、周辺のアジア諸国を劣等国、未文化国として蔑視する土壌が育ってきていた。西洋への劣等感とアジア諸国に対する優越感が混在する国民性が育まれていった。

もう一点、明治期のキリスト教の中で見ておきたい事柄は、教会の植民地伝道である。キリスト教会が植民地である朝鮮半島で何を為し、何を為さなかったのかが問われている。

戦時中の朝鮮人差別の問題として、天皇制を受け入れて戦争協力してきた日本のキリスト教会は、朝鮮の教会に天皇への尊崇《そんすう》の念を持つこと、宮城遥拝《きゅうじょうようはい》を強要した。そのため朝鮮では多くのキリスト信者が弾圧を受け、多数の殉教者を出した。殉教者を数えるほどしか出さなかった日本のキリスト教会は、戦後になって謝罪をしたが、彼らを迫害に追いやった張本人は軍部というより、日本のキリスト教会であった。

そこには朝鮮人に対する明確な差別感情がある。彼らを同じ信仰の同朋として支えるという意識とは遠く、自分たちの身に及ばなければそれで良しと見て見ぬふりをしたのだ。この日本のキリスト教会の犯した罪を、神は許すのだろうか。

(二) ホームレスの排除

かつて伝道師を務める桜本教会の取り組みを「神奈川教区だより」に掲載したことがある。川崎市南部の小さな教会で、ホームレスの支援活動を行い、障害者、外国人などの聖書でいうところの「いと小さな人々」との共生を目指していた教会の取り組みや課題を報告した。この文章の中で、「ホームレス、障害者、外国人、アルコール依存症者、犯罪の更生者などの様々なニーズのある人々」という表現をした。この表現に何人もの教区の牧師たちが噛みついた。

神奈川県には多くの在日朝鮮人が住んでいる。また障害のある人たちもいる。だが、そこに併記して、ホームレス、アルコール依存症者、犯罪の更生者と書いたことへのクレームである。在日朝鮮人は日本の戦争犯罪の被害者である。障害者も様々な差別・排除を社会から受けている人々である。だが、ホームレスやアルコール依存症者や犯罪の更生者は、そもそもそうなったのは自己責任ではないのか。自己責任で現在困難な立場に置かれている人々を支援することは間違っている、という論理であった。

差別される側に序列があるのだろうか。許されない差別と許される差別があるのか。牧師たちは「自己責任」という言葉を使った。自己責任の視点で許される差別があるということなのだ。

私は長い間、このような人たちに出会ってきた。「身から出たさび」という境遇に堕ちている人もいるかも知れない。だが、運が悪く、たまたま助けてくれる人が周囲にいなくて、今の境遇に堕ちた人も少なくない。人によっては、ホームレスは社会的排除の結果であり、社会の被害者であるという点で見るべきと主張する人の方がむしろ多い。

犯罪者についても、犯罪者になったことを気の毒に思う人が少なくない。こんな境遇に置かれて社会から放置されていたら、誰でも犯罪者になる可能性があると思われる事例を、私は沢山見てきた。中学校の特殊学級担任をしていた時、「教護院（現在の自立支援施設）」に送らなければならなかった生徒が四名いた。普通の家庭であったら、もっと愛情のある親がいたらこうはならなかったというケースも多く、親が障害者であったり、複雑な家庭に育った子たちであったりした。最初から犯罪者に生まれついた人間などいない。家庭環境への支えがあれば人が犯罪者になる可能性は低い。

アルコール依存症者も随分多く見てきた。一時はその人のアパートに泊まり込んで酒を遠ざける取り組みもした。毎朝シアナマイドという抗酒剤（酒が飲めなくなる薬）を投与したこともある。ある病院のケースワーカーから、教会がアルコール依存症の支援センターになって欲しいとの依頼があるほど、そのような人たちとの関わりを持ったこともある。しかし、彼らもそうなった原因にはその人の根っこにある苦しみ、悲しみがあった。

私が最も長く関わった人は、東北の山村のお寺の門前に置かれた「捨て子」であった。子どものない家の養子として引き取られたが、すぐに弟たちが生まれて親から疎まれてきたという。中学卒業後には石狩炭鉱で働いたが、たこ部屋のようなところに寝泊まりし、そこで炭鉱労働者の職業病とも言われる間質性肺炎になり、川崎市に越してきた。飯場《いいば》を転々とする土方生活になったが、自分が親から捨てられた人間であることにずっと苦しんできた。気がつけばアルコール依存症になっていた。やがて酔って道路に寝ていて車に跳ねられ、片足切断の障害者となった。

私はこの人と何十年も付き合ってきたが、正直どれだけ迷惑をかけられたか分からない。何度も殴られ刃物で脅かされることもあった。だが、この人の苦しみを受け止めようとしてきた。それは単に、伝道師や牧師であることの使命感からではない。こんな重荷を負って生きている人を放り出すことができなかった。

アルコール依存症は、牧師たちの言うとおり「自己責任」であるかも知れない。自業自得であるかも知れない。だが、このような人たちを、イエスは友として迎え入れたのではなかったのか。

先代の牧師であった藤原牧師は、伝道師である私に、彼を生涯支え続けることが私が真に神の僕となることだと語った。もちろん、牧師は私よりもっと多くの重荷を負っていた。

「自己責任」と人は簡単に突き放す。それは苦難の道を歩まれたキリストを知らない者の言葉である。キリストならどうするか。私たちにいつもその問いが突きつけられている。

牧師たちの中には、人権意識が高く、人間の尊厳に向かい合って苦しむ者のために労する人たちもいる。だが、そのような牧師は決して多くはない。社会の中の差別に関心も薄く、他人事と見ている者が多い。新聞やニュースによって知識として持っていることはあるだろう。だが、それよりも「いと小さな人たち」と、実際に顔を合わせて見ること、直接関わり合うことのないことが問われているのだ。教会に迎え入れることがなければ、実態は分からない。無知は差別や偏見を生む。

だが一体、何故そのような牧師たちがいるのか。その答えは、キリスト教優生思想にある。日本社会のみならず世界のキリスト教会が、自ら神に選ばれた者として社会の人たちの上に立っているという優越感が、牧師たちを蝕んでいる。

(三) 同和差別

同和差別事件は仏教教団だけが起こしたものではなく、キリスト教でも同様の事件があったことに触れなければならない。

一九八三年日本聖公会総会席上で、部落差別問題委員会提出の「祈祷書改正の件」審議中に、天皇のための祈祷を残すべきであるとして審議打ち切りを求めた中川秀恭《なかがわひでやす》司祭（当時国際基督教大学長）はこのように発言した。

「私は自分にふりかえってみますと、自分の娘を部落の一人とわかっている男のところへ嫁にやるかというと、躊躇するにちがいありません。そして、私は関西の方の方をかなり知っていますが、非常に警戒しまして……」と。後の確認会でも、「実感として針に刺されるような痛みは感じていない」

と強弁したという。それはその発言から長く時を経た現在でも解決されていない悪質なものであると指摘されている。（注15）

彼の言葉はキリスト教の立場から言えば、神の前に皆平等であるとの教えや、キリストの語った「いと小さき者」を受け入れることとは真逆な対応と言わざるを得ない。私は彼の著書を何冊も読み、生きる示唆を与えられた。だが、このことを知ると、彼が尊敬に値する牧師であるとはもはや言いがたい。キリスト教の差別や排除については、キリストを信ずるものの発言とは到底思えない事柄が、今日でもキリスト教会の中に見られている。

社会活動家として知られる賀川豊彦《かがわとよひこ》も多くの差別発言をしている。日本を代表するキリスト者でノーベル平和賞と文学賞候補であった賀川は、神戸市のスラム街に住んでキリスト教伝道と救貧活動に励んだことで知られている。著者『貧民心理の研究』（警醒社書店、一九一五年）の中で極めて差別的な記述があり、被差別部落の運動団体・全国水平社の同人から抗議を受け、同書は絶版となった。同書の中で特殊部落に強い関心を寄せていた賀川は、その起源について、〈奴婢奴隷捕虜《ぬひぬれいほりょ》〉〈罪人穢多《ざいにんえた》編入《へんにゅう》〉等の諸説があるとした上で、自らは〈人種説〉を採ると明言している。

その理由として、彼らのある者が支那語のアクセントを発していること、ある者は朝鮮語の名刺を保有していること等を挙げて、本来の日本人とは人種が異なると主張する。

身体的特徴についても述べている。彼らには白皙種《はくせきしゅ》が多いことから、カウカサスの子孫としか思えないと述べている（カウカサスは今日では、コーカサスの地名である。つまりロシア人の血が混ざっているとの表現で純粋な日本人ではないとの主張である）。穢多の間には美人が多いことを誰もが認めているのは、そのような民族的な者ではないのか、と。彼らの中には激情、薄情、団結的、嫉妬深い等の日本人とは異なった感情があり、これらも一種の民族的なものと断言する。

　その上で、一般に犯罪人種一種の血統系統を有しており、彼らが日本帝国の中の犯罪種族であることは誰も拒むまいという。さらに彼らはすなわち日本人中の退化種、または奴隷種、時代に遅れた太古民なのである、と（差別表現は本書に記載されたものをそのまま使用した）。

　賀川は、後に「描きすぎていたこともあったので咎められるのも仕方なかった。しかし、それは研究として書いたものであって、同志に対する尊敬と奉仕の精神は変わらなかった」と弁明している。だが、本当にそう思っていたとは到底思われない。差別主義者が部落問題の解決は、〈愛と奉仕〉の外にないと説き、水平社の差別糾弾闘争を〈圧迫者に対する憎悪の福音〉と断じても説得力はない。

　賀川は神戸で無料巡回診療を始めたが、医療関係者にこのように述べたと言われている。「あんた、この世の中で生きていくのに一番大事なことは、有名になることとやで。有名にならなんだら、なんにもでけへん。あんたはこのやり方をして、続けていくうちにきっと有名になるによって、その有名になることが、この仕事のできる大事なもとだということ、よう覚えときなさい」と。（注16）

　以前に私はある本の中で、賀川が売春婦を指して精神障害者と罵倒していたことを知った。貧しい農村で生まれ、食い扶持を減らすために都会に出てきた若い女性が、職に恵まれず春をひさぐことしかできない境遇に追いやられた、言わば社会から弾き出された女性たちを「精神障害者」「頭の狂った人間」と蔑視していた賀川の実像を知って、苦しむ人と共に生きるスラム街の聖人のイメージは完全に消え失せた。高いところから底辺ともいえる場所で生きざるを得ない人々を見下すような傲慢さに、「愛と奉仕」のキリストの思いを売り物にするだけの薄汚い人間と思えてならなかった。それは彼の活動が立身出世のためのものであったからではないか。神に背信するものではなかったのか。

明治の初期から、キリスト教は聖書の教え、神の言葉からかけ離れたものとして今日まで続いてきた。だからこそ、国民の間に根を張ることができなかったのだ。それは単なる宣教の失敗ではなく、神からの離反の上に築かれた「白く塗りたる墓」であったのだ。この世で差別され、排除され、貧しくされている者たちを迎え入れる教会ではなく、彼らを友として受け入れず、追い出して路上に放置する。これは「いと小さき者を迎え入れよ」の神の御子の言葉と真逆な対応である。どうしてこうなったのだろうか。

3　キリスト教優生思想

明治初期に日本に入ってきたキリスト教（プロテスタント）は、佐幕派の武士たちに受け入れられた。武士階級とは当時の知識人であり、キリスト教は知識人の宗教として定着していった。民衆の宗教ではなく知識人の宗教とはすなわち、知的好奇心に満ちた若者を多く取り込んだ宗教として発展してきたが、それは生活に苦しむ庶民の宗教とはならなかったことを意味している。それは、内村鑑三《うちむらかんぞう》の無教会主義に代表されるものである。

無教会主義・キリスト教は、その根拠としてパウロも同様の無教会であったと主張する。無教会主義は、キリスト教会に付随する権威・権力を排除し、ルターの宗教改革の二大原則である、①聖書のみ、②万人祭司を極端に現実化したものであり、聖職者（牧師・正教師）を持たず、儀礼（洗礼式など）を行わず、聖書の研究や講義を中心とする集会を持つようになった。

内村の弟子たちには著名な学者たちが現われ、東大総長になる南原繁《なんばらしげる》や矢内原忠雄《やないはらただお》などを輩出した。無教会主義は極めて知的エリートが集うところとして知られるようになった。

父親がカトリック教徒であり、北海道禁酒連盟会長をしていた私の友人は、キリスト教に興味を持ち様々な文献を漁っていたが、ある時こう言った。無教会主義の人たちは日本では超知的エリートの人々のキリスト教であり、一般の人々が簡単に出入りできるところではないと。集会はキリスト教会の礼拝ではなく、聖書研究が中心である。研究を好み、議論好きの人々の集まりである。ここには知識もなく貧しい庶民が集会に参加できないことは明らかである。まして障害者など歯牙にもかけられなかったであろう。

一八六七年アメリカのペンシルベニア州の「白痴学校」で七ヶ月間看護を行った内村は、その体験談を記しているが、日本の読者にとって目新しい言葉として「白痴」を紹介し、次のように記している。

然れども白痴其者が余の読者最多数の解せざる所ならん信ず。白痴とは吾人の通常の「馬鹿」と称する者、欧州に於ける古来の定則に依れば、単数二十以上を数へ得ざるものを以て白痴となすと言えり。普通知能を有せざる人、生来の愚人、人間の廃物、是白痴なり。（注17）

そして施設で出会った数人の白痴児について記述している。十六歳のあ者知能は五歳に及ばないが感覚は鋭敏である。また食べ物を咀嚼せずに飲み込むが、すぐに嘔吐して其の直後に隣で食べている人のものをも食べてしまう。また女性の衣服から留め金を盗み、それを心手の甲に刺して出血するのを見て喜ぶ子ども等のことが書かれている。

このように知的障害者を廃物とまで言い切った内村に、障害者の人間に対する尊厳を持ち得ないことは明白である。内村は日本のキリスト教史に残る偉人であり、日本を代表するキリスト者であることを誰もが疑わないが、彼の中に能力や学力に関しての優越感がなかったか。一般大衆よりも、優れた能力、学力ある者を好み、低学力の民衆への侮蔑感がなかったか。障害者に対する蔑視を率直に語る内村に、私は強い怒りを覚える。

ところで、内村はキルケゴールが「無教会のキリスト教を世界に唱えた」と述べており、キルケゴールに深く傾倒していることが記されている。

私のキリスト教遍歴はキルケゴールなどの実存主義キリスト教に始まる。神の前に一人で立つことを述べたキルケゴールに強く惹かれたことを覚えているが、バルトと出会って以降、私はキルケゴールを、「信仰の我ら性」を欠いた哲学者として理解するようになった。教会とは一緒に信仰を生きる仲間としての宗教であることを学んできた。特に、様々なニーズのある人々との共生は、一人で生きる孤高の信仰ではなく、仲間と支え合って生きる信仰者こそが教会人として重要なことであることを示されてきた。

日本福祉学会で大きな足跡を残し、東京女子大学理事長や神奈川県立保健福祉大学長を歴任した阿《あ》部《べ》志《し》郎《ろう》氏は、講演の中で、「日本の牧師たちは高学歴で知的にもエリートである」と述べた。安部氏自身が牧師としての奢りを持っていた。(注18)

日本の牧師たちの多くは大学院を出ている者が多く、彼の発言は間違いではない。だが、それはことさら標榜すべきことなのであろうか。むしろ、そのことが社会で苦しんでいる人たちを教会に受け入れないことに繋がっているのではないのか。

教育用語として「共感と受容」がよく使われる。障害児教育でも不登校や非行などの学校生活になじめない子どもたちの理解として、教師に必要な資質の最初に挙げられるものである。特別な支援を必要としている子どもに対して、教師はまず子どもの置かれている状況を理解し、それを我がことと

して子どもの気持ちに寄り添うこと、そしてその子を偏見や拒否感ではなく、心から受け入れること

を指す言葉である。

だが、知的エリートと自認する人たちが、「共感と受容」の心で子どもたちに接することができるだろうか。障害者を廃物と蔑視した内村鑑三が、社会の片隅に追いやられている貧しく苦しんでいる人々に心を寄せることができたであろうか。

阿部氏についても同様である。立派な学歴と経歴を持つ学者であるが、福祉の実践家である彼に対する評価は、一緒に活動した人々によれば極めて問題の多い人であったという。そもそもどうして彼が福祉の世界に入ってきたのか、と問う人たちは少なくない。福祉で身を立てたと語る人もいる。

❀

東京の大教会の伝道所として開設された桜本教会には、大教会の教会員が多くいて、地域の人々はほとんどいなかった。近くの韓国教会の牧師は、新しい日本の教会は建物は古いが、地域の住民は不在で遠くから集まる信徒はインテリばかりだと揶揄したことがある。大学教授、教師、大企業の役員や地域の名望家たちであった。

私たちの教会はそのような教会から始まった。だが、そのような教会を変えたのは四代目の藤原繁子《ふじわらしげこ》牧師であった。彼女はお茶の水女子大学哲学科の出身であったが、彼女の言葉によると幼少の頃父親が亡くなり、それ以来生活は困窮を極めたという。彼女の営む教会がホームレスや障害者、外国人の教会になるのは、そうした経験がベースにある。順調な人生ではなかったことが苦しむ人への共感を育んだのだろう。

日本のキリスト教とは、多くは家の宗教を離脱して個人が選び取った宗教である。内村鑑三を初めとする明治初期のキリスト者たちにとって、キリスト者になることは親や家を捨てることから始まったという。親族の誰もが昔からの家の宗教である仏教徒であった。そこからキリスト教になるには、それだけの決意があったに違いない。同時に、他の誰よりも自分が神に選ばれているという自負心に繋がっていった。一人独力でキリスト者として生きる強烈な自覚が求められた。その孤高が故に、時に、自分が優れているという優生思想に陥っていったとしても不思議ではない。孤立感は強い高揚を生む。それが選ばれた者の優生思想にならないはずがない。

キリスト教の孤高は、社会にあっては共に生きることを妨げることにもなり得る。キリスト者であることは日本では社会階層的に上にあるとの意識が、キリスト者特権階級意識を形成していったのではないか。日本のキリスト教の根っこにあるキリスト教優生思想はこのようにして作られ、それは精神的な貴族主義であったと思われてならない。

第四章

仏教の戦争責任

教育はいつの時代でもある特定の人々だけでなく、社会全体に大きな影響を与えるものである。戦争に対して教師がどのような立場を取るのか、それは子どもたちの人生の選択に当たって決定的な意志を作り出す。だからこそ、教師たちの戦争責任は追及されなければならない。私は教師の一人として、教育の戦争責任を問い続けてきた。それは、今まさに戦前への復帰が叫ばれている直中で、教師は何をすべきかが問われているからである。

同時に、宗教も戦争とどう向き合ったのか問われなければならない。宗教は何が善であり、何が悪であるかを教え、人としてどう生きたら良いのかを教える立場にある。この世の流れがどうであれ、人を超えたものに帰依し、そこから生きる道を説くのが宗教である。

私は教師であると同時に、キリスト教会の牧師である。教育者として、同時に宗教者として戦争責任を問い続ける立場にある。教育と宗教は、共に苦悩に満ちた現世をどう生きるかの指針や理念を人々の前に掲げ、導く役割がある。

二〇二三年七月十三日付け朝日新聞朝刊に、「浄土宗の僧侶ら、戦争協力報告書」という記事が出た。そこには、このように記されている。

浄土宗（総本山・知恩院、京都市東山区）の僧侶有志らでつくる浄土宗平和協会は12日、日中戦争や太平洋戦争での戦争協力についてまとめた報告書を公表した。学者と僧侶で構成する専門委員会（委員長＝大谷栄一佛教大学教授）を立ち上げ、3年かけて調査していた。

浄土宗は二〇〇八年の「浄土宗平和アピール」で戦争責任を初めて表明していた。報告書によると、戦時の「宗報」や伝道強化の資料を基に戦時体制や布教活動について分析したところ、天皇を阿弥陀仏と同一であるかのように示す教説によって、浄土宗が戦争協力を進めてきたことが確認できたという。

長い間、仏教の戦争責任について問うことは戦後の仏教界でタブーであった。昭和初期、仏教の天皇に対する忠孝《ちゅうこう》思想が体系化された。それを「皇道《こうどう》仏教」と呼ぶ。絶対的な存在である天皇を支えるための仏教である。「日本仏教は天皇あってこその仏教である」、「天皇は阿弥陀仏である」等の主張により仏教教義が曲解され、仏教は本来の教義からかけ離れるものになっていった。それは、慈悲や寛容を説く仏教からの逸脱であった。今でもキリスト教と違い仏教は戦争をしない宗教と信じる人は少なくないが、過去の戦争協力や皇道仏教の事実を知ってなお、本気でそのように思い続けられるだろうか。

1　仏教界の戦争責任

　仏教の戦争責任に触れる前に、明治維新後に行われた廃仏毀釈《はいぶつきしゃく》について見ておかなければならない。明治以前の幕藩体制下の寺請制度の下で、仏教は国によって庇護される時代が続いた。一村一寺制度により、村人はすべて寺の檀家となった。全国民が宗門《しゅうもん》（宗旨《しゅうし》）人別改帳《にんべつあらためちょう》に記載されて、すべてが仏教徒となった。その結果、村の重鎮の地位にあった寺は、貧しい村人に高利で資金を貸しつけ利益を上げ、返済不能となれば土地を取り上げ、農民を小作にするなどして地主になり、農民を苦しめる側になった。

　明治新政府は一八六八年に「神仏分離令《しんぶつぶんりれい》」「神仏判然令《しんぶつはんぜんれい》」を布告し、さらに一八七〇年に「大教宣布《だいきょうせんぷ》」を発令し、仏教による国民負担の軽減策を行った。これは仏教そのものの排斥を目的としたものではなかったが、結果として長年仏教に弾圧されてきた神職者や民衆が、仏教を非難する動機付けとなって、廃仏毀釈運動へと進展していった。さらに、仏教特権化への反感が根底にあった。廃仏毀釈運動は地域差が大きく、浄土真宗の信仰が根付いている三河、越前では廃仏への反対運動も起こっている。

　「神仏判然令」は、日本各地の神社から仏教僧を排除するものであった。それは神主のみが神社を管理し、神道の神々に仏教用語の名称をつけることを禁止、仏像の配置も禁止するものであった。奈良時代の聖徳太子に見られる鎮護国家の宗教としての仏教は、長く天皇が信仰する宗教として国家に守られてきた宗教であった。だが、明治維新後は、神道が国家の宗教としての地位を確立することによって、仏教はその地位を奪われることになった。廃仏毀釈運動によって消滅した寺は数知れない。

そこで危機意識を抱いた仏教界は、明治新政府に取り入ってその立場を堅持しようと考えた。西本願寺の第二十世門主大谷広如《おおたにこうにょ》は、勤王僧（幕末日本において「勤王の志士」と交わり、尊王攘夷運動、倒幕運動に関与した仏教僧）として知られ、一八七一年に遺言「御遺訓御書《ごゆいくんごしょ》」の中で、次のように述べている。

「現世には皇国の忠良となり、罔極の朝恩に報い、来世には西方の往生をとげ、永劫の苦難をまぬがるる身とならられ候やう」と。

天皇が統治する国に生まれ、その恩を受けない者は一人もいない。浄土真宗においては、天皇に対する仁義を守り、天皇に忠義を示して授かった恩に報い、死後は極楽に往生することであると述べている。この遺言はその後の浄土真宗に大きな影響を与えるものとなる。この世では天皇に、あの世では仏に帰依するとの教えである。天皇に帰依し、天皇に救いを求めることなど、その教義はもはや宗教とは言えないものになっていった。

これは浄土真宗に限らず、仏教各派も同様であった。かつて鎮護国家として国の庇護を受けた仏教であったが、国家に見捨てられ、国家神道のもとで生き残りをはかるために、皇道仏教とならざるを得なかったという歴史的背景があることを考える必要がある。

一九三七年盧溝橋《ろこうきょう》事件の翌日、天台宗のトップである第二四七世天台座主梅谷孝永の動向を記した「天台座主記」には、このような記事が書かれている。「昨日突如トシテ支那事変勃発セルニ驚キ、直《タダチ》ニ皇軍勝利、国威宣揚ノ大祈禱別壇ヲ開ク」と。（鵜飼、九八頁）この天台座主は祈祷を終えると比叡山を下りて上京し、香淳皇后《こうじゅんこうごう》や近衛文麿《このえふみまろ》首相と面会し、祈祷のお守りを果たしたという。

盧溝橋事件の折に、各宗派が取った動向は次のようなものである。

・天台宗は「支那事変臨時事務局」を開設。「皇軍慰問師」五名を選出、天津《テンチン》に派遣。
・真宗教団は傷病兵輸送機を陸軍に献上。佛光寺派管長は皇居に天機伺いに訪問。
・真言宗は「臨時連合諭達」を発し、国民精神の強化に精進し不惜身命《ふしゃくしんみょう》の信念に住して報国の丹心《たんしん》を抽《ぬき》んで宗徒の本分を尽くし以て東亜に於ける皇国の使命達成に貢献せんことを期すべし、と記述。
・曹洞宗は国威宣揚の大祈祷会を実施。管長が参内して天機伺い。
・日蓮宗は管長が参内し天機伺い。末寺に「第一線に立つ皇国軍人に捧ぐ」、「白衣の勇士に捧ぐ」、「銃後の祈り」、「義国の英霊に捧ぐ」の四種類のポスターを配布。
・浄土宗は「支那事変対策費」三万五千円を拠出。皇国慰問団を上海に派遣。

このようにほとんどの宗派が積極的に嬉々として戦時協力した事実がある。

また昭和天皇の従兄弟であった浄土真宗本願寺派二十三世門主大谷光照《おおたにこうしょう》は、一九三八年の「歴代門主文書」の中でこう述べている。

国家の事変に際し進んで身命を鋒鏑《ほうてき》におとし一死《いっし》君国に殉ぜんは誠に義勇の極みと謂《いい》つべし。一家同族の人々にはさこそ哀悼の悲しみ深るべしと覚ゆれども畏《かしこ》くも上聞《じょうぶん》に達し代々に伝はる忠節の誉を喜びいやましに報国の務《つとめ》にいそしみ其の遺志を全うせらるべく候。（鵜飼、九頁）

法主による訓示は末寺を通じて社会全体に浸透し、檀信徒の戦意を高揚させた。一九四一年の日米開戦に当たり、東本願寺大門の楼上に「皇威宣揚」、「生死超脱」、「挺身殉国」の立看板が設置された。戦後は大谷光照らの戦争責任を追及する動きが起きた。

このように殺生を戒めるはずの仏教が無差別の殺戮である戦争に深く関わったことが知られる。それは「戦時教学」とよばれる論理に基づくものであった。国家神道体制の中で仏教の生き残りをかける僧侶は批判することなく従い、「極楽往生」の考えを出して、戦地で死ぬことはむしろ歓迎すべきこととし、「一殺多生」を平然と語る者も現れた。宗教家、井上日召《いのうえにっしょう》はテロ集団を率いて政財界の要人を暗殺した「血盟団事件」を起こしたことで知られる。日召の提唱した「一殺多生」の言葉は真宗教団の中で使われていたものであるが、次第に皇道仏教で用いられるようになった。浄土真宗本願寺派は、一九四〇年に宗祖親鸞の著書である「教行信証」の一部に天皇不敬の文があるとして、削除訂正した。つまり、親鸞よりも天皇を重んずる宗教に転落したのだ。忖度等の言葉では表せない宗祖に対する冒涜である。天皇ファシズムに埋没していく信じ難き宗教堕落である。内務省から削除命令が出されてこれに従った宗派も、日蓮宗等少なくない。

さて、日本仏教界が大陸進出に積極的に取り組む中で、中国仏教界から日本仏教界へ、「侵略停止の呼びかけ」の書簡が送られている。中国仏教会会長の浙江省寧波《ニンポー》にある天童寺住職円瑛《えんえい》である。そこには次のように記されている。「貴国は仏教を信奉する国であり、国際的にも慈悲平等主義を施行し、東アジアに平和をもたらし、世界平和を更に進めるよう尽力すべきであります。しかしながらこの度、貴国の軍閥が侵略戦争を以って中国領土を占領し中国人民を惨殺するとはどうしたことでありましょうか」と。（鵜飼、一一三頁）

この訴えに対して日本仏教会は沈黙を守った。侵略戦争に嬉々として従った日本仏教界は、隣国の同胞である仏教徒の苦しみを顧《かえり》みることはなかった。

日本仏教界は大陸侵略に当たって、従軍僧を派遣する。その数は日清・日露戦争の比ではない。この従軍僧の役割は、大陸布教である。戦地にて法衣を纏《まと》いお経を上げる従軍僧は兵士たちから崇敬の念を以《もっ》て迎えられた。だが、兵士のための従軍僧ではなく、現地における各宗派布教が本質であった。彼らは大陸各地に宗派の寺院を設置して、民衆の信仰を集める活動を行った。大陸の人民の日本仏教への帰依は、日本軍の侵略を受け入れる素地を創ることになる。日本の植民地政策と歩調を合わせて大陸に進出し、軍事色を強めていったのが仏教界である。

野口英水著「近代真宗本願寺派の従軍布教活動」（『印度學佛教學研究』63巻、二〇一四年）の中に、従軍布教の活動内容が詳細に記されている。その内容は、戦病死者の葬送、遺骨の送還、兵士への説話・布教に止まらず、戦闘への参加、現地民衆への宣撫《せんぶ》等、戦争協力そのものであった。従軍僧の「戦闘への参加」は仏教者にとって重要な戒律である「不殺生」の破棄である。聖戦のためであれば人を殺すことを良しとする戒律破壊に陥ったのだ。また、従軍僧の「諜報活動」も行われたことが記されている。現地住民の抗日活動を憲兵隊に密告していた。仏教の本道を貶む非道残虐な戦争荷担に、僧侶たちは進んで加わっていった。

禅宗は足利将軍家が京都と鎌倉に「五山十刹《ござんじっさつ》」を創ったように、武人とは相性の良い宗教である。禅の教えは、「無我の境地」と言われ、戦時下にあっては「自己の命に執着せず、国のために命を捧げよ」という解釈となった。

杉本五郎《すぎもとごろう》中佐は、敵の手榴弾に倒れたが軍刀を杖に立ち上がり、皇居の方角に挙手敬礼、立ったまま絶命したという。この杉本の壮絶な死に様は当時の若者の心を捉え、「軍神」と崇められ、彼の遺言は『大義――杉本五郎中佐遺書』（平凡社、一九三八年）と題されて出版され、大ベストセラーになった。この『大義』の中で杉本は、「仏教は無我を本《もと》とし、儒教は仁を説き、耶蘇《やそ》は愛を叫ぶ。此の三

徳を兼備し、諸宗諸学を統合し人類を救済し給うは、実に天皇御一神にお在《わ》します」と皇道を説いている。（鵜飼、一四二頁）

軍神を崇める世の風潮づくりに禅宗は大きな役割を果たした。「爆弾三銃士」等の戦争中の英雄たちは、それが子どもたちに語られることで、子どもたちに戦争賛美や好戦的な意志を高揚する役割を果たすことになった。

キリスト教史における西欧の植民地政策は、海外への侵略の先行としてキリスト教布教があった。まず、キリスト教が乗り込んでいき、先住民を手懐け、軍隊がその地を占領し統治する。つまり先兵の役割を果たしたのがキリスト教であった。根底には、未開の異教徒にキリスト教を教え諭すという思い上がった優生思想が存在し、現地人をキリスト教徒にするという布教目的があった。スペインやポルトガルが植民地を求めて南米やアフリカ大陸に進出したが、その後ヨーロッパでは宗教改革の波が各国に及ぶようになり、その間隙を縫うようにカトリックが急速に勢力を拡大した時期である。

一四九二年にコロンブスが新大陸に到着した。以降、新世界は植民地としてスペインとポルトガルの領土として支配され、インディオは搾取され、虐殺され続けた。この新大陸侵略にカトリックは荷担した。

ただ、仏教とカトリックでは、少し異なる点がある。それは、カトリックの神父たちの中に、インディオの苦境を理解し、植民地政策に批判の声を上げる人々がいたことである。フランシスコ会、ドミニコ会、イエズス会の宣教師の中に、現地人と共に生活し彼らの苦しみを受け止める人々がいた。ここから、インディオの搾取に対する明確な抗議活動が起こった。宣教師たちは「清貧の誓い」を立てていて、植民地政策がどれほど悲劇的な結果を招いているかをつぶさに見ていたからである。インディオを文明化してキリスト教教理を教える目的で、奴隷にする。この事態を前に宣教師たちはスペイン政府に抗議文を送り、インディオを守るための法律を勝ち取った。スペイン人によるインディオ搾取はキリスト教信仰とは相容れぬものであると公然と政府を批判した。

歴史全体の流れの中では、西洋の植民地政策にキリスト教が大きく関わったが、一方で神への信仰という現世を超えた普遍的価値を貫いた者たちが存在したことも事実である。では、仏教界にそのような人たちはいたのであろうか。

著名な仏教者であった鈴木大拙《すずきだいせつ》は、戦争を肯定する論陣を張った。曰く、「宗教は国家を体として存すべく国家は宗教を精神として発達すべしとせば此問題を解釈するは容易の事也」と（鵜飼、六四頁）。彼は国家と宗教の問題を自明の理とした。戦争による朝鮮・中国の人々のあまりに悲惨な状況を顧みることなく、政府に追従した。殺生を禁ずる仏教の教えは大拙にとって何を意味したのか。苦しむ民に心を寄せない非情さは何処から出ているのか。

明治の仏教界に多くの影響を与えた井上円了《いのうええんりょう》は、越後の真宗大谷派の慈光寺に生まれ、哲学館（現在の東洋大学）の創立者である。井上はこう語る。「仏教は慈悲の教であり、今を生きる人間のための教である。よって人のために戦うのは本来の仏教の教えに適うものである。仏の恩に報いるためには他に選択の余地はない」と。さらに、「仏教が日本に根付いているのは聖徳太子以来、歴代天皇が仏教に帰依して庇護したからにほかならず、仏教者は仏と天皇の恩に報いるため死を覚悟して戦うことは当然のことである」と述べた。（鵜飼、六五頁）

仏を天皇と同じ地位にするという、この仏に対する不敬をどう考えるのか。天皇は仏よりも上位のものとする仏教は、戦争の責任をどう捉えているのか。

2　曹洞宗の戦争責任

ここからは特に曹洞宗の戦争責任について一戸《いちのへ》彰晃《しょうこう》著『曹洞宗の戦争』（皓星社、二〇一〇年）を参考にして、曹洞宗の海外布教師中泉智法の寄稿文を取り上げ、戦争荷担の実態を探る。本書は一戸が自ら所属する曹洞宗の戦争犯罪を告発したものである。

本書の冒頭に日中戦争に従軍した曹洞宗の僧侶の漢詩が載せられている。

蘇州流血化紅川（蘇州の流血、紅川に化し）
重慶攻堅茶黒烟（重慶の攻堅、黒烟茶たり）
幾斬胡頭気彌奮（幾つ斬る胡頭、気や奮い）

月前先枕太刀眠（月前先枕に、太刀眠る）

日本は盧溝橋事件を契機に中国本土東北部から華北へと侵略を始めた。それと併行して上海《シャンハイ》を攻略し、首都南京《ナンキン》攻略に向かう。蘇州《そしゅう》は上海の西に位置し、東洋のベニスと呼ばれる川の町である。その川を兵士の血が紅く染めた。

この漢詩は日中戦争の経緯を描きつつ、日本の戦争を「正義の戦争」として一片の曇りのない心境を歌ったものである。胡頭の「胡」とは未開の野蛮人という意味であり、中国人が日本人より人種的に遥かに劣ることを意図している。その野蛮人の頭を幾つ切り落としたことであろうか、月明かりを受けて枕元に眠る太刀は、明日もまた野蛮人の頭を刎《は》ねるであろうと歌う。

この漢詩は曹洞宗の従軍僧が創ったものである。この漢詩は当時の特別なものでなく、普通の感覚であったのだろう。この漢詩は総本山永平寺の『傘松』に選ばれて掲載されたものである。殺生を禁ずる仏教が、何の逡巡もなくこのような漢詩を書くとは。仏の心を何と思っているのか。だが、それは当時の仏教界では普通のことであった。（二戸、一三頁）

曹洞宗の高僧として知られる原田祖岳《はらだそがく》は、『修證義講和・佛祖正傳信證妙訣』（中央佛教社、一九四一年）の中で、このように述べている。

「悪を罰せんが為に小は禽獣虫魚《きんじゅうちゅうぎょ》より、中は国家社会の行う死刑より、大は国と国との戦闘の如きは、大乗戒受持の大人如何《だいにんいかん》か去就《きょじゅう》せんと、此《この》戒めを知れるものは言下に解答することができる筈だ、曰く殺せ、殺せ、大《おおい》に殺せ、大に戦って敵軍を鏖《みなごろし》にせよ、と何となれば大慈悲心を全うせんがためには善を助け悪を罰せねばならぬではないか、但し涙を呑んで罰し涙を呑んで殺すのである」（一戸、一四〜一五頁）と。

ここに記されている高僧原田某の「殺せ、殺せ、大いに戦って敵軍を皆殺しにせよ」の文は、仏教者の発言としてあまりに恐ろしい。否、彼は本当に仏に仕える僧侶であったのか。この本は一九三二年に中央佛教社から発行されたものであるが、戦後一九五二年に再版されている。戦後になって、檀家衆をあの戦争に駆り立て、むごい結果を出したという原田の懺悔の念は全く見えない。戦争に煽り立てて信徒を死に至らしめたという罪の思いは全くない。慈悲心を持ち合わせないこのような人物に戦争責任を問うこと自体、意味あることとは思われない。ただ、慈悲の心を教え、殺生を何よりも禁ずる仏教が、何故戦争を賛美し、戦争に人々を走らせ、その結果多大の犠牲を強いてきたのか、そしてそのことに一点の信心や心の曇りがないとは。仲間の僧侶に彼の言動を咎め、押しとどめる者はいなかったのか。

その僧侶の言葉を信じた信徒たちは、戦争に駆り出され多くの中国人を殺害した。敵を殺すことを勧めた僧侶の言葉を信じて戦争に加わった信徒たち。彼らをけしかけた非道の僧侶を忘れてはならない。戦争では敵国民の蔑視、日本に比べて劣等国民であることを兵士に刷り込まなければ、敵を死に至らしめることはできない。劣等国民だから殺しても構わないという論理が働く。敵を殺せと叫んだ高僧は、その同じ口で「涙を呑んで罰し涙を呑んで殺す」と謂う。この高僧のあまりにも欺瞞な言葉に驚かされる。それは仏の戒めである殺生を禁ずることを逸脱した大罪である。仏教は確実に死につつある。現在の社会に必要とされていないからだ。その原因をこの章の終わりに記すが、仏の道を踏み外したことの悔恨の念が全くないことが、仏教の死滅の大きな要因ではないのだろうか。

一九三七年に日中戦争が勃発すると、曹洞宗は直ちに「臨時時局課」を設置、さらに「曹洞宗事変対処局」に、次いで「東亜局」へと発展させた。盧溝橋事件の勃発時は、日本政府の発表通り、敵方が一方的に仕掛けてきたことを認め、「本宗僧侶たる者は（中略）共に協力一致一層の国民精神の振作と仏教報国の実を挙揚せらるべし」（一戸、一〇五頁）と「諭達」を発する。歴史は日本軍が先陣を切った侵略行為と断じているが、既に国家主義に陥っていた曹洞宗は何のためらいもなく、戦争荷担へと進む。

戦死者に対しては、「君は大命を奉じて今次の志那事変に出動せられ、日夜硝煙弾雨《しょうえんだんう》の間を馳駆して奮戦力闘、遂に其の任に殉せらる。斯《こ》の大死一番尽忠報国の機用は、皇国の干城として又、仏祖の教徒として真に其の本分を完うしたるものと謂う可きなり」（一戸、一〇六頁）と弔辞を送った。戦争で命を捨てたことは、皇国のためのみならず、仏教徒としての本分を全うすることであったという。皇国仏教の辿り着いた先にあるものの姿である。

ここには仏教者としての戦争に対する批判や、敵国である中国人に対する慈悲の心、また四海兄弟の発想は見られない。当時の大本山永平寺貫首は鈴木天山《すずきてんざん》、大本山總持寺《そうじじ》貫首は伊藤道海《いとうどうかい》であるが、両者とも仏教的視点から戦争批判や非戦の訴えなどは一切なく、むしろ日本の侵略戦争を積極的に肯定し、宗門を挙げて戦争協力・荷担にのめり込んでいった。人は仏の前にすべて平等であり、敵として憎むことは間違いであるという本来の仏の道は見えない。人間を超えたものを畏《おそ》れ、そこから人の生き方を導く宗教者の姿はない。

さて、ここからは前掲『曹洞宗の戦争』から、曹洞宗の戦争犯罪を探る。本書に登場する曹洞宗の従軍僧中泉智法とは何者なのか。中泉は一八七八年秋田市添川の曹洞宗寺院・乗福寺に生まれた。一九〇〇年に乗福寺住職に就任。一九一〇年樺太《からふと》布教師となり、樺太の豊原《とよはら》にある曹洞宗布教所主任となる。一九一五年から一九二二年まで秋田歩兵第十七連隊附軍人布教師を務める。一九三二年中国山東省済南《さいなん》に渡り、曹洞宗宗立布教所を開設し、同年大覚寺主任となる。この従軍布教師中泉の「大法輪」等への寄稿から、曹洞宗の戦争犯罪を考えてみたい。

中泉は南京陥落の日、常州《じょうしゅう》の古刹天寧寺を訪れ、その寺で日本軍の武運長久を祈る。「荘厳報土唯妙此　万里同風大乗法」（古色荘厳の寺院で、皇帝の武運長久を祈るのは我らが嚆矢であろう。大乗主義の日本仏教は日中の国境を越えて吹き渡る）（著者口語訳）と。

敵国の寺で堂々と皇軍の武運長久《ぶうんちょうきゅう》を祈るとは。そして我等一行が最初ではないかとうそぶく。中国人の僧侶にとっては自分の寺で「皇軍の勝利を祈願する」といわれるのである。明らかに未開人と見下した言い方である。日本の仏教を大乗主義と定義する、すなわち、単なる尊皇護国・軍国主義仏教を「大乗法」と名乗ることの不条理。他者との共存・共苦を教え、殺生を禁じ他者との平和を求める仏教から何と遠く離れた心境であるか。人間はすべて仏の子ではないのか。この時点で中泉は仏の心を失った餓鬼と化したのだ。

南京陥落の翌々日、中泉は皇軍南京入城式に参列し、感無量で祝詩を奉じている。

王師百万南京城　揚得日章千古晶
皇化一如大乗戦　回頭天外道縦横
(百万の皇軍が南京城に掲げた日章旗は永遠に鮮やかである。この戦いは天皇の徳政をもたらすものであり大乗仏教に通じるものだ。振り返ってみれば遥か彼方まで、天皇の徳政が縦横に連なっている)(著者口語訳)

この戦いは天皇の徳政をもたらすものであり、それが縦横に連なっているという詩である。中泉は南京到着の翌日のことは全く記録していない。南京では十二月十六日は南京入場式のための敗残兵狩りが熾烈《しれつ》を極めていた。そこで起きたのは南京大虐殺である。皇軍は十二月十四日に中国軍千五百人を捕虜にして、翌日数千人を捕虜にした。(二戸、一九四頁)

問題の十二月十六日には捕虜の三分の一を揚子江岸で射殺。それは十七日十八日と続き、翌日には死体の片付けを行った。晴れの舞台である南京入場式に万一のことがあってはならない。場内の安全確保は至上命令であった。捕虜や敗残兵、「便衣兵」とされた多くの市民が捕えられ処刑された。

南京安全区国際委員長代表ジョン・ラーベは著書『南京の真実』（講談社、一九九七年）の中でこう述べている。

下関に行く道は一面の死体置き場と化し、そこらじゅうに武器の破片が散らばっている。（中略）挹江門は銃弾で粉々になっている。あたり一帯は文字通り死屍累々だ。日本軍は少しも片付けようとはしない。

中泉は南京で起こったことを記していない。直接見聞きして、南京虐殺のあまりの悲惨さを直視できなかったのであろうか。むしろその日の完全な沈黙こそ、中泉が人間に立ち帰った時と読むのが正解であろう。皇軍の勝利の証しとしての南京大虐殺という出来事は、皇国主義者曹洞宗僧侶の心情に仏の道に立ち帰らせる大きな機会であったのではないか。

だが、中泉に、目の前で起こった皇軍の大殺害による、信心の道への大回心は遂に起こらなかった。軍国主義僧侶の道を迷わずに歩み続けた。

宗祖道元禅師に関わりの深い浄慈寺に着くと、次のような感想を述べた。

「現在支那の坊さんは概して肉食妻帯もせず、又精進潔斉藤（肉食しないこと）主義で戒律的には真面目らしいが、しかし深く殿堂の奥に閉じ籠もって余り社会的に活動せず、文字も学識も比較的乏しいようで、要するに我が日本に比して消極的である。然らば即ち之れを鞭撻しリードしていくものは誰か、日本の僧侶の責任も茲に至って重且つ大と云わなければならない」と。

中泉の中にある中国人僧侶への蔑視は至る所で見て取れる。彼らには学識がなく社会的活動もせず、奥に籠って座禅をするだけと突き放す。それは道元禅師の教えのままに生きていることであるが、中泉は日本の侵略戦争の片棒を担いで中国に侵略することが、社会的活動なのだという。皇道仏教とは、本来の仏教の教えを捨てて、天皇に仕え、その戦争に協力するものである。これを社会的活動と呼ぶ。戦争は人が相和して生きることを禁ずるものである。どうしてこれが社会的仏教と呼べようか。

一九三八年、伊藤道海は、曹洞宗の「御慰問」を出して皇軍への全面協力を信徒に発した。その文の最後にはこうある。

日本《につぽん》現下《げんか》の時局《じきよく》は益々《ます〱》重大《ぢゆうだい》であります。武力戰《ぶりよくせん》は勇武絶倫《ゆうぶぜつりん》、神速果敢《しんそくくわかん》なる将兵各位《しやうへいかくゐ》によつて、既《すで》に偉大《いだい》なる戰果《せんくわ》を収《おさ》められましたので、或《あるひ》はやがて一つの段落《だんらく》が、區切《くぎ》られるかも知《し》れませんが、經濟戰《けいざいせん》はこれからであります、思想戰《しさうせん》はこれからであります。一億《おく》の國民《こくみん》悉《ことごと》くが日本精神《につぽんせいしん》を體得《たいとく》して、これが「日常生活化《にちじやうせいくわつくわ》」となるのでなければ、聖戰《せいせん》の目的《もくてき》は遂《つひ》に達《たつ》せられないでありませう。日本精神《につぽんせいしん》の日常生活化《にちじやうせいくわつくわ》、毎朝毎朝《まいあさまいあさ》の更生《かうせい》、これを實修《じつしう》するところには如何《いか》なる困苦《こんく》艱難迫《かんなんせま》り來《く》るとも何《なに》の恐《おそ》れることがありませうか。この正義日本《せいぎにつぽん》の眞意《しんい》を、躍進日本《やくしんにつぽん》の眞姿《しんし》を世《せ》界萬邦《かいまんぽう》に示《しめ》して、東洋永遠《とうやうえいゑん》の平和《へいわ》を確保《かくほ》いたさねばなりません。終《をは》りに臨《のぞ》み、虔《つつし》んで各位《かくゐ》の御健勝《ごけんしやう》を祝禱申上《しゆくたうまをしあ》げます。（二戸、本の袋とじにある「御問文」）

曹洞宗が宗門を挙げて天皇の戦争に協力したことが、明らかにされている。

次に挙げるのは、曹洞宗の戦争責任告白である。「懺謝文」となっているが、内容は明らかに戦争責任・戦後責任について述べたものである。初めに一九九二年に曹洞宗宗務総長名で発表されたものであるが、「懺謝文」にまつわる歴史的事情があり、それについて触れている。内容は曹洞宗の歴史認識に関わるものであり、民族差別・皇民化政策への荷担を率直に論じている。以下に全文を引用する。

懺謝文

われわれ曹洞宗は、明治以後、太平洋戦争終結までの間、東アジアを中心にしたアジア地域において、海外開教の美名のもと、時の政治権力のアジア支配の野望に荷担迎合し、アジア地域の人びとの人権を侵害してきた。また脱亜入欧のもと、アジアの人びととその文化を蔑視し、日本の国体と仏教への優越感から、日本の文化を強要し、民族の誇りと尊厳性を損なう行為を行ってきた。しかも仏教の教義にももとるようなこうした行為を、釈迦牟尼世尊と三国伝灯の歴代祖師の御名のもとに行ってきた。まことに恥ずべき行為というほかない。

われわれは過去の海外伝道の歴史の上で犯してきた重大な過ちを率直に告白し、アジア世界の人びとに対し、心からなる謝罪を行ない、懺悔をしたいと思う。

しかし、それはかつて海外伝道に従事した人たちだけの責任ではない。日本の海外侵略に喝采をおくり、それを正当化してきた宗門全体の責任が問われるべきことはいうまでもない。

さらにまた、曹洞宗が一九八〇年に出版した『曹洞宗海外開教伝道史』が、過去の過ちに対して反省を欠いたまま発刊され、しかも同書の本文中において過去の過ちを肯定したのみならず、時には美化し賛嘆して表現し、被害を受けたアジア地域の人びとの痛みになんら配慮するところがなかった。かかる出版が歴史を語る形で、しかも過去の亡霊のごとき、そして近代日本の汚辱ともいうべき皇国史観を肯定するかのような視点で執筆し出版したことを恥と感じる。

また同時に、このような書籍の出版が太平洋戦争後三十五年を経てなされたということについても、重大な罪の意識を感じざるをえない。何故ならばそれは、宗門が明治以後、ある時は国家に阿諛迎合し、ある時は積極的に国策に荷担して戦争協力を行い、アジアの民衆に塗炭の苦しみを強いてきたという事実について、なんら反省することなく、その責任すらも感じていなかったということに他ならないからである。

「歴史とは、過去と現在との間の尽きることを知らない対話である」といったのは、歴史家E・H・カーであるが、遺憾ながらわが宗門はこの対話の努力を怠り、過去の歴史に今を問いかけ、過去の歴史に学びつつ自らの座標軸を糾そうとする姿勢を持つことなく今日に至った。われわれは一九四五年の敗戦の直後に当然なされるべき「戦争責任」への自己批判を怠ったのである。

曹洞宗は、遅きに失した感は免れぬとはいえ、あらためてその怠慢を謝罪し、戦争協力の事実を認め、謝罪を行うものである。

われわれは「戦争責任」の重大性を認識し、アジアの人びとの痛みの上に立って、一九八五年二月以来、『曹洞宗海外開教伝道史』の文言の一々について徹底した読み直しを開始し、同書の随所に「民族差別による差別表現」「国策・皇民化政策荷担の事実への省改なき表現」が見られ、同書が歴史の書として誤った歴史認識によって執筆されているのみならず、抑圧された人びとの人権の視点を欠いており、人権擁護を推進しようとするわが宗門の立場と相矛盾するものであることを認識し、同書を回収し、廃棄処分することとした。

また、われわれはこの書籍の誤った歴史認識と差別表現を指摘したが、それは同書の誤りを指弾するのみでなく、歴史への反省を怠たり、戦争責任を回避してきたわが宗門、及びわれわれ全宗門人にこそ向けられるべきことはいうまでもない。

思うに、仏教は、すべての人間が仏子として平等であり、如何なる理由によろうとも他によって毀損されてはならぬ尊厳性を生きるものである、と説く。しかるにその釈尊の法脈を嗣受することを信仰の帰趨とするわが宗門が、アジアの他の民族を侵略する戦争を聖戦として肯定し、積極的な協力を行った。

特に朝鮮・韓半島においては、日本は王妃暗殺という暴挙を犯し、李朝朝鮮を属国化し、ついには日韓併合により一つの国家と民族を抹殺してしまったのであるが、わが宗門はその先兵となって朝鮮民族のわが国への同化を図り、皇民化政策の担い手になった。

人が人として存在する時、人は常に自らの帰属する場所を求めずにおかない。家族、言語、民族、国家、国土、文化、信仰等、自らが所属するアイデンティティーを保証されるとき、人は安息を覚える。アイデンティティーは人間の尊厳性を保証するものなのである。しかるに皇民化政策は、朝鮮民族の国家を奪い、言語を奪い、創氏改名と称して民族文化に根ざした個人の名前までも奪い去った。曹洞宗をはじめとする日本の宗教は、その蛮行を宗教により正当化する役割を担った。

また、中国等においては、宗門が侵略下における民衆の宣撫工作を担当し、中には率先して特務機関に接触しスパイ活動を行った僧侶さえいた。

仏教を国策という世法に隷属せしめ、更に、他の民族の尊厳性とアイデンティティーを奪い去るという二重の過ちを犯していたのである。

われわれは誓う。二度と過ちを犯すことをしない、と。

人は、何人といえども、他によって侵されたり、迫害されたりすることは許されない。人は、かけがえのない存在としてこの地上に存在するものだからである。それは国家においても、民族においても同じである。

また、人も、民族も、それ自体で独立した存在として、他の侵犯を拒絶するものであるが、一方、それ自体が、個として独立的に存在し得るものではない。人も国家も、相互依存的関係の中においてのみ存在し得るものである。

通信や交通の技術が進歩して地球が狭隘化し、政治や経済が国際化した今日、地球は一つの共同体であることを明らかにしてきた。仏教のいうすべての存在の「縁起」性があらためて確かなものとなってきたのである。

人も、国家も、民族も、それが「縁起」的存在として、他との相互依存性の中に存在するとすれば、他を侵すということは、自らの存在の一部を否定するということである。自らの存在の根拠を侵すということである。

故に、仏教においては、他との共生は必然である。他との共存こそが自らの生きる根拠なのである。自を見つめ、自を律し、他と共に生き、他と共に学ぶ生き方こそ仏教の平和思想なのである。われわれは過去において、この視座を見失い、仏教と遠く離れた位置にあった。

ある一つの思想が、ある一つの信仰が、たとえいかような美しい装いを凝らし、たとえどのように完ぺきな理論で武装して登場してこようとも、それが他の尊厳性を侵害し、他との共生を拒否するとするならば、われわれはそれに組みしないであろう。むしろ、そのような思想と信仰を拒否する道を選ぶであろう。

人のいのちの尊厳性は、それらを越えてはるかに厳粛なものだからである。

われわれは、重ねて誓う。二度と同じ過ちを犯さない、と。そして、過去の日本の圧政に苦しんだアジアの人びとに深く謝罪し、権力に組みして加害者の側に立って開教にのぞんだ曹洞宗の海外伝道の過ちを心より謝罪するものである。

一九九二年十一月二十日

曹洞宗宗務総長
大竹　明彦

日本国内からも反発が出ている政府談話でさえここまで踏み込んでいない。だから真摯に戦争責任に向かい合う「告白文」といわれている。しかしこの「懺謝文」に対しては、あまりに「自虐的」といった批判が教団の内外から噴出している。この騒動のきっかけは、韓国紙の報道である。黄海《こうかい》に面する群山《クンサン》市内の「東国寺（日本統治時代の曹洞宗錦江寺）」に日本の曹洞宗が中心となって「懺謝文」の石碑が建立され、そこに曹洞宗の幹部が出席したことを報道したのである。報道されると曹洞宗の内部からも強い批判が出たのだ。当然作成する前から様々な意見の対立があり、教団本部がそれを押し切って建立した。

『曹洞宗の戦争』を著した一戸によると、本を書くに当たり「仏教は戦争に荷担していた」と言うと、殆どの方が驚きの色を隠さないという。「神社なら分かるが仏教が……」と、相手は応答に窮し、対話が停止する。このような場面を私も幾度となく経験してきた。一戸は厳然たる事実である「仏教と戦争」の密接な関係が、何故これほどまでに忘れ去られてしまったのか。あるいは封印されてしまったのか、と嘆く。

教育者であれ宗教者であれ、誰でもが戦時中の自身の言動に向き合えば、戦争荷担や戦争協力を思い浮かべ、自身の言動に恥ずべきことがなかったかを思いやる。決して疎《おろそ》かにできない事実があったに違いない。それを口に出すことはないかも知れないが、心の中に決して抜き難い棘として、生きている限り痛みを持つものである。それを忘れたいがために、己が心を偽り続ける。

戦争責任は、自分だけでなく、宗門全体が、そして日本国民全体が犯した罪であることから、自分の個人的な罪を問うことが希薄になる。まして日本社会全体が時の政府やマスコミ、有力者の意志のままに動いてきたという個人責任の消滅が、自分には戦争責任はないと思わせるのだろう。

私はこの仏教の戦争責任として問われるべきものを何点か挙げたい。

一点目は、日本大乗仏教には体制を擁護し、結果的に戦争を是認する機能が内在したという点である。既に見てきたように、日本の僧侶たちは、中国仏教は学識のない低級な人々のものであり、社会に目が開かれていないと論じていた。社会に目を開くことが、日本の侵略戦争を肯定し、未開の中国人に大乗仏教を指導するという傲岸不遜《ごうがんふそん》の態度で接していたことに繋がっている。中国仏教は小乗仏教的で戒律を守り、修行に励み、衆生の安寧を求めることから修行者個人の救いを求めるものに堕していると、上から目線で蔑視する大乗仏教の在り方が窺《うかが》える。だが、彼らの言うところの大乗仏教とは時勢に乗っかった天皇崇拝の皇道仏教以外の何物でもなかった。眼を外に開くとは、そのようなものでは決してない。大乗仏教の意味するものが見えていない。仏教者でない私が言うべきことではないが、どう考えても皇道仏教に堕したものを大乗仏教とは言わないだろう。

二点目は、そもそも仏教の信仰の対象である阿弥陀仏を天皇と重ねて、天皇に仕えることが仏に仕えることであると解釈した愚かさである。天皇は戦後、神から人間に引き戻された。人を超えた処の存在である信仰の対象をいとも簡単にすり替えてしまうことに驚きを感じる。このような日本仏教の危うさは、天皇を阿弥陀仏と断言したことに現れる。

先の「懺謝文」には天皇自身に対する断罪はない。また、仏教徒として天皇にどう対処するべきであったかについての言明がない。天皇を阿弥陀仏として敬ったことへの批判が一切ないことがそれを示している。皇道仏教や天皇制については論じられているが、天皇は仏教徒にとってどのような存在なのかが全く見えない。天皇は信仰対象でないと何故言い切れないのか。この問題は戦前も戦後も同じ立ち位置にあると考えられる。そうだとするならば、二度と過去の過ちはくり返さないという言葉も全く信用できないものとなる。

確かに、人間を神に祭り上げ、絶対者として人間の上に立つこと自体が神への冒涜であるとするキリスト教の視点からは、神は人間とは絶対に異なるものという意味で、「絶対他者」と言うべきものである。人が神になること自体、古代の呪術的世界観でのみ起こることである。そのような意味で仏教は神となった人間をどう見て、どう対応するのか、この「懺謝文」から窺い知ることはできない。ここで明確にすべきことは、神となった人間、すなわち天皇をどう理解しているのかということである。「懺謝文」には、天皇を信仰の対象にしないという一文を容れるべきではなかったか。そうしなかったことは、今後も天皇制に基づくイデオロギー政治の復活に、仏教は容易に取り込まれる可能性を残すだろう。

三点目に、中国、台湾、朝鮮の人々に対する謝罪は当然であると思うが、何故皇道仏教が中国人に対してかくまで残虐な戦争をすることができたのかについての分析がないことである。仏教の教えでは殺生を禁じ、四海兄弟という平和平等主義があるにもかかわらず、全く逆のことが起こった原因は何か。それは天皇制の中にある差別意識が引き起こしたことなのではないか、そもそも日本仏教の中にアジアの諸民族への差別や蔑視が本質的に存在しているのではないか、ということである。

第五章でキリスト教の戦争責任について述べるが、日本人の中に自分たちが特別な民族、特別に優れて他民族を圧倒している能力を持った民族であるとの国民的認識が、歴史の中で刷り込まれ、知らず知らずの内に日本人優生思想を持つに至っているのではないかと考えるようになった。日本人優生思想は当然、他民族蔑視の感情を育む。日本人は他民族に対する人種差別感情を生まれながらに抱いている。沖縄の人、アイヌの人に対しても同様の差別となって表れている。それは日本人の優秀さ、有用さへの過剰なプライドであり、それらが差別感を醸成しているのではないか。障害者差別はその延長線上にあり、有用な者としての過剰なプライドが根源にある。

しかしながら、そのような戦時中にも心ある仏教者がいた。神奈川県足柄下郡宮ノ下林泉寺住職内山愚童《うちやまぐどう》は、大逆事件で逮捕され、処刑された僧侶である。幸徳秋水らによる皇室テロとは無関係の冤罪であった。愚童は「今の政府の親玉である天子は、小学校の教師などによって騙されているが、神の子でも何でもない」と言い切っている。愚童が住職をした寺は極めて質素な上、四十世帯の貧農の檀家によって支えられているものであった。愚童は村の若者との会話では、いつも貧困問題に力を入れて、基本的な問題は不公平な経済体制が引き起こしていると語った。彼の主張で注目すべき所は、仏教の業論に対する批判である。小作人の貧しさを目の当たりにした愚童は、こう述べる。

「之（貧困）は、仏者の云う前世からの悪法であろうか、併《しか》し諸君、二十世紀という世界的の今日では、そんな迷信にだまされておっては、末には牛や馬のようにならねばならぬ。（中略）我々は千差万別の世界に生まれてきた。ある者は貧しく不幸だが、ある者は富に満ちた幸福者。このように繰り返されるのが来世である。だが、この不公平さを誰に文句がいえようか？　それは我々自身にのみ責任がある、つまり我々の過去から行ないがある」と。（注1）愚童は仏教の業の輪廻が不公平さを正当化することに利用されたと理解していた。貧しい小作人たちが自分の過去の行いを責める以外に、取る道はなかった時代の仏教の教えであった。

因果応報論は、世の中の不幸な出来事、説明の付かない出来事を、過去の過ちから解釈するものとして用いられてきた。貧困、障害、苦しみの解釈を過去に遡ってそこに原因があると説明した。それがどれだけの人々を苦しめることであったのかを僧侶たちは理解していなかった。愚童の発想は仏教の輪廻思想による現世肯定への強い否定である。貧しさからの解放の道は、愚かな仏教思想からの脱却にあると考えたのだ。

愚童が逮捕された時、曹洞宗の対応は冷淡であり、刑が確定する前に住職罷免と宗門から永久追放の処分を受けた。死刑執行の前日には曹洞宗管長森田悟由《もりたごゆう》が宮内大臣、内務大臣に陳謝するなど火消しと組織防衛に躍起になったと伝えられている。愚童の墓石には名前もなく、自然石が一つ置かれただけだったという。彼が名誉回復を果たしたのは死後八十二年が経過した一九九三年であり、曹洞宗は愚童の処分の取り消しと名誉回復を発表した。判決後百年に当たる二〇一一年一月は、曹洞宗務総長佐々木孝一《ささきこういち》が談話を発表した。「内山愚童師が自らの身命を賭して植えた仏の種は、ある時はまったく無視されたり誤解されてきました。（中略）曹洞宗は、来し方の百年をあらためて反省・懺悔し、愚童師が自らを捧げて蒔いた仏種を守り育てたいと思います」、と。（鵜飼、一二三頁）

歌手植木等《うえきひとし》の父・植木徹誠《うえきてつじょう》も反戦を貫いた僧侶であった。若い頃にキリスト教の洗礼を受け、キリスト教の平等主義・博愛主義を知ることで、社会運動に目覚め、治安維持法反対のデモに参加したこともある。真宗大谷派常念寺住職となり、部落差別運動に関わるようになり、治安維持法で逮捕される。激しい拷問を受け四年間投獄されたが、出所後も差別や戦争反対を唱え、権力に抵抗した。

檀家が寺にやってきて召集令状を見せるとこう言ったという。

「戦争は集団殺人だ。なるべく戦地では弾の来ない所を選び、まわりからあいつは卑怯だと言われても絶対死んだらダメだ。必ず生きて帰って来い。それからなるべく相手を殺すな」と。（注2）

柳田聖山《やなぎだせいざん》の著作も私の若い日の愛読書であった。臨済宗の寺に生まれ、長じて花園大学教授、京都大学教授を歴任した。柳田は日本の敗戦によって初めて自分の愚かさに気付き、深い自己嫌悪に襲われたという。戦後の五年間は心身共に虚脱状態にあった。禅の祖国である中国と戦い、それが正義の戦いであると信じて疑わなかったことに、身の置き場がないほどであった。仏教徒として戒律との矛盾を考えてもみなかった。戦争で命を落とした何億という同朋に仏教徒としてどう謝罪すべきか。自分を殺すことしか考えなかった。

敗戦の日まで、戦争協力どころか、教義的に臨戦態勢一本であった日本の各派仏教教団は、手のひらを返すように、平和の鐘を打ち鳴らし始めた。今まで国の指導者として正義の大言を吐いて、私たちをけしかけた人ほど破廉恥なことを平気で行う。柳田は何度も自殺を考えた。自分が許せなかったからである。

一九五五年柳田は突然僧衣を脱ぐ。臨済宗の戦争協力、特に戦時中に大言を吐いて戦争に駆り立てた指導者たちが、一夜にして平和主義を唱え始めた欺瞞に対する怒りであった。第二次世界大戦の戦争責任を取る能力も意思もないと切り捨て、戦争協力の懺悔が全くないことへの怒りであった。柳田にとって僧衣とは戦争責任の象徴であり、あの僧衣が戦争を肯定した。もはや二度と着ることはないと語った。（注3）

反骨の僧侶の人生は何を私たちに語るのか。このような宗教者がいたこと自体希望ではないのか。殺生禁止の戒律を守り、生きて帰れと軍国主義とは正反対の言葉で出征する兵士に声をかける。信心とはかくもありたいものだと思う。

一方で、戦時中に人々に戦争賛美、戦争への協力荷担に与した高僧たちには何の咎めもない。間違ったことをした者は、裁きを受けなければならない。それを放棄した仏教に未来はあるのか。仏の前にそれで良しと言えるのだろうか。戦争犯罪は、その人が生きている間だけでなく、その宗門が存在する限り、国家が継続する限りなくなるものではない。日本の戦争責任は、当事者だけがその責を負うものではなく、その子孫も、つまり日本国民全体が負っていくべきものである。自分は戦後生まれだから戦争責任はないなどとどうして言えようか。何故なら、過去の歴史問題は現在の問題と繋がっているばかりではなく、自分個人の存在は日本民族の歴史の上に成り立っているものだからである。

『発心集』に「叡実、路上の病者を憐れむ事」という一文が載っている。

比叡山に、叡実阿闍梨《えいじつあじゃり》という尊い人がいた。帝の御病気が重くていらっしゃった時、お召しがあった。何度も辞退申上げたが、度重なる仰せに断りにくくなり、仕方なく参上することにしたが、途中、ある土塀の前で痩せ衰えた病人が手足も動かせず、はいつくばっていた。阿闍梨はこれを見て、悲しみの涙を流しながら牛車から降り、憐れんで声をかけた。筵《むしろ》を探して来させ、寝ている上に簡単な屋根をつけ、食べ物を求めて世話をした。そうこうしているうちに、だいぶ時間が経ってしまった。勅使は、「日が暮れてしまう。不都合なこと限りない」と言ったが、阿闍梨は「私は参上しない。そう申し上げよ」と言う。勅使は驚いて、理由を聞く。

阿闍梨は「世間を厭い専ら仏道に心を委ねて以来、帝の御事といっても取り立てて尊くはない。このような乞食人だからといって、おろそかには扱えない。どちらも同じと思われるのだ。そして帝の御祈りのためとあれば、験力にすぐれた僧をお召しになるには、山々寺々にいる大勢の僧のうち、参上しない者があるだろうか。困ることは全くないだろう。この病人については、嫌がり汚がる人ばかりで、近づいて世話をする人がいるはずはない。もし私が見捨てて立ち去ったなら、もう間もなく命が尽きてしまうに違いない」と言って、専ら病人を憐れみ助けていて、とうとう参上せずに終わった。当時の人々は、すばらしい尊い行いだと言った。(注4)

この阿闍梨は最後には極楽往生を遂げた。詳しいことは「続本朝往生伝」に記されている。

天皇のお召しよりも、路上で死にかけている病人の世話を大事と見た叡実師に、仏教者とは何たるかが示されている。天皇に呼ばれ、その病気の回復に貢献したとなれば、僧のこの世の人生は栄耀栄華《えいようえいが》に満ちたものになったであろう。だが、僧は天皇よりも路上に倒れた乞食人を憐れみ、手を尽くして世話をした。天皇も乞食も等しく慈しむべき者との仏教の平等論がある。叡実師はそれを実践したのだ。天皇や政治家におもねって生きた戦時中の仏教の高僧たちとは、雲泥の差がある。否、真実の信心があるか否かの相違である。

仏教界でもキリスト教界でも、高僧として尊崇の念を受ける僧侶はいる。だが、高僧とは慈悲に満ち、愛情に溢れ、貧しき者、苦しむ者、悲しむ者たちに寄り添い、社会では誰も相手をしないような人たちに手を差し伸べる者をいう。決して位の高い、組織の頂上にいる者を指すのではない。徳があり品格のある僧でない者を、そして衆生を戦争に駆り立ててこれが仏教の信心であると豪語する高僧を「聖」とは決して言わない。天皇は阿弥陀仏であると教えた僧たちの不信心を仏は許すのだろうか。戦時中の仏道をねじ曲げて門徒を戦場に追いやった僧たちには、仏罰は降らないのであろうか。叡実師は極楽往生したという。自己保身のために衆生を惑わせ、戦場に送り込んだ「似非僧侶」は地獄で苦しむことになるのだろうか。

私が日の丸・君が代に抵抗するのは、死んでなお国民に尊崇の念を強要する天皇と、一方で生きていても社会の片隅に追いやられる障害者や路上生活者が平等であり、人としての尊厳を有していると本気で信じているからである。彼らのために、天皇だけが特別な人であることを否定しなければならない。障害者も路上生活者も常に私の傍らにいた人々である。彼らと生きてきて、すべての人は神の前で平等であるとはどのようなことかを知らされた。天皇にへつらう生き方ではなく、路上に病で倒れた病人の世話が大切と思った叡実師には、真実の信心を見ることができる。宗教家とはこのような人なのだ。

私は中学二年生の時「将来の夢」という作文に、夢は寺の坊さんになることだと書いた。小児結核を経験し、病弱であった私はそれほど長く生きられないという思いがあった。それが幼少の頃から宗教への憧れを生じさせたのであろう。祖母が熱心な檀家で、臨済宗の寺の法話会に私を連れて行ったものだ。そんなこともあり、学生時代に哲学や宗教の本をよく読んでいた。仏教書も浄土宗、浄土真宗、禅宗などに強く惹かれて読んだ。清沢満之《きよざわまんし》、暁烏敏《あけがらすはや》、金子大榮《かねこだいえい》、石田瑞麿《いしだみずまろ》をはじめ、「日本の仏教」（全15巻、筑摩書房、一九六七年）は何度も読み返した。禅宗で言えば、鈴木大拙、柳田聖山、秋月《あきづき》龍珉《りょうみん》の書物は私の愛読書に入る。

中でも鈴木大拙が書いた『日本的霊性』の中に出てくる「妙好人」（多くは一般庶民で真実の教えに目覚め、念仏の生活を送った人を表す）はこれが宗教の神髄かと知らされる人物伝であった。拙著『インクルーシブ神学への道』（新教出版社、二〇一六年）の中では、大拙の記した「妙好人・浅原才市」は、信仰とは何かを見せてくれる人物として私を魅了したと書いた。それほど大拙は私にとって近しい仏教者であった。キリスト者になった今でも、仏教は私を作り上げた重要な礎となっている。

だが今回、こうして仏教の戦争責任を書くことになり、改めて大拙の戦争責任を考えてみると、かつての憧憬の対象は消え去り、戦争責任を回避した無責任な人物像が浮かび上がってくる。『日本的霊性』の序文にこうある。これは第二刷に序すと書かれ、戦後間もない一九四五年秋、十月に記したとある。

仏教者は不思議に仏教の根本義に徹して、みずからの使命に世界性を帯びさすことをしなかったのである。「鎮護国家」という狭いところに保躬の術を講ずることにのみ汲々とした。それで仏教は「国家」と結び、時々の政治的有力体の保護を受けて、日本という島国の中に生息して行くことを、最後の目的のように考えた。近頃の軍国主義の流行につれては、またそれと歩調を合わせて、全体主義がどうの、神話中の存在がどうの、「皇道」仏道がどうのと、しきりに時の有力者の機嫌を損ぜざらんことを勉めた。それで仏教者は自らに課せられた役割に民衆性・世界性を持たせることを忘れた。またかねて本来仏教に包含せられている哲学的・宗教的なもの、霊性的自覚というものを、日本的宗教意識の中から呼び覚ますことを怠った。それで仏教は「日本的」になったかも知れぬが、日本的・霊性的なるものは後退するようになった。そのなかに含まれている世界性なるものは外延的にも内包的にも十分に発展するの機会を失った。

日本崩壊の重大原因は、われらのいずれもが実に日本的霊性自覚に欠如しているというところにあるものと、自分は信ずる。（注5）

大拙は、「禅と剣」、「禅と武士道」の統一を積極的に推し進めてきた。それが日本の軍国主義と全く関係がないと考えていたのであれば、思想家としてあまりにお粗末である。少なくない国民が大拙の著書から皇道仏教賛美の香りを嗅いで、戦争に突進していったのではないか。大拙は、軍国主義化を推進した者は当時の神道家たちであり、彼らが帝国主義日本の国家観を作り上げ、侵略戦争へとのめり込ませたのである、と主張する。この神道が始末されない限り日本の霊性化は実現しないと結論づける。

大拙が最も責めを負うべきは、日本の侵略戦争の中で、台湾、朝鮮、中国をはじめとする植民地化政策に対する悔いや謝罪が全くないことである。彼はアジアの軍事活動に限っては支援者の一人であったことは疑いの余地がない。アジア各地での侵略戦争の結果、それがいかに多くの他民族の国家を壊滅させ、その国民の血を流させ、富を奪ってきたのかを彼が知らないわけがない。

生きる人間の苦悩に寄り添い、苦しみを負い合うところから始まる慈悲の心こそが、仏教徒に何よりも求められるものではないのか。人を苦しみの底に投げ落とすことをくり返し、それで良しとした皇道仏教を推し進めてきた仏教の戦争責任を簡単に捨て去ることのできる者を仏教徒と呼べるのか。

大拙が戦時下にあって、一言「ワシは戦争が嫌いじゃ」と言うだけでも、信徒たちや社会の中で何かが起こったのではないか。大拙は保身に徹したと言われても仕方ない。

最後に、『曹洞宗の戦争』の著者、一戸の言葉を紹介したい。


正直言えば、この世の悲惨は観念がつくると思っていた時期が、私に長くあった。人間の世界に争いは永久に絶えないのだ、そんなものなのだと「達観」していて、本質的「苦」の世界で幸せになるには、「心」の持ちよう如何であると、本当に信じていた。社会の矛盾から目を逸らしていた。今にして思えば、赤面ものである。

しかし、社会は人間が作るものだから、人間社会にある「苦」は、人間が努力して解決しなければならない。そして、よりよい社会を実現し、それを将来に繋げていかねばならない。これは、今を生きる人間の義務である。

この、当たり前のことに気付くのに、随分時間がかかった。「仏教」的観念論にやられていたのだ。（一戸、一六〜一七頁）

第五章 キリスト教の戦争責任

キリスト教の戦争責任を論ずる前に、日本のキリスト教の歴史について概観してみたい。それは大まかに、明治期、大正期、昭和期に分かれるが、戦争責任について問題提起すべきは、昭和の戦前、戦中、戦後期に関してである。また、ここで述べるキリスト教史は、幕末から明治初期にかけて日本に移入された新教（プロテスタント）の歴史に関する部分である。

1　明治期のキリスト教

わが国最初のキリスト者（プロテスタント）は、佐幕派の武士階級の人々であった。明治維新でできた新体制は、維新に貢献した長州・薩摩等の倒幕側の人たちが中心となり、佐幕派の人々は政治の中枢に立つことが適わなかった。佐幕派の武士たちが最初のキリスト者になっていったことは、日本のキリスト教の性格を決定する上で重要な要素となっている。

京都見廻組に所属していた今井信郎《いまいのぶお》は、討幕派を弾圧し、坂本龍馬《さかもとりょうま》、中岡慎太郎《なかおかしんたろう》の暗殺にも手を染めた。この今井はその後キリスト教徒になる。明治初頭のプロテスタント信徒は、植村正久《うえむらまさひさ》（旗本）、内村鑑三（高崎藩）、本多庸一《ほんだよういち》（津軽藩）、小崎弘道《おざきひろみち》・金森通倫《かなもりみちとも》（熊本藩）、押川方義《おしかわまさよし》（松山藩）、新渡戸稲造（南部藩）などの著名人に代表されるが、彼らは皆佐幕派の武士の出身であった。当時の武士階級は知識人であり、キリスト教はこのような背景から知識人の宗教となっていった。彼らはどのような動機でキリスト教を信奉するに至ったのか。松村介石《まつむらかいせき》は著書『信仰の生涯』の中でこう述べている。「是は宗教の問題より寧ろ人間の問題で、我輩はキリストのために初めて自己中心の人物より国家社会の為に尽くさうと云う人格となったのである」と。（注1）

彼らは神中心にどう生きるか、キリスト教真理とは何かという問題よりも、日本という現実の国家の中で、一切を捧げて国のために尽くすという倫理的使命を負って登場した。世俗国家のための生き方が目的となっていて、キリスト教はその手段になっている。明治維新によって新時代が始まり、当時の官尊民卑《かんそんみんぴ》の流れの中でそれに参入できないもどかしさがあったに違いない。

一方では、キリスト教は日本国家を破壊して内から外国侵略の手招きをするものというキリスト教邪教論が蔓延し、明治政府は多年キリスト教を毛嫌いしていたが、開国とともに不承不承その禁を解いたいきさつから、国民がキリスト教を信ずることは不都合なことで、心あるものならば、「余は我国の神以外の神に対して忠誠を誓ふは死其の者を以て強制せらるるも為す能はざる所であると考へた。外国伝来の信仰（キリスト教信仰）を信じて余は祖国に対して反逆者となり、祖国の信仰よりの背教者とならなければならない」と内村鑑三は語っている。（海老沢・大内、一六九頁）

人間の精神の変革こそが日本のキリスト教徒の目的とするところで、それなくして新日本の誕生はあり得ない。西洋世界が近代化され、日本の模範となっているのは、そこにプロテスタント・キリスト教徒による「宗教の改革」があったからこそであるという視点を忘れてはならない。我々は、日本において「宗教の改革」が果たした任務を遂行しようとするのである。これがキリスト教を信奉する動機であった。
キリスト教徒となった反明治政府の武士出身の若者たちは、儒教的素養があり、儒教道徳に支配される面もあった。武士階級がなくなり、帰るべき家も没落した彼らには、それがかえってキリスト教入信の動機になっていった。その動機が果たして正しいことだったのかも問われるべきだろう。だが、新時代の波をキリスト教という翼で切り開いていった若者たちが、日本のキリスト教の土台を築き上げたことも事実である。（海老沢・大内、一七〇頁）

このことは何を意味しているのだろう。開国によって西洋文明に触れた日本人知識人にとっては、西洋文明受容の一環としてキリスト教を受け入れたということ、すなわち西洋文化として吸収したということではなかったのか。文化であるから日本の風土や個人の感覚に合わなければ捨てることもできる。そこから見えてくるのは、信ずるという宗教の面よりも、知識の受容という問題であった。

このような図式は現在も続いている。ある研究者の調査では、日本におけるキリスト教徒の信仰平均寿命（信徒に留まる年数）は二・八パーセントと言われる（注2）。洗礼を受けて教会に留まるのは、二〜三年ということになる。すなわちキリスト教が知識として捉えられ、一定期間満足してもやがて教会を卒業していくことが起きている。実際に日本の教会では洗礼を受けた者は日本の総人口の五パーセントに達するが、教会に留まっているのは僅か一パーセントという現実がある。日本人は家族の宗教を子どもも引き継ぐことが多いが、キリスト教は個々の信者の選択であるという点に理由がある。家族全員で先祖代々の宗教に入る日本の宗教とは異なり、キリスト教は家族から離れて入信するという特徴がある。

さて、明治維新後に日本に入ってきた新教（プロテスタント）は、旧士族階層に根を張ったものとなった。中国や朝鮮では、キリスト教会が貧民階層に受け入れられたのとは対照的である。キリスト教は知識人の宗教となる必然性があった。

そもそも、明治初期に信徒となった人たちにとって、キリスト教は宗教であったのか。明治のキリスト者の多くは士族であった。彼らは武士道を精神生活の中心においている。キリスト者となった彼らが武士道の視点からキリスト教を論じるのは不思議ではない。武士道をキリスト教との関係で論じているのは、新渡戸稲造、内村鑑三、植村正久が有名である。

植村正久は徳川旗本千五百石取りの家に生まれた。明治維新で家は没落したが、貧困の中、ジェームス・ハミルトン・バラ学塾で英語を学び、洗礼を受け牧師になった。明治期の代表的なキリスト者である。植村は武士道についてこのように述べている。

「社会をして武士道の昔に復しめよ。否むしろ我輩が欲するところのものは、洗礼を受たる武士道なり。顧みて怪しむ、キリスト教会の中何がゆえに洗礼を受たる武士道の起こり来たらざるやを」

「われらは日本のキリスト教がこの問題（士道を興すことと国家の前途）を解決する大任を負うの

外方法なしと信ずるものなり。ゆえに怪しむなかれ、われらがしばしばキリスト教と武士道の関係を論ぜんと欲するを」

「武士気質には物質以上に人間の尊ぶべきものの存するを信じ、これがために一身を献靖して顧みざるをその特質とすれば（中略）武士道は神が特に日本に賜りたる旧約なるべきを信ず」

「ユダヤにおけるイエスの最初の弟子は漁師や、農夫や、税吏やであったのに、日本初代の弟子にはいずれも武士の子が選ばれた。神の選びは実に不思議なものである（古家、七〇～七一頁）

植村は、一八九三年に「富める少年道を耶蘇に問う」という説教をしていて、「道」を強調している。「道《タオ》」とは中国哲学で用いられた言葉である（耶蘇はイエス・キリストの意）。よく知られる「子曰朝聞道夕死可矣」という孔子の言葉に出てくる「道」には、天地人の道を追求した孔子の真理観が現れている。道とは人の目指すべき真理を表わし、追求すべき至上のものということになる。つまり、キリスト教ではなく、「キリスト道」となる可能性があったのだ。アメリカの宣教師が、翻訳としてキリスト教ではなくキリスト道の方が良いと言ったにもかかわらず、「道」ではなく「教」という言葉を選んだのは、「神道」より「仏教」の方が宗教として上位にあるためであると反論したという。生活と結びついて実践的な「道」よりも観念的な「教」を選んだのは、日本のキリスト者がキリスト教を知識として理解していたことを示している。

さらに内村は武士道について論じている。

「世界中で最も尚《とうと》ぶべきものは武士道であります。その武士道の基督教化されたものより一番尚ぶべきものである、というのが私の持論であります」

「私は信じます。武士道は神が日本人に賜いし最大の賜物であって是がある間は日本人は栄え、是が無くなるとき、日本は亡ぶのであると」(古家、六五〜六六頁)

このように説く内村は、「武士の模範としてのパウロを真正の武士にして武士道の精神を体現したものである」と記している。さらに、「武士道の台木に基督教を接いだ物、其物は世界最善の産物であって、之に日本国のみならず全世界を救う能力がある」とまで述べている。(古家、六五〜六七頁)

キリスト教ではなく、キリスト道と命名されていたら随分キリスト教は変わったものになっていただろう。それは従来の日本にはなかった「道徳観」や「倫理性」「人の生き方」として宗教の装いを全く感じさせないものになったに違いない。

だが、明治初期のキリスト者はキリスト教を信仰としてではなく、「国の為に尽くすもの」として受け取っていたと感じられることは、彼らもそれを宗教として受け止めていなかったのではないかという推測も成り立つ。

西洋知識の一つとしてのキリスト教は、士族などのエリート階級に受け入れられたが、それによって生活レベルでの信仰、家族的な信仰などの土着性のある宗教に育たなかったのではないか。そこには知的好奇心を刺激する神学議論はあったが、故に信仰の生活化や泥臭さは見られない。

明治初期のキリスト者の多くが士族階級の出身であり、武士道に通じた知識人であったことはその後のキリスト教の形成に大きな影響を与えたと考えられる。武士道を説く者は、日本人の精神の中心にある武士道や大和魂を心の拠り所とする。それは結果的に次の三点を作り出すことになった。

一点目は、日本人の好戦性である。この後戦時中のキリスト教会について論じていくが、キリスト者であるなしにかかわらず日本人は非戦や反戦の取り組みに否定的な性向を持っていると言わざるを得ない。だから、他国侵略を旨とする皇国史観を容易に受容した。

二点目は、我々日本人の意識下にある民族差別の心である。第四章にて言及したとおり、日本人こそアジアにおける盟主として最も優れた民族であるとの誇りは、周囲の諸外国を服従させ支配しても当然という差別感を生み出してきた。内村に日清戦争を正義の戦争と言わしめた背景には、中国人を劣等民族として見る蔑みがある。第二次世界大戦下のキリスト教会の国家への積極的協力を生み出したのも日本人の愚かな民族差別である。

三点目は、キリスト教を宗教ではなく文化として受容したことである。明治維新による新政府誕生に関われなかった佐幕派の士族たちは、新しい社会を作るという意識の中核にキリスト教を据えた。それは必ずしも牧師としてキリスト教の伝道、すなわち教勢の拡大を目的とするものばかりではなかった。牧師となった者の中には、社会の変革を目指して牧師を辞して政治家になる者も少なくなかった。

横井時雄《よこいときお》は一八七九年同志社を卒業して日本を教化しようと牧師になり、瞠目すべき成果を上げたが、その後牧師を辞して政治家になろうとした。内村は後に横井の言葉を悲痛の面持ちで語っている。「私が君の口より聞いた最も悲しい言葉は是でした。（中略）伝道ではダメだ。僕は伝道を止めて政治を試みるよ」と。（注3）

明治期の初期キリスト者たちにとって、キリスト教はどこまで宗教であったのかという曖昧さを示している。新しい時代にどのような社会を作るのか、そのための資源としてキリスト教が用いられたのではないのか。この重いテーマは、今日のキリスト教界にまで引きずっている課題である。

NHKのEテレの番組に出演した作家の加賀乙彦《かがおとひこ》はカトリックの洗礼を受ける前に多くの質問を神父にぶつけ、その回答に納得して決断したと語った。どのような質問かは放送されなかったが、信仰に関する質問は私が牧師であった時に多くの人から問われたことを思い浮かべれば、想像するに難くない。すべての質問に回答が得られたことで、もう何一つ疑問に思うことがないとご夫人に伝えたところ、ご夫人も同感だと言い、二人揃って洗礼を受けたという。

私はこの番組を見て、違和感を抱いた。質問に対する回答がどれほど正鵠《せいこく》を射ているものであれ、人間から神や信仰に対する疑問はなくならないと思うからである。おそらく神学的な内容にも触れていると思うが、私自身神を信じて六十年近くなる。その間伝道師や牧師を務めてきた。信徒から質問を受けることも沢山あり、答えられないこともあった。信仰は頭で理解することではなく、心で感じるものだ、等と言うつもりはない。だが、人間の知識や理性で理解できることではなく、そんなことは知らなくても理解できなくても良いのではないか。人間には隠されている神の御心があると思うからだ。知識人の知的な理解がキリスト教の土台にあるとするならば、神とは一体何であるのか。カール・バルトの言う「絶対他者」としての神は人間を超えたところにある。人間の側から言えば、「それは分からない」という「信仰的不可知論」があって当然なのだ。

高名な作家の受洗前の神父との問答は、キリスト教が知識人の宗教であることを示したものであり、それに躓《つまず》く人もいるだろう。ある意味で、日本的キリスト教をよく示している例でもある。ブレーズ・パスカルは『パンセ』の中でこう述べている。「理性の最後の歩みは、理性を越えるものが無限にあるということを認めることにある」と。(注4)私自身は信仰を与えられるまでに、八年間も彷徨った。神が主語であり、人間が述語であるというバルトの言葉に出会うまで何年も要した。

この問題は殉教しないキリスト教の要因がどこにあったのかを理解することに繋がっている。キリスト教は本来、殉教者を輩出する宗教である。「教え」のために死ぬことを殉教という。初期キリスト教会の信者たちは、皇帝ネロの迫害に対して多くの者が信仰を守って殉教の死を遂げた。中国や韓国のキリスト教史の中にも多くの宣教師や信徒の殉教が見られる。だが、第二次世界大戦中に弾圧を受けた日本キリスト教会は、カトリックを含めて殉教者は殆どいなかった。殉教しないどころか、戦争に積極的に協力したのである。信仰を守って死ぬことを拒否した背景に何があるのか。それはキリスト教を宗教ではなく、西洋文明の一つとして受け取っていたからではないのか。死に殉ずるものではなかったからではないのか。（注5）

キリスト教の戦争責任を論ずる上で、本章までに度々登場した内村鑑三の不敬事件を避けて通ることはできない。内村の「無教会主義」とは何か。無教会主義は、教会の現状に対する批判・否定から出発したものではない。だが、やがて在来の教会に対する批判が強まり、教会を要せざる者の霊的団体となるべきものであると、その主張を先鋭化してくる。

内村がキリスト教に入信したのは、札幌農学校時代である。そこにいた教頭のウィリアム・スミス・クラークの清教徒的精神を教育原理として学生たちに臨み、そこで学生たちに偉大な感化を残した。内村はクラークの残した「イエスを信ずる者の契約」に強く惹かれ、これを忠実に守ろうとした。

内村の不敬事件とは、第一高等中学校（現在の東京大学教養学部）の嘱託教員であった内村が、一八九一年一月九日、講堂で行われた教育勅語奉読式で天皇晨筆《しんぴつ》の御名に最敬礼をしなかったことが、同僚教師や生徒によって非難され、社会問題となった事件である。敬礼はしたが最敬礼ではなかっただけであるが、不敬事件として扱われた。東京帝国大学教授井上哲治郎《いのうえてつじろう》が激しく内村を攻撃したことで知られる。ちなみに井上は、帝国大学哲学科の教授であり、国家主義教育を推し進め、国民道徳を推奨した人物として知られる。

この内村の不敬事件は、正確に言えば、「敬礼躊躇事件」である。内村がまなじりを決して不敬を行ったものではなく、躊躇したことにそれが示されている。だが、この事件はキリスト教界にとっては、国家とどう対峙するのかを決定する上で大きな分岐点となった。内村の不敬事件に端を発して、いくつかのキリスト教主義学校で不敬事件が起こる。

明治の文明開化期には、社会の各層で先進西洋近代文明が歓迎され、それに伴ってキリスト教もその文明の一環として歓迎され発展して、キリスト教会は全国各地に多く建設されていった。当時のキリスト教の盛況ぶりは目を見張るものがあった。

だが、明治政府は最初からキリスト教を歓迎したわけではなかった。それに呼応するかのように、社会の中に「耶蘇退治」や「耶蘇征伐」等の言葉に示される実力行使に出る者も少なくなく、礼拝や野外伝道等も妨害されることが多かった。それでもキリスト教会が発展してきた背景には、西洋文化の吸収という社会の欲求が根底にあったからである。

だが、内村の不敬事件は、キリスト教と明治政府の国家権力との対峙を生ずることになった。内村の不敬事件は飛び火して他の学校でも起こった。その結果、キリスト教は本来、国家権力とどう関わるべきなのかという問題に一つの回答を得たと言えるであろう。日本の宗教は神道も仏教も時の為政者と良好な関係を結ぶことで、その教勢を保ってきた。宗教独自の教旨や努力で社会に定着してきたわけではない。
キリスト教も従うべきはその宗教の真理であって、いたずらに国家権力と妥協すべきではなく、国家の思惑から解放されて独自に歩むことが望まれる。本来の野党的立場に立ったのは、内村の不敬事件が発端であるが、それが可能であったのは既に述べてきたとおり初期のキリスト教徒の多くが薩長藩閥政治に反感を持っていた旧佐幕の人たちであったからである。また、明治新政府がキリスト教に好感を持っていなかったことも大きな要因である。

一方で不敬事件の当事者であった内村のその後の生活は悲劇というべきものであった。日本社会は彼が第一高等中学校に留まることを許さなかった。事件三ヶ月後に解職の処分を受け、彼は職を失い肺炎を患った。妻の加寿子は看病と世間の批判の中で倒れて死去する。病気から快復した内村を待っていたのは、すべてを失った現実であった。その後内村は職を求めて転々とする。東京に戻ってきたのは五年後であった。

まもなく勃発した日清戦争では、内村は国家側に立つ者として登場する。元々彼には愛国者と呼び得るものがあり、たまたま、国家に反逆する不敬罪を起こした身であっても、内心は日本国家のために生きるという愛国心に満ちていた。だから「日清戦争の義」（初出『国民之友』、一八九四年九月）を発表し、日本を諸外国の批判から擁護した。しかし、戦争に勝った日本が台湾を獲得し、賠償金を取ったことで驚喜する国民を目の当たりにして、日清戦争を正しい戦争どころか、他国を侵略した戦争として批判的に見るようになる。

だが、そもそも日清戦争を国の聖戦と呼ぶ前に、彼には「汝、人を殺すなかれ」というキリスト教の教えを踏みにじったことへの懺悔がない。内村は本当にキリスト教徒であったのかという疑問さえ生じてくる。不敬事件で社会から排斥された内村が何故日清戦争を肯定したのか。それは再び日本の国家や社会から認められたいという思いがあったからであろう。明治期の初代キリスト教徒には、必ずしも神の前に信仰を守って生きるというキリスト教が根付いていたわけではないことを読み取れるのではないか。


もう一点、明治期のキリスト教の中で見ておきたい事柄は、教会の植民地伝道である。

第四章においても触れたが、キリスト教会もまた、植民地に乗り込んで伝道を行なった。台湾よりも朝鮮の方が統治困難とみた朝鮮総督府は、融和政策上、キリスト教の植民地伝道が利用できるならばこれを歓迎するとした。政府にとって内村の不敬事件以来、キリスト教は好ましからざる相手であったが、統治上は排斥するべきでないと考えたからである。だが、キリスト教側として植村は、朝鮮伝道で総督府の勧誘に応じなかった。教会は国家権力と根本的に妥協すべきではないと考えたからである。だが、渡瀬常吉《わたせつねきち》や新島襄《にいじまじょう》は海外伝道は、新日本の担い手はキリスト教を自己の支柱とする近代市民であるとし、その教育こそ使命であると自認していた。従って彼らは日本の政財界から援助を受け、海外伝道に励んでいった。同じキリスト教でもこのように対応が分かれた。だが、この海外伝道が大きな問題となるのは、太平洋戦争中に起きた出来事によってである。国家の皇民化政策としての植民地支配と対峙するキリスト教にはならなかったことが、結局は太平洋戦争中の戦争協力そして戦争責任として問われることになる。

2　大正期のキリスト教

明治期のキリスト教徒は、国家を離れて、あるいは国家に抵抗してキリスト教信仰を持つことができなかった。儒教的素養と教養主義の中に育ち、武士道精神を忘れることはできなかったと言える。だが、大正時代になると個人主義、自由主義の空気の中で、個としての意識に目覚め、キリスト教に人生の真理を求める者たちが多く現れた。それは結果的に神学を厳密な学問として樹立することになり、ここにきてようやく国家への抵抗も生まれることになった。

一九一八年の第一次世界大戦の終結とその前に起こった米騒動、ロシア革命は、大正デモクラシーの思潮の中で、自らの自由を自覚し台頭し始めた民衆を大いに刺激した。大戦後の不景気に重なった一九二三年の関東大震災は不景気に拍車をかけ、労働争議や小作争議が頻発し、社会不安が人々の上に襲った。

そうした中で、キリスト教の基本的な立場を表明するものがあった。一九二八年の日本キリスト教連盟の「社会信条」の前文である。そこにはこのように記されている。

「我等は神を父として崇め人類を兄弟として相親しむ基督教的社会生活を理想とし、基督によって示されたる愛と正義と融和とを実現せんとする者である。我等は一切の唯物的教育、唯物的思想、階級闘争、革命的手段による社会改造を排し、又反動的弾圧にも反対し、進んで基督教教育の拡張を計り、云々」（海老沢・大内、四七一頁）とある。

これが連盟の社会に対する基本線であった。キリスト教は急進的左翼運動にも組しないし、反動的・右翼的勢力にも与しないという独自の立場を明確にした。

一九二三年十一月政府は、「国民精神作興詔書」を発布した。社会不安を鎮めるために神道、仏教、キリスト教の代表を招いて精神作興や思想善導について協力を要請した。これは台頭してきた労働者や農民の政治への進出を阻止し、弾圧するための準備作業であった。実際、一九二五年五月に公布された「治安維持法」に向けて宗教の協力が必要と考えられたのである。これは政府や実業家、富豪たちの意図するところであった。その結果、「全国基督教強化運動」には実業家や富豪たちからの寄付が集まった。全国の伝道集会は公立の中学校や女学校を会場として実施されたり、県教育委員会が伝道集会の後援者になったり、文部次官も県知事宛に通牒《つうちょう》を発して後援したという記録も残されている。

このようなことが起こった背景には、大正デモクラシーが大きな社会的思潮となり、自由主義的な雰囲気が社会全般に拡散されていったこともあるだろう。だが、政府が宗教を統治手段として国民の精神作興や思想善導を図ることが、その後登場する「治安維持法」の足慣らしの予行であったことを考えれば、国家の懐柔策についてもっと慎重に検討し、受け入れるか決めるべきだった。国策によって国家権力にキリスト教を浸透させる意図がキリスト教会側にあったと思うが、国家はキリスト教からすれば神の主権を侵さない限り是認すると言うべきものであり、「治安維持法」による国民の統治は最も嫌うべきではなかったのか。この点でもキリスト教と国家の関係が曖昧にされたことにより、後々の戦争協力に走ったキリスト教会の戦争責任が問われることに繋がる。

大正期のキリスト教の特徴を挙げるとすれば、「神の国運動」と「社会的キリスト教」の二点が浮かび上がる。

「神の国運動」とは、賀川豊彦が中心となり、全国規模で展開された伝道運動である。具体的には、「神の国新聞」の発行と配布、巡回伝道の講師派遣、地域の小学校長や教員の招待会、宗教教育講演会、地方名士の信仰談等であった。この「神の国運道」の特徴は、一つ目に、伝道対象を従来の陽の当たらなかった階級に求めたことである。過去のキリスト者は学生や青年男女を目的とした伝道を行ったが、それが成功した背景には若者の純粋性や生活や時間の余裕があったからであり、今回はむしろ教会に来られない下層階級の「貧しい人々」や「圧迫された人々」を対象にする取り組みであった。それは従来ではほとんど考えられない取り組みであった。

二つ目は、「神の国運動」は、「圧迫された者」を教会に結びつけることでは終わらず、その現実的な問題を解決し、「圧迫」からの解放運動も課題としたことである。社会問題と不可分にキリスト教の立場を鮮明にした点において、従来の伝道とは全く異なる面があった。すなわち、伝道とは単に人々にキリストの福音を述べ伝え、永遠の命が与えられること、罪が許されることと説くだけではなく、社会問題を根本的に解決しなければならないと主張した。

これは従来の個人の魂の救いという伝道とは異なり、社会問題を強く意図したものとなっている。そこには従来の日本の支配体制にはまり込んでいる教会に対する批判がある。極めて進歩的な立場である。だが、この「神の国運動」ではごく一部を除いては、結局日本の労働者・農民階層と結ばれることはなかった。その原因はどこにあったのだろうか。その後の「戦争責任告白」を巡る社会派と福音派の対立の構造と併せて考えると、社会的・政治的キリスト教は、政治集団や社会運動家とどこが違うのか、と言う問題に行き着く。

この問題はその四十年後の全共闘時代、再び大混乱に突入することになる。宗教の問題は、生きている現実の問題をすり抜けては通れないからである。社会の問題を前にした時、どのような時代的状況であれ、宗教の立つ位置が明確に求められるからである。

3　昭和期のキリスト教（戦争下のキリスト教）

日本キリスト教史の昭和期と言えば、一九三一年の満州事変が発端となる第二次世界大戦とその敗戦までの戦時期が中心になる。キリスト教界全体で伝道が困難となり、教勢は低下した。敵性宗教ということもあり、信者が教会から遠のいていく逆風に曝《さら》された。さらに、皇国思想によって、「天皇とキリストはどちらが偉いか」という踏み絵を押しつけられたような時代となった。

戦時中の資料の中でも、特高（特別高等警察）や憲兵隊のキリスト教探索情報は数多く残されている。彼らは教会の正面から堂々と出入りして、説教者や後援者を拘束した。宗教団体に関した事件は、新聞紙法第四条、出版法第二六条、刑法第七四条、治安警察法、宗教団体法、治安維持法等の適用を受けた。「国体の本義」や「神ながらの道」を否定するすべての宗教の反国家性、反国体性を撲滅するために官憲は取り締まりを強化した。当然キリスト教は特高の弾圧対象となった。

その要因は、日本のキリスト教界に反天皇制、反国体護持の思想があると睨んだからである。日本基督教連盟の「支那事変に関する声明」で在外皇軍将兵に対する感謝慰問文を出しても、「その真意果して基督者等の衷心より出でたるものなるや」（海老沢・大内、五五一頁）と、キリスト教界の偽装的傾向であると官憲は見ていた。

さらに、キリスト教界の「反戦的」「非戦的」傾向に対しての糾弾である。当時のキリスト教界では、反戦も非戦もその訴えを起こしたことはなかったが、官憲はキリスト教界の平和志向や心の底にある反戦、非戦を嗅ぎ取って「非国民」思想で取締の対象とした。また、当時の一般国内の世論もキリスト教に寛大ではなかったことがある。それは自由主義的知識人においても同様であった。もっとも知識人はいつの時代でも権力におもねる傾向がある。特にキリスト教の神は敵性英米両国の神とみられ、キリスト教徒は敵国のスパイと見られることもあった。

さて、この時期に起こった出来事として記しておかなければならないのは、戦時下の朝鮮である。第一次世界大戦後に民族自決の気運が高まり、台湾では一九二一年「台湾文化協会」が発足した。台湾総督府官憲の厳しい監視下の下、民衆への啓蒙活動が開始されると、台湾の民族的自覚が高められるようになった。皇民としてではなく、民族の自治を望む声が高まった。それを積極的に支持する日本人も少なくなかった。そこには植村正久らキリスト者も名を連ねている。

これより先に朝鮮ではもっと激しい運動が起こっていた。一九一九年三月一日に起きた三・一独立運動である。一九一〇年、大日本帝国は大韓帝国との間に「韓国併合に関する条約」を結び、朝鮮半島を植民地とし、朝鮮総督府の統治下に置いた。そこで起こった抗日運動の中で最大規模のものが三・一独立運動である。この独立運動に参加した民衆は四百万人を超えたと言われている。この運動の指導者は朝鮮人のキリスト者であり、この独立運動は非暴力によるものだった。だが、朝鮮総督府及び日本政府はその勢いに大きな衝撃を受け、警察では鎮圧できないと判断して軍隊による制圧を図った。その結果、無抵抗の朝鮮人の大虐殺が起こった。教会堂を焼き払い、拷問された信者も少なくない。検挙された信者（プロテスタント）は三千三百七十三名で、全体数が一万九千五百二十五人であるから、およそ六分の一を占めていたことになる。これに続いて起こったのが関東大震災における朝鮮人への虐殺である。東京や横浜の朝鮮人に対して、「不逞鮮人蜂起」というデマによって、約三万から四万人の朝鮮人が殺された。

こうした流れを受けて、一九三六年四月所轄道に日鮮有力牧師九名が招かれ、皇国臣民としてキリスト教を通じて銃後報国に努め、所属信徒を指導すべしとの命令を受けた。キリスト教界は直ちにこれに従い、靖国神社大祭日や天長節に奉祝式を挙行し、朝鮮神宮参拝を決議して戦時国家体制に協力することにした。

ここで特記しておきたいことは、朝鮮のキリスト教に対する弾圧は、日本のそれとは比較にならないものであったということである。公立中学校長会議に先立って神社参拝を行うことという知事の提案を拒否した二名の校長が職を罷免された。学校生徒に執拗に神社参拝を要求し、神社参拝に出てこない生徒を退学にした。その親も職場から追放され、商業を営む親はそれを停止させて生活困難な状態に追い込んだという。朝鮮人だからという理由で、皇国教育の徹底が行われた。日本のキリスト教界はそれに対して抗議や非難をしなかった。それが戦時下の日本のキリスト教の実態であった。

この戦時下で起こった最も大きな出来事といえば、一九四一年六月の「日本基督教団」の誕生である。国家の宗教統制令を受けて多くの宗派が統合され、「日本基督教団」が誕生した。「日本基督教団」創立総会が同年六月に開催され、日本の全プロテスタント教派教会の大部分が参加した時、次のような宣誓が為された。「われら基督教信者であると同時に日本臣民であり、皇国に忠誠を尽すを以て第一とす」と。(海老沢・大内、五六八頁)

神への忠誠ではなく、現人神天皇に忠誠を誓うものであった。社会の中にあるキリスト教の反国家的な色彩を薄めるために、国家への協力体制を打ち出したと考えられる。それにしても、神への忠誠を天皇への忠誠にすり替えたことが悔やまれる。さらに戦況が進んでいくと、先の宣誓はより具体的になる。

綱領一、国體の本義に徹し大東亜戦争の目的完遂に邁進すべし
實践要目一、忠君愛國の精神の涵養に努め信徒をして滅私奉公の実践者たらしむること
實践要目四、宣戦の大詔を奉戴し思想國防の完璧を期すると共に進んで國策の遂行に協力すること
（日本基督教団戦時布教指針）

このように、戦時中のキリスト教は皇国日本に身をすり寄せていく。日本の海外進出を肯定し、擁護する。さらに、それはキリスト教徒自身の使命とまで考えるようになる。ここに至っては、国家と宗教の対峙はなく、一体化したものとなったのである。

その「日本基督教団」第一回総会は一九四二年に開催され、時の富田《とみた》満《みつる》教団統理は挨拶の中で次のように述べた。

次は教団の戦時体制確立強化と言ふ事であります、我国の忠勇なる将兵は陸海空に身命を捧げ

て其の戦争目的達成に邁進して居り之に呼応して銃後も一体となつて協力して居るのであります、我々教団も其点現在迄人後に落ちたといふ訳ではありませんが今後は益之が強化致さなければならないのであります、即ち布教精神と戦時態勢の一元化であります、凡ては戦時態勢に包含されなければなりません。（注6）

この発言は日本人キリスト者すべてに、日本の軍国主義とファシズムによる侵略戦争に奉仕することを強要し、そのことを明確化した。

一九三八年、富田は、朝鮮耶蘇教会長老会長の総会において、神社礼拝を強制承認させた。その結果、戦時下の朝鮮では廃置された教会二百、投獄されたキリスト信者二千名余、獄死者五十余名が生じている。紛れもない朝鮮人キリスト者の抵抗の傷跡である。（注7）

朝鮮人キリスト者は皇国日本の植民地主義と宗教政策に抵抗し、殉教を選んだ。日本人キリスト者の殉教者はホーリネス系の牧師七名である。殉職者の多寡で図れるものではないが、この違いは何だろう。既に見てきたように、日本のキリスト教は知識人の宗教であり、生活に根を張る信仰者の宗教ではなかったのではないか。命を賭けるに足るべき信仰が育ってはいなかったということではないのか。まして同じ信仰を持つ朝鮮人の過酷な弾圧に対して見て見ぬふりをしたことは、信仰の同朋と言う意識がなく、劣等民族という民族差別が根底にあったのではないか。

少し歴史を遡るが、一九〇五年日露戦争が終結し、ポーツマス講和条約が結ばれた。国民は勝利を喜んだが、条約によって得たものは樺太の南半分に過ぎないことが分かり、怒り狂った。それは群衆の暴徒化に発展し、新聞社、交番などを襲い、焼き討ちをかけた。その数は三百六十四ヶ所に上った。その中にはキリスト教会も含まれていた。その背景には、ロシア人の宗教はキリスト教であり、日本人キリスト者は漠然とした「露探」、すなわち戦争の相手国であるロシアに好意を持ち、その手先になっているとの考えが一般に流布していたことがある。それが戦争後の日本のキリスト教会における甚大な被害の背景となったと言われている。

そうした中で一つのエピソードがある。沢山の教会が焼き討ちに遭う中で、浅草教会だけは焼かれずに残った。浅草教会の牧師永井直治《ながいなおじ》は、教会に押し寄せた暴徒を前に、左手に日の丸の国旗、右手に「日本基督教会浅草教会」の看板を持って大声で叫んだ。「諸君、ここは日本人の教会であるぞ」と。すると暴徒はこう言い始めた。「おい、みんな、よせよせ。ここは日本人の教会だとよ」と。それを聞いた暴徒は焼き討ちを止めて引き揚げていったという。このことで知られることは、日本人の教会と明言したことで、外国の教会や宣教師のいる教会ではないと人々が理解したことである。この教会の牧師は、ロシア人でもなく朝鮮人でもなく日本人であると暴徒が理解したのだ。当時の社会ではキリスト教は外国の宗教であり、敵性宗教との意識があった。だが、日本人牧師が日本人の教会であると日の丸を掲げて明言したことで、焼き討ちを止めたのだ。また、日の丸は天皇を現人神として崇拝する神の国日本を示すものである。日本人はすべて天子様の赤子であるという皇国史観が、ここで発揮された。端的に言えば、天子様の赤子という理屈が浅草教会を救ったのだ。天子の赤子になることが暴徒の勢いを止めた。それは敵性宗教の意識より、同じ日本人という民族意識が勝ったということである。逆に朝鮮人キリスト教会には、言語に絶する迫害を行うことができたのだ。彼らは日本人ではないからである。日本人の根っこにある民族差別を知る手がかりの一つの事例である。（海老沢・大内、五八三〜五八五）

安利淑《アンイスク》著『たといそうでなくても』（待晨社、一九七二年）の中で、朝鮮人キリスト者への容赦ない弾圧が皇帝ネロによる初代キリスト教界への迫害と対比させて述べられている。第二次世界大戦下、日本人の官憲によって激しい弾圧を受けた。天皇を「現人神」と呼んだ時代に、日本神社への強制的な参拝が行われ、教会の聖壇に神棚を置いてキリスト者に最敬礼を迫るために、刑事を教会に配置した。このような状況で安氏は、公然と天皇制や国家神道への抵抗の姿勢を取る。やがて官憲の弾圧の対象となり、捕縛の手を逃れて転々とする。だが、結局捕らえられて平壌《ピョンヤン》刑務所の獄に繋がれ、六年間監禁され死刑判決を受ける。だが、日本の敗戦によって、一九四五年八月十五日にようやく出獄した。この書は、戦時下に抵抗を貫いて生きた安氏の体験談である。

同時期、日本のキリスト者の中にも神信仰故に国家への抵抗を示し、獄死する牧師や信徒がいた。だが、朝鮮人のキリスト教界では、民族差別が平然と行われ、その弾圧は言語を絶するものであった。しかも、同じ信仰者であるはずの日本のキリスト教会がこの弾圧に加わるという戦争犯罪を犯したことが知られている。
李牧師が受けた拷問は言語に絶するものであった。彼が一時解放され教会で語る言葉を一語たりとも逃すまいと信者は聞いていた。一番知りたかったことは、拷問の最中に神の奇跡は起こったのかという質問だった。それはなかったと牧師は語った。拷問の最中に死を願ったがそれが叶わず、神に見捨てられたと牧師は語った。（注8）
また安は、朝鮮人キリスト者への容赦ない弾圧を皇帝ネロ時代のキリスト者迫害と対比させ、当時の初代キリスト者が殉教の際に、神の救いの奇跡を待ち望みながら死に赴いたことに思いを馳せる。
この本の題『たといそうでなくても』は、旧約聖書ダニエル書から取られている。ダニエル書はこう語っている。

バビロン王ネブカドネツァルは、捕囚の民となったユダヤ人の中から、才能ある若者を選び、宮廷に仕えさせようとした。選抜に当たってネブカドネツァル王は、金の像を造り、その像にひれ伏して拝むように命じ、そうしない者は燃えさかる炉に投げ込むことにした。しかし、ユダヤ人の三人の若者はそれに従わず、その結果、炉に投げ込まれることになった。彼らは王の前で次のように言い放った。
私たちのお仕えする神は、その燃えさかる炉や王様の手から私たちを救うことができますし、必ず救ってくださいます。そうでなくとも、ご承知ください。私たちは王様の神々に仕えることも、お建てになった金の像を拝むことも、決していたしません。

（旧約聖書ダニエル書3章17、18節）

このダニエル書の物語は、三人が燃え盛る火の中でも何ら損なわれることがなかったと記し、真実の神を信ずる者は神によって守られるという奇跡として受け継がれている。

『たといそうでなくても』はこのダニエル書をベースにしたものであるが、厳しい弾圧の中で日本人社会の偶像礼拝（現人神）と戦いながら、神の守りを信じ殉教の死を願う信仰者の生き様が語られている。迫害に耐え、獅子に喰われて殉教した初代キリスト教会の信者の心情と重なり合う。わが身が滅ぼされようと、生ける神を信ずること、それが信仰であることを私たちに示している。日本人キリスト者はこの時何をしていたのか。人間である天皇を現人神として拝礼を強要する。殆ど抵抗もなくそれに従った日本人キリスト者は、偶像礼拝を拒否して抵抗した彼らから何を学ぶのか。

ここまで、戦時中のキリスト教会の戦争協力や天皇崇拝がいかに自分たちの保身から出たものであったかを見てきた。だが、一方で戦争協力に反対した人々もいた。戦時下に殉教した日本人は、ホーリネス系の七名であると既に述べた。何故ホーリネス系の人たちだったのか。

一九四二年六月、全国一斉にホーリネス系牧師九十七名が、その翌年に十五名が、「改正治安維持法第七条、治安維持法第八条、宗教団体法第十六条」違反容疑で検挙された。この逮捕の問題点は、この教派が強調している「千年王国によるキリストの再臨説」の教義が国体に反するとされたことである。キリストが再臨し、世界を統治するとしたら、一体天皇はどうなるのか、と言う点である。天皇は現人神であり、日本だけでなく全アジアを支配する者である。その天皇と再臨するキリストはどちらが上になるのか、という問題にあった。逮捕された者は懲役二年または四年の判決を受けたが、その中で獄中死四名は獄中、一名は出獄後、二日後に死亡、合計五名とされています、服役後死亡者二名であった。この弾圧は過酷を極めた。文部省は有罪か無罪かの判決も下らぬ前に、教会の認可取消を行い、解散を命じた。

この事件に対して教団の取った態度はどうであったのか。逮捕された伊藤馨《いとうかおる》牧師は、後に『新創造』を著し、当時の状況を書き綴っている。いわく、特高に呼び出された教会の代表たちに対して、教会の解散後について指導を受けている。集会や献金の禁止などである。その際、文部省から出張した役人は彼らに対して甚だ同情的で「誠に気の毒である」と語ったという。一方で教団から派遣された役員は、高飛車にこう言い放ったという。「お前達はとんでもない罪を犯し、お上とすべての信者に迷惑をかけた。宜しく転身更生して報ゆるように」と。ここに教団がどれだけ自己保身のために兄弟を売ったのかを知ることができる。不当の弾圧に対して、教団は何の救済の手も差し延べなかったことは言うまでもない。（注9）

もう一点、灯台社事件について述べる。灯台社とは、ニューヨークに本部を置くWatch-tower（現在の「ものみの塔」（エホバの証人）というキリスト教系団体である。

この灯台社の戦時下の抵抗は、戦時中の官憲側の秘密資料「特高月報」等に詳しく記録されている。当時も今も異端と目されているこの宗派は、少数派の中でもさらに少数派であるという現実が、優れて強く戦時下の国家体制に抵抗した事実を克明に残している。苛烈な弾圧が彼らに加えられていく過程の中で、純粋に信仰の立場からその証しを語るその強靭さは、彼らと接した官憲側の人々を辟易させるほどであったという。

彼らが官憲に一斉検挙された背景には、彼らの反戦思想、不敬思想がある。一九三九年に入隊した明石真人《あかしまさと》、村本一生《むらもとかずお》、三浦忠治《みうらちゅうじ》等は、「エホバ以外の被造物に礼拝することは神エホバの厳に禁ずる所なれば、今後宮城遥拝、御真影奉拝などの偶像礼拝はなしあたわざる」こと、また「天皇は元来宇宙の創造主エホバにより造られたる被造物にして、現在は悪魔の邪導下にある地上の機関に過ぎざるが故に、天皇を尊崇し、天皇に忠誠を誓うなどの意志は毛頭なき」ことを公言し、さらに兵営生活は神エホバの神意に反するとの理由で脱営を企て、支給兵器を神意に反する殺人器なりと返納を申し出るなどの言動を行った。これにより、不敬罪、軍刑法違反として起訴された。明石らに二年から三年の刑が処された。

これに対して灯台社は、彼らの行為はエホバの信仰の所作であり、軍部に対する徹底的証言となったと賞揚、宣伝しその反戦活動を積極的に支持した。各地での反戦運動が拡大したため、軍部は治安維持法違反として一斉検挙を始めて、百三十名を逮捕し、灯台社に対して結社禁止を命じた。灯台社主幹の明石順三《あかしじゅんぞう》には、懲役十二年、他は二年〜五年の刑が下った。これが世に言う灯台社事件である。

逮捕された明石を初めとする信者たちを待っていたのは、連日連夜の拷問と暴行。監房の不衛生さは言うに及ばずであった。明石の顔は瘤と腫れで完全にいびつとなり、全身にあざと創傷を負い、腰は立たなくなり全く別人のようになったという。

明石は裁判の席でも主張を変えなかった。自己の信仰の正当性を主張し、国家権力の不当な弾圧に抵抗し、信教の自由を守ろうとする姿勢は明白であった。村本に対する虐待は悲惨を極めた。熊本刑務所内で起きた虐待にはそのすさまじさが刻まれている。戦後出所した際は、骸骨のように痩せ衰え、殆ど餓死寸前であった。（注10）

エホバの証人は、ドイツ国内でも激しい迫害を受けた。一九三三年にヒトラーが首相に就任し独裁者として登場した時、ドイツには一万九千二百八十六名の証者がいた。警察官によって集会所と印刷所が占拠される事件が起こった。エホバの証人のベルリン本部では七千名の証者を集めて集会し、満場一致でナチスの高圧的干渉に抗議する決議「事実の宣言」を採択した。ナチスはすぐに本部の所有物や印刷所を閉鎖した。ヒトラーはこう述べた。「余はドイツからこの「熱心な聖書研究者」を抹殺する。また彼らの所有物を人々の福祉に供し、その文書を没収する」と。（注11）

その後、ドイツからエホバの証人を絶滅させようとする狂気に満ちた検挙が開始され、国内で短期間に一万人の証者が逮捕され、強制収容所に送られた。兵役を拒否した者には長期間の刑が宣告され、「ヒトラー万歳」を唱えることを拒んだ男女も国家に対する反逆罪で告発された。このようにして終戦までに一万人以上の証者が逮捕され、監獄に入れられた。約二千名が拷問と虐待の中で命を落としたという。

エホバの証人はアメリカでも迫害を受けた。国旗敬礼拒否事件が起きたことをきっかけに、学校で子どもたちが国旗敬礼を拒否して退校させられた。所謂「バーネット事件」である。エホバの証人の子どもであったウォルター・バーネットは国旗に対する敬礼は偶像礼拝に当たると拒否した。その裁判で敗れたために、迫害は一層拍車がかかるようになった。一九三三年から一九四一年までに、一万八千八百八十六名が検挙された。一九四一年に裁判によって兵役免除が与えられる特権を得たが、徴兵局の偏見から懲役拒否が認められないことも少なくなかった。（注12）

日本は、一九四五年八月十五日、敗戦を迎えた。戦争が終わり、時が経つと共にキリスト教会は明るさと正気を取り戻してきた。敗戦によって国家が独立体制を失い、国民が塗炭の苦しみにある中で、教会が明るさを取り戻したのは、教会の存在と活動が漸く国家権力の崩壊によって、現人神天皇という呪術的束縛から解放されたからである。私服の官憲が教会に出入りすることもなくなり、進駐軍は日本の占領政策として日本のキリスト教会の保護を重要な課題とした。さらに、アメリカのキリスト教会の使節団が日本にやってきて、日本の教会の窮状をつぶさに見て支援するようになった。これらのことが戦後のキリスト教会の発展に寄与することとなった。

だが、問われるのはあの大戦での教会の戦争協力や人々を戦争に駆り立てた戦争責任にどのように向き合うのか、また、朝鮮、台湾、中国への海外伝道に名を借りた皇民化政策への協力や、天皇崇拝を強要した日本のキリスト教会の弾圧に対する謝罪はどうするのかということである。

一九六七年三月二十六日は、キリストの復活を祝う「イースター」であった。この日に日本基督教団は「第二次大戦下における日本基督教団の責任についての告白」を発表した。以下に全文を引用する。

日本基督教団戦争責任告白

わたくしどもは、1966年10月、第14回教団総会において、教団創立25周年を記念致しました。今やわたくしどもの真剣な課題は「明日の教団」であります。わたくしどもは、この主題として、教団が日本及び世界の将来に対して負っている光栄ある責任について考え、また祈りました。

まさにこのときにおいてこそ、わたくしどもは、教団成立とそれにつづく戦時下に、教団の名において犯したあやまちを、今一度改めて自覚し、主のあわれみと隣人のゆるしを請い求めるものであります。

わが国の政府は、そのころ戦争遂行の必要から、諸宗教団体に統合と戦争への協力を、国策として要請いたしました。

明治初年の宣教開始以来、わが国のキリスト者の多くは、かねがね諸宗派を解消して日本における一つの福音的教会を樹立したく願ってはおりましたが、当時の教会の指導者たちは、この政府の要請を契機に教会合同にふみきり、ここに教団が成立いたしました。

わたくしどもはこの教団の成立と存続において、わたくしどもの弱さとあやまちにもかかわらず働かれる歴史の主なる神の摂理を覚え、深い感謝とともにおそれと責任を痛感するものであります。「世の光」「地の塩」である教会は、あの戦争に同調すべきではありませんでした。

まさに国を愛する故にこそ、キリスト者の良心的判断によって、祖国の歩みに対し正しい判断をなすべきでありました。

しかるにわたくしどもは、教団の名において、あの戦争を是認し、支持し、その勝利のために祈り努めることを、内外にむかって声明いたしました。まことにわたくしどもの祖国が罪を犯したとき、わたくしどもの教会もまたその罪におちいりました。わたくしどもは「見張り」の使命をないがしろにいたしました。

心の深い痛みをもって、この罪を懺悔し、主にゆるしを願うとともに、世界の、ことにアジアの諸国、そこにある教会と兄弟姉妹、またわが国の同胞にこころからのゆるしを請う次第であります。

終戦から20年余を経過し、わたくしどもの愛する祖国は、今日多くの問題をはらむ世界の中にあって、再び憂慮すべき方向にむかっていることを恐れます。この時点においてわたくしどもは、教団がふたたびそのあやまちをくり返すことなく、日本と世界に負っている使命を正しく果たすことができるように、主の助けと導きを祈り求めつつ、明日にむかっての決意を表明するものであります。

１９３６年3月26日　復活主日

日本基督教団総会議長
鈴木　正久

この「戦争責任告白」はすんなりと教会や教団で受け入れられたわけではない。かつての日本基督教団の合同に積極的に関係した人々やその流れをくむ者たちは、この告白に強く反対した。その主な論点として、戦争の問題は政治的なものであり、教会固有の問題ではないと拒否した。当然、告白に対する賛成や反対によって教団分裂の恐れが生じた。そこで教団は北森《きたもり》嘉蔵《かぞう》を代表とする「五人委員会」を発足させ、善後策を講じ、一定の見解を発表した。その中で戦時中の教団の歩みについて触れ、「その行為は誤っていたが信仰は正しかった」と指摘して、政治的立場の相違によって教団は分裂し

てはならないとした。この立場は教団擁護のためのもので、告白の反対者と同意見であると言える。（注13）

そもそもこの「戦争協力の行為は誤っていたが、信仰は正しかった」とは何を意味するのか。行為と信仰は別々のもの、つまり二元論の理解である。この点で既に弁明は破綻している。信仰は心の問題で、戦争協力は国や政府の要請に従ったまで、「あれは仕方なかった」という論理なのだ。

一方で、官憲の迫害の中を必死に守り続けてきたグループがある。戦時中に殉教したホーリネス系とエホバの証人の人たちである。彼らはどんなに苦しくても簡単に戦争協力はしなかった。何故なら「生ける神」に望みをおいていたからである。再臨のキリストが地上に来られ、神の支配が始まることを真剣に信じた。また天皇は神の被造物と明言した。天皇とキリストとどちらが偉いかとの官憲の愚問に、即座にキリストと答えた。

だが、彼らは正統派キリスト教会からは、一段と低いレベルのキリスト教と見られていた。あるいは「異端」として扱われていた。そして信者たちは社会的にそれほど地位が高くない人たちであった。学問がないから聖書をそのまま信じていると考えた正統派キリスト教会は、社会の底辺層の伝道を軽視していた。正統派の学問も社会的地位もある人々の教会では、ほとんど抵抗がないから激しい迫害もなく、牧師たちは容易に体制側についた。だが、そうでない教会は舌筆に尽くしがたい迫害を受けた。

知識や文化としてのキリスト教は、生き死にをかけた問題ではないから、容易に政府の言いなりになる。信仰ではないから棄教ではない。しかし、生活の根っこで神を信じて生きる人々は、信仰を捨てられない。戦争への協力の行為は間違っていたが、信仰は正しかったと語る「信仰」とは一体何か。天皇を神として崇めることができたのは何故か。天皇とキリストとどちらが偉いかと尋問され、キリストであると断言できなかったのは何故か。

戦争責任告白の公表に導いた鈴木《すずき》正久《まさひさ》牧師は、遠藤周作の『沈黙』について意見を求められた時、「薄汚い小説だ」と一刀両断に切り捨てた。

小説の中で、宣教師ロドリゴは、信者の拷問の声を聞き踏絵を踏む決心をする。踏絵の中のイエスはこう語りかける。「踏むがいい。お前の足の痛さをこの私が一番よく知っている。踏むがいい。私はお前たちに踏まれるため、この世に生れ、お前たちの痛さを分つため十字架を背負ったのだ」と。(注14)

この遠藤の小説を薄汚い小説と断じた鈴木は、戦時中のキリスト教会の行った天皇崇拝が間違いであったと述べ、戦争責任告白を作成した。命を賭けて守るべき信仰を簡単に捨ててしまった戦時中の牧師たちへの批判が背景にある。

さて、次に第二次世界大戦中にドイツで起こったキリスト教会の抵抗に触れる。独裁者ヒトラーと戦った教会の指導者・信者が強制収容所に入れられ、虐殺された事実を、日本のキリスト教会の牧師たちはどう見るのだろう。

・ドイツキリスト教会のナチへの抵抗

第二次世界大戦中のドイツで起こったヒトラーに対するキリスト教会の抵抗運動に触れないわけにはいかない。ドイツと日本では置かれた状況に大きな相違があり、一概に比較して述べることは難しい。だが、独裁者ヒトラーに対して、ドイツの教会はどう抵抗したのかを見ることで、現人神天皇の絶対的支配のただ中に置かれた日本のキリスト教会のあり方が鋭く問われることとなる。

一九三三年一月、政権の座を獲得したナチスは、彼らの言う「千年王国」の確立のため、国内のすべての抵抗の可能性のある組織を排除しようとした。それは当然キリスト教会にも及んだ。そうなるとナチに迎合しようとする者たちも現れる。ドイツ的キリスト者の集会では、右派の指導者が、教会からユダヤ人を排除するアーリア条項の導入、旧約聖書の排除、僕《しもべ》としてのイエス像廃棄を訴えた。ナチスは反ユダヤ主義を掲げ、その具体策として旧約聖書を激しく攻撃し排除することを求めた。それに呼応する人々が登場した。

一九三四年五月、ドイツ教会闘争の担い手となる「告白教会」が誕生し、ナチス政府と教会執行部から様々な圧力を受けたが屈することはなかった。ヒトラーが政権を掌握して三年間、教会に対する弾圧は続いた。だが、告白教会はヒトラーに対して極めて勇気ある建白書を提出した。党によるキリスト教会の解体、誤った世界観の宣伝、法秩序の崩壊、出版の自由の妨害、非合法の選挙、ゲシュタポの専横等に関してである。ドイツに君臨する独裁者に明確に批判の声を上げた。ドイツ国内が沈黙していた中で、告白教会だけが神の言葉を恐れずに語り、神の戒めを明確に語ったのである。

だが、その結果告白教会の執行部は全員逮捕される。告白教会の指導者であったフリードリヒ・グスタフ・エミール・マルチン・ニーメラーはこの時から終戦までの八年間強制収容所に収容される。告白教会が直面した危機は、牧師個々人に対して求められたヒットラーへの忠誠宣言であった。さらに、オーストリアの併合に成功したドイツは、チェコに領土の分割を迫り、西ヨーロッパ諸国に戦争勃発の雰囲気が起こった。告白教会は戦争が勃発するなら「とりなしの祈祷文」を礼拝で読み上げて戦争反対を訴えようとした。だが、政府の支配下にある新聞が、告白教会に対して「反逆者」「裏切者」「売国奴」呼ばわりするようなキャンペーンを開始した。これらによって、告白教会はまとまりを欠いたものになっていった。やがて一九四一年に第二次世界大戦が始まると、多くの告白教会の牧師や信徒たちが強制収容所送りとなった。

だが、このような状況にあっても告白教会の牧師たちは必死の抵抗を続けた。ベーテルの重度障害者に対して安楽死政策が実行されかけた時に、断固として抵抗を示したのは彼らであり、教会の施設に収容されていた障害者は、この非人道的政策から逃れることができた。

ニーメラー著『ナチへの抵抗——ドイツ教会闘争証言集』（日本基督教団出版、一九七八年）の中に、強制収容所に収容された牧師たちが出てくる。ダッハウという強制収容所に入れられたE・ヴィルム牧師はこのように証言している。

ダッハウでは、生きている者として存在することができなかった。私が牧師をしていたベーテルの施設では、私たちは数百人の人々の世話をしてきた。そしてそのうちには、実際始末におえない人たちもいた。しかし私がダッハウにいる間、ベーテルにおける教育の仕方と、第三帝国の教育の仕方をしばしば比較して考えさせられた。それは昼と夜ほどの違いがあった。ベーテルは生きている者の場所であり、生命のための場所であったが、ダッハウは死者の場所であり、死のための場所であった。

ダッハウには絶えず死臭がつきまとっていた。私がダッハウのシャワー室で、囚人にどうして私がここに収容されたのか尋ねられた時、私は「病人の安楽死への批判を説教したから」と答えた。すると囚人の一人が「病人を殺すことも悪いが、ここでは健康な人間を殺しているのですぜ。こちらのほうがはるかに悪いや」と言った。私は間もなくそのことが事実であることを知った。なぜなら、その時まで私は強制収容所の実情をほとんど知らなかった。収容所から出ることの許された、ごくわずかな人たちは貝のように沈黙を守っていた。なぜなら、彼がその実情を語ることには生命をかけなければならなかったからである。（注15）

ベーテルの障害者施設に関する記事には、重度の障害者の安楽死の命令を拒否して彼らを守り抜いた牧師たちがいたという史実がある。ナチスは二十万人の障害者、六百万人のユダヤ人の大量殺戮を行った。だが、牧師たちはヒットラーの命令に従わず、わが身を省みずに、障害者の命を救った。それを神の使命と思ったからである。

一方振り返って、日本のキリスト者の中に戦時中に障害児者の命を守った人々もいなかったわけではない。だが、キリスト教の指導的立場にある人たちはどうであったのか。

戦中・戦後に日本社会で最も有名なキリスト者であった賀川豊彦は、戦後になり戦時中の言論を問われる場面があった。賀川は一貫して国際道義と絶対平和のために奮闘してきたことを述べた。その賀川を擁護した教団は、キリスト教の指導者は能動的に戦争を指導した覚えは毛頭ない、キリスト教を奉ずる限りそんな行動・言論を取る道理はない。すべて軍部・政治家の行ったことと、戦争責任を否定した。終戦直後のことである。だが、これが教団の戦争責任に対する体質なのである。自分たちは被害者であって、決して加害者ではないという意識が根底にある。

だから戦後二十二年経って出された戦争責任告白を巡っての混乱やその後の教団運営を巡り、分裂こそしなかったものの、激しく対立し現在も揺れ動いている。教団の戦争責任告白に向き合おうとせず、社会問題を教会内に持ち込むことを規制し、信仰は個人の心の問題とする「福音派」と、戦争責任告白を信仰告白に変えるべきと主張して、社会問題に積極的に関わろうとする「社会派」の対立である。

私はこの教団の対立の中で五十年間、伝道師・牧師を務めてきた。路上生活者支援、障害者・貧しい外国人の人々との共生を目指している川崎の小さな教会、桜本教会である。桜本教会の初代牧師は社会派として知られた関田寛雄《せきたひろお》牧師であり、教団の戦争責任告白の作成に関わってきた牧師である。関田は青山学院大学神学部名誉教授であり、神学者であった。彼は死の間際にある昭和天皇が、戦争責任を語り謝罪すべきと働きかけた。彼には桜本教会を社会に開かれた教会にしたいという思いがあった。だが、実際に社会に開かれた教会にしたのは、藤原繁子牧師と伝道師の私である。彼女は路上生活者と共に生きる教会を作った。

日本の解放の神学を主張する者と、苦しむ者を教会に迎え入れて一緒に生きることを模索する桜本教会の共生神学の間には大きな違いがある。伝道師である私は障害児教育の専門家であり、教会には障害者が集まるようになった。川崎の桜本は朝鮮人の多住地域であり、外国人も教会に集うようになってきた。

神奈川県の解放の神学の中心であった渡辺英俊《わたなべひでとし》牧師は、横浜市寿町での路上生活者支援で知られている。横浜市牧師会で、私が「インクルーシブ神学」について講演した際に、渡辺は私にこう言った。「桜本教会は徹底している。私たちのやっていることは極めて中途半端だ」と。桜本は路上生活者を教会に招き入れ、一緒に礼拝や食事をし、交わりの時を持つ。もちろん、様々な相談を受け、住む場所や仕事も見つける。路上生活者の仕事は、私のツテを辿って障害者施設を中心に多くの人たちの就職を斡旋してきた。また、様々な事情で泊めなければならない人たちには教会の会堂を宿泊所として提供してきた。週二回の食事や生活用品の提供、夜間の食事配布の巡回も行ってきた。何より、川崎市からの支援を引き出すための署名活動、対市交渉の中心となり、パン券や定期健康診断、年末年始の体育館の開放などを勝ち取ってきた。教会で行う路上生活者支援は、与える者・受け取る者という上下関係ではない。お互いが心を開き合う居場所なのだ。何より神の下で一緒に生きることを実感することが大切なのだ。だから桜本は彼らを教会に招き入れる。何よりもキリスト教会であるが故に、一緒に礼拝をする。その中から洗礼志願者も多く輩出した。藤原牧師と私が取り組んだ路上生活者支援で、三十年間で四十八名が洗礼を受けた。兄弟姉妹の関係となり、神の家族となった。(注16)

それに対して寿町で行う支援は社会活動の一環としての支援であり、解放の神学を論ずる人たちが中心となっている。彼らを教会に招き入れることも、教会に宿泊させることもない。与えて受け取るという上下だけの関係に終始する。共に食する、共に交わる、共に生きるという人としての関係がない。ある年、神奈川教区からボランティアの宿泊所設置のための募金の依頼があった。千五百万円である。私は驚き呆れた。路上生活者の宿泊施設ではなく、ボランティアの宿泊施設である。募金依頼のポスターには、女子大学生が寝ている路上生活者に声かけをしているショットがある。寿町のグループは社会活動なのだ。教会が中心になっているが、教会の礼拝から排除されている。当然、洗礼を受けキリスト者になる者はいない。それについて質問すると、このように答える。「伝道は人数を増やすことではない」と。キリスト教会は社会の中で苦しむ者、貧しい者の側にあることを示すことで十分なのだと。だから、苦しむ人々、貧しい人々の中に入り、一緒に生きることをしない。まして信仰への導きという伝道は一切行わない。これが日本の解放の神学の実態である。

日本の解放の神学は、一九七〇年代の全共闘時代の神学生や牧師たちが中心になったものである。彼らの言論は自己正義の上に立って激しく相手を攻撃する。私が一九七九年に神奈川教区で伝道師の准允（伝道師の資格取得）を受けた時、「祈っているだけで社会は変わるのか。社会をどう変えるのかを考えるように」と言われた。二〇一七年に牧師の按手を受けた際には、「お前は福音派か社会派かどちらなのか」と問われた。実際には社会派の牧師に対する教団の対応について問われたものであるが、要は旗幟《きし》を鮮明にすることが求められたのだ。

キリスト教団の中の紛争は、私なりにこのように理解している。

キリスト教は貧しい者、苦しい者の宗教である。旧約聖書にはエジプトで奴隷であったイスラエル民族が神によって導き出され、四十年間砂漠を彷徨ったという記事がある。食べ物も水もない中で、民は神にすがって生きた。彼らには信仰以外に持つものはなかった。ただ、約束の地に導いてくれるという神の言葉を信じた。また、国を滅ぼされバビロンに捕囚された民族は、神による救いを祈り続けた。七十年間それを待ち続けた。新約聖書には初代教会を襲った迫害が記されている。それでも信仰を捨てなかった人々は、それなくしては生きることができない現実の苦しみ、貧しさがあった。
キリスト教とは貧しい者・苦しめる者の宗教である。聖書にこうある。

わたしの兄弟であるこの最も小さな者の一人にしたことは、わたしにしてくれたことなのである。
（マタイによる福音書25章40節）

いと小さき者、それは食べるものもなく貧しく苦しみの中におかれている者たちである。社会の底辺に置かれ、人々から嘲りと差別を受ける者である。障害者、病人、異邦人、貧しい者、人のあわれみにすがって生きる者たちである。このような人たちこそ、福音を聞き、教会の仲間として神の家族を形成するように進められている。

桜本教会は聖書に示されている「いと小さき者」を伝道の中心に据えて迎え入れてきた。私は障害児教育の専門家である。教会に集う人たちの対応を、障害児教育の理念とノウハウで受け止めてきた。その観点から「福音派」と「社会派」を見ると、このようになる。

福音派は信仰を個人の魂の問題として理解する。社会問題は魂の問題とは直接関わらないと、これを無視する。教会では信仰に関してのみ教え諭す。だが、障害児教育の世界では、個々の障害児の問題は障害児個人の問題ではなく、彼（彼女）を取り巻く環境の整理や理解が重要とされる。場合によっては家族を支えることが、ある一人の障害のある子どもには最も重要な課題となることもある。

信仰も同様であり、信者の信仰という魂の問題は、信者を取り巻く周囲の環境を抜きにしては語れない。その信者が何か問題を抱えていれば、それを支援することは教会の務めであろう。だが、その問題が障害や貧困や家族間の人間関係であり、それが極めて解決困難なものであったなら、教会はどう対応するのか。現況の教会はむしろ、困難な事情を抱えた人を伝道の対象にしないのではないか。この点こそ、障害児教育の専門家である私の主張点である。障害児教育は家族も含めて困難な環境を支えていく。決して切り捨てない。社会問題は社会に、信仰問題は教会に、という割り切りがある。だから苦しむ者を教会は受け入れない。障害者は信仰告白を言葉でできないと言う理由から洗礼をしない教会の原則がある。障害者の信仰告白については、既に述べてきた。障害者の信仰告白を認めない差別があるのが、「福音派」である。聖書の「いと小さき者」はどこに消えたのか。内村鑑三の障害者蔑視は今日の教会にまで及んでいる。

一方、「社会派」は、教団総会や教会の集会では、声を大にして教会が社会で苦しむ人々の側に立つことを、終始主張する。だが、自分たちは泥まみれになって一緒に生きることをしない。「教会は反体制の砦」という教条を堅く守る。それは彼らの正義を公言するための手段でしかない。全共闘運動から生み出されたものは、自己絶対化である。

私は彼らを「社会派観念論」と呼ぶ。聖書に出てくるファリサイ派のように、人前で声高に語り、自らの正しさを強調する。彼らが本当に苦しむ者、貧しい者の側に立って生きているかが問われている。私が出席した牧師会では、会議の前に酒を飲んで来た牧師たちがいた。社会派の牧師たちである。その態度はおかしいと誰も指摘しない。そんなことをすれば何を言われるか分からないからである。神学校では解放の神学を説き、貧しく苦しむ人々への支援を呼びかける。だが、その実態はボランティアのための宿泊施設を造るなどで、一人の苦しむ者に寄り添うことはない。桜本教会にはそのような牧師の教会から追い出された精神障害や発達障害の人々がいる。桜本教会なら受け入れてもらえると思った人たちである。かつて、関田寛雄師に尋ねたことがある。どうして解放の神学を論ずる人たちは、自分の教会ではその正反対のことを行っているのか、と。関田師は神学を心底から理解していないからだと答えた。そうではない。私に言わせれば、教会とは何かが全く分かっていないからだ。

解放の神学は、個々の信徒の問題に関わらない。人間を集団として扱う。桜本教会で過ごした私は、パウロが経験したような様々な難儀を経験してきた。刃物で刺されそうになったことは一度や二度ではない。殴られ、罵られ、罵倒されてきたが、何度でもその人と関係を持とうとしてきた。それだけ深く苦しむ人たちとの関わりが必要と思ったからだ。私にしかぶつけられない怒りや悲しみがあることも受け止めてきた。そしてそこには許しがあり、彼らと共に苦しむという「共苦」の思想がある。

かつて赤岩栄《あかいわさかえ》という牧師がいた。彼は戦時中のキリスト教会のあり方を批判して、社会実践の必要性を感じ、遂には牧師の身分のまま日本共産党入党宣言をする。彼の言動は教団内で論議を巻き起こした。赤岩は論理的にも実践的にもキリスト教と共産主義は両立し得ると説いたが、入党に反対する人々が多く入党を断念した。著書『キリスト教脱出記』（理論社、一九六四年）は、キリスト教と政治活動との関係性を巡って提言をしている。

かつてある牧師は、解放の神学を奉じて社会・政治活動を展開してきたが、牧師を辞めて社会運動に専念することを考えていると語ったことがある。彼女は誠実に生きてきた牧師であるが、桜本教会の礼拝に初めて参加した時、ホームレスや障害者、外国人などが一緒に助け合って生きている教会を見て、苦しむ人たちの救いは教会ではなく、社会運動ではないかと思っていたが、宣教の対象を苦しむ人たちに向けた教会のあり方を知って、その視点に欠けていたと述べた。社会派とは観念論なのだ。

私は若い頃に勤めた中学校の教頭から、「闘うキリスト教徒」というあだ名をつけられた。そこには障害児のために戦わなければ潰されていく教育のあり方への抵抗があった。一人ひとりを大切にする障害児教育から、教会の牧師はどうあるべきかを学んできた。政治体制の打倒よりも、苦しむ人々との共生が学校でも教会でも優先されるのではないのか。

敗戦後少し経って、ある女性が東京にある大教会の礼拝に通うようになった。その女性は半年足らずで自殺した。敗戦後に駐留軍相手の売春婦をしていたという。それを悔いて教会に通うようになったが、次第に足が遠のいた。牧師や教会員とは親しい関係になれず、神の家からも捨てられたと思ったのであろう。よく知られた実話であるが、何たる教会、何たる牧師なのか。

桜本教会の路上生活者支援のために毎月沢山の衣類を運んでくれる女性がいる。東京の大教会の信徒であるが、その教会には「先生」と呼ばれる職業の信徒が多く、花屋をしている自分が恥ずかしいと思うことがあると言う。日本のキリスト教は信仰ではなく、文化や知識として受け入れられてきた。「いと小さき人」たちと共に生きる教会はいつになったら実現するのだろうか。

内村鑑三にしても賀川豊彦にしても、日本のキリスト教史に燦然と輝く活躍と業績を残した人たちである。だが、彼らも時代の波の中で間違いを犯した罪人であったのだ。

最後にバルトの言葉。

人間を人間仲間のあいだにあって、素晴らしいと思わせるものは全て仮面である。（注17）

第六章
インクルージョンと宗教

1 インクルージョンとは何か

インクルージョン（inclusion）とは包み込む、統合するなどと訳される。少し分かりにくい言葉であるが、インクルージョンの反対語イクスクルージョン（exclusion）を見れば、その意味するところは明らかである。イクスクルージョンは排除である。かつてインクルージョンの言葉が日本に入ってきた時、イクスクルージョンを除外と訳した学者がいた。日本に障害者差別はないという日本政府の見解をおもねって「除外」と訳したのではないか。除外とはある範囲や規定を定めてその外に置くことであり、除外することは取りのけて扱うことを意味している。一方で排除とは、一定の枠を設けてそこに入れないで追い出すことの意である。排除には、その主体者が自身の枠から外に追いやる悪意のある行為を想定することができる。

インクルージョンは、元々高齢者に地域や家族から切り離した隔離生活を強いることへの疑問から始まった取り組みである。高齢になって地域や家族では介護できないという理由で、今まで長年親しんだ場所や家庭から、別の場所に移動させて生活するあり方への疑問を受けて、障害や認知症があっても今までどおりの暮らしの中で支え合うシステムの構築の研究から始まったと言われている。今日では福祉学や教育学の分野のみならず、社会政策用語として社会的包摂（ソーシャル・インクルージョン）を意味する言葉になってきている。すなわち、福祉や教育に限定せず、様々な分野の中で差別や排除、偏見の下にある人々に焦点を当てて、社会全体で包み込むあり方を、インクルージョン（包み込み）と呼ぶようになってきている。差別と偏見、排除と分断が進む現在の社会において、どのような人も弾き出さない社会構造の中核的理念としてインクルージョンが意味づけられている。

今日では社会政策用語としてインクルージョンが世界的に流布しているが、ここに至るまでの状況を短くまとめてみたい。

インクルージョンに先立って「ノーマライゼーション」（一九五〇年代に北欧諸国から始まった社会福祉をめぐる社会理念の一つで、高齢者や障害者などの社会的弱者を特別視せず、誰もが同様に生活できる社会を目指す考え方）が提唱されたが、世界に拡大したその発信源は一九五〇年代のスカンジナビア半島であると言われている。スウェーデンのベンクト・ニィリエとデンマークのバンク＝ミケルセンがノーマリゼーションの父として知られている。両者には共通点がある。反ナチ・レジスタンス運動に関わり、ニィーリエは戦争による難民キャンプで密集した大集団での共同生活の困難さを経験した。ミッケルセンは反ナチの闘争で捕虜となり、強制収容所生活を経験している。それらの強烈な経験が障害者施設での大集団の共同生活を批判的に見る原点になったと言われている。

ノーマリゼーションはやがて世界的な潮流として受け入れられ、障害者や高齢者の施設での囲い込みからの解放運動の理念となっていった。それは知的障害者や高齢者に限らず、精神障害者施設からの解放運動にも繫がっていくものとなった。イギリスの反精神医学の開祖として知られるロナルド・ディヴィッド・レインは、閉鎖病棟を開放して投薬を止めるに至るようにする実践を行い、病院への囲い込みを否定した。レインは次のように述べている。

われわれは一つの閉鎖病棟で投薬を殆ど零《ゼロ》にしたところ、一週間の内に窓ガラスが三十枚も割られてしまった。怪我をした者はなかった。その病棟を開放してみたら、窓ガラスが割られなかった。先を争って脱走しようとする動きもなかった。いつでも出られるとなると、殆ど誰も出たがらなかったのである。（中略）

病人であるなしに関係なく、誰からの強制も受けずに、自分の好む期間だけそこに住んで、さまざまな行事に参加することが誰にもできるという施設を六年間ほど運営していたのである。この施設の特徴は、誰もが精神科医ではなく、患者でもなく、誰が狂人で誰が常人であるのかの区別を全くつけないところにあった。（注1）

ノーマライゼーションに基づいて、障害者の入所施設を順次、完全に撤廃することとされ、入所施設の障害者への措置は原則的に禁止され、さらに国によっては入所施設の完全閉鎖が決定されるに至っている。この流れはアメリカの脱施設化によって定着したものになっている。かつて障害者を隔離し断種したアメリカが、入所施設の閉鎖に向けて舵を切っている。

さらにこの潮流は、一九七五年国連の「障害者権利宣言」に繋がり、この宣言では知的障害に限定されない障害者全般に拡大され、無差別平等に諸権利の保障が謳われている。やがて二〇〇六年には障害者権利条約へと発展していく。

今日では、ノーマリゼーションに代わってインクルージョンが福祉や教育の分野を中心に、先進的な理念となりつつある。インクルージョンは既に述べたとおり、福祉や教育の分野の専門用語ではなく、社会のあり方を示す政策用語として意味づけられている。

日本の公文書で初めてインクルージョンの用語が登場したのは、二〇〇〇年旧厚生省の「社会的な援助を要する人々に対する社会福祉のあり方に関する検討会」の報告書においてである。もちろん、地方自治体では独自の取り組みの中でインクルージョンを将来の社会福祉政策の中心理念と考える動きもあった。旧厚生省の報告書では、「従来の貧困者の救済を中心とする社会福祉から国民生活の下支えとしての社会福祉への転換」と記され、具体的にその対象が次のように挙げられている。心身の障害・不安（社会的ストレスやアルコール依存等）、社会的排除や摩擦（路上死、中国残留日本人、外国人排除等）、社会的孤立や孤独（孤独死、家庭内虐待・暴力等）である。いずれにせよ、新しい社会福祉として「社会的つながり」の構築のためにソーシャル・インクルージョンが求められていると記している。

世界的な潮流としての施設収容からの解放（脱施設化）の動きの中で、障害者や高齢者の大規模施設入所が依然として継続している日本の事情からすると、大きく遅れを取っているように見えるインクルージョンは、今や社会的困難にある人たちをどのように社会全体で受け止めるのかについての理念になりつつある。

しかし、一方で教育においては、障害児の隔離教育への批判から、通常の教育のあり方の変革を探るインクルーシブ教育の動きが推進されるようになっている。だが、日本のインクルーシブ教育に対する動きは緩慢であり、国連からも指摘を受けている。日本ではむしろ経済格差による共生社会への構造的な断絶によって、社会崩壊が起こっていることへの危機感が大きい。差別や偏見、排除の社会的現象や国民のマイナスの心情が大きくなって社会不安を嵩じさせている状況がここかしこに見られるからである。

インクルージョンとは何か。各国の福祉のあり方や制度、法律などによって一概に答えることは難しいが、私は次のように定義する。

インクルージョン（inclusion）とは、様々なニーズのある人々を包み込み、支え合う社会のあり方を示すものである。インクルーシブ教育は、ソーシャル・インクルージョンの一面である。民族、言語、宗教、性別、貧富、障害等の理由で、排除（exclusion）するのではなく、子どもの個別的ニーズに合わせた愛情豊かな教育を目指し、一人ひとりの違いを祝福し歓迎する価値観に基づくものである。

ソーシャル・インクルージョン（社会的包み込み）とは、「排除」「差別」「偏見」と見られる従来の「排除事象」への反省をもとに、共に支え合う共生社会づくりを実践する理念である。

2　共生社会とインクルージョン

二〇一二年文部科学省は、「共生社会の形成に向けたインクルーシブ教育システム構築のための特別支援教育の推進」と題する報告を発表した。この中で共生社会について、次のように提言している。

> ○「共生社会」とは、これまで必ずしも十分に社会参加できるような環境になかった障害者等が、積極的に参加・貢献していくことができる社会である。それは、誰もが相互に人格と個性を尊重し支え合い、人々の多様な在り方を相互に認め合える全員参加型の社会である。このような社会を目指すことは、我が国において最も積極的に取り組むべき重要な課題である。

報告では、共生社会がこれまでに実現できていなかったことを踏まえて、共生社会とは障害者等が積極的に参加できる社会のことを指すものであること、相互に人格と個性を尊重する社会、個々人の多様な在り方を認め合い、かつ全員参加型の社会を示すものとしている。過去の歴史の中でその存在が否定的に見られ、社会の片隅に追いやられてきた人々が大勢いたことを直視して、「排除しない社会」こそが「共生社会」であることを記している。

報告書には、この共生社会の実現に向けて、「インクルーシブ教育」を重視して、障害のある者と障害のない者とが共に学ぶ仕組みについて述べられ、障害のある者が教育制度一般から排除されず、生活する地域の初等中等教育の機会が与えられること、また、個人に必要な「合理的配慮」が提供されること等が必要であると記されている。

また、ここで言われる積極的参加と全員参加の持つ意味は大きい。障害者は本人の意思よりも周囲の人々（保護者、教員、指導員等）の考え方が優先される場面がある。しかし、個人の意志は誰によっても代弁されるものではない。本人自身の意思の尊重こそが大切なのだ。かつて、「親は障害者の代弁者たりうるか」と問われたことがある。障害当事者の考えなのか、親自身の思いなのかを見極める必要があるだろう。また、社会に合わせて障害者が歩み寄るのであれば、共生ではなく同化となる。障害者の意思表示こそ大切なものであるということが問われている。積極的な参加とは、それを迎える社会の側からも歩み寄りが求められる。つまり、共生とは、ただ一方的に少数者を受け入れるのではなく、それぞれの主体的な歩み寄りが前提にあるということ。その点が明確でないと、「障害者の受け入れ」というように社会の側が上から目線で「受け入れを認める」ということになりかねない。共生には、支援する者、される者というような上下関係はない。全員参加とは、みんなで一緒にすることで共に生きることの喜びの感情が内に込められた行為である。インクルーシブ教育とは、共生社

会実現に向けた重要な教育であることが示されている。（注2）

3　インクルージョンとの出会い

(一)　マイノリティの人々との出会い

・障害者との出会い

私は一九四八年に生まれた。小学校に入学したのは終戦後十年を経た時で、現在の豊かさとは比べようもない貧しい時代であった。戦争は終わったものの、戦争の爪痕は至る所にあった。小学校には「慈恵園《じけいえん》」という、山の中腹にある孤児園から通学する戦争孤児の子どもたちがいた。その中の一人は知的な障害があり、学習の遅れや身辺的な自立、社会性の遅れは明らかであった。当時は障害児のための「特殊学級」はなかった。

私は彼と同じ学級に四年間在籍しクラスメイトであったが、今思い返してもその子がクラスでいじめられたり弾き出されたりすることはなかった。それは担任の先生の指導のあり方にあった。先生は戦争孤児となり何か少し汚れが目立つ衣類を羽織っていた彼を可愛がった。その姿を目にした私たちには、困った時の彼を助けようとする思いが育っていった。クラスの先頭に立つ担任の姿勢が、周囲の子どもたちの心を育てる。やがて教師になった私は、そのことを胸に秘めて教師として何をするべきかをこの先生からくり返し学んだ。私が大人になって障害児教育の教師になろうとしたのは、この経験が大きい。後に同級生から、「彼のことを忘れなかったからだね」と言われたものだ。

恩師は九十四歳で亡くなったが、死の直前まで彼のことを心配し続けた。その後、私はどこへ行ってもこの先生について語る。人生の初めに尊敬する教師に出会えたことは、私にとってどれだけ大きな意味があったか計り知れない。先生は生涯の目標となった。幼少期の障害児との出会いは、長じてインクルージョンを学ぶ私にとって希有な体験となった。

・島崎藤村著『破戒』との出会い

高校一年生になって『破戒』を読んだ時の衝撃を未だに忘れられない。被差別部落出身の教師が、その出自を教壇の上から降りて土下座をし、生徒たちに謝罪する姿に驚いたのだ。世の中の理不尽とはこういうものかと思い知らされたのだ。何故こんな差別があるのか。

私がこの『破戒』に関心を持ったのは、主人公・瀬川丑松のモデルとされた「大江礒吉」の出生地が故郷の同村であることを知ったからである。車で十五分くらいの距離である。今ではその場所に石碑が建てられている。

大江礒吉は、公立下伊那郡中学校を優秀な成績で卒業し、長野師範（現在の信州大学教育学部）、高等師範学校（現在の筑波大学）で学び、その後各地で教師を務め、やがて兵庫県の中学校長に若干三十四歳で就任。しかし、腸チフスにかかり、若くして亡くなった。在職中に差別や迫害を受けながら、自由を尊重する新しい教育の普及に努め、後年研究者によってその生涯や教育哲学が世に知られ

るようになっている。（注3）

差別の中にあっても毅然と世に媚びずに生きた教育者の存在を知った。しかも、大江磯吉は私の卒業した飯田高校の先輩に当たる。同時に私の故郷に同和地区があることを初めて知った。子ども時代に、差別や偏見を持つことは、人として許されないことであることを知らされた。人権とは何かを考える契機となった。

私はこの『破戒』の影響もあって、将来差別で苦しむ人たちを支える弁護士になろうと考え、法律を学ぶ決心をした。

だが、大学の法学部に入学したものの、私の学生時代は全共闘世代と呼ばれ、ベトナム反戦や社会秩序への抵抗が根底にあり、若者たちの多くが社会のあり方を模索し、人生の意味を根本から問い直すことが求められる時代であった。学生運動の結果として大学は授業ができない状況にあった。

私は社会問題に関心を持ちつつも、デモに加わることもなく、言わばノンポリとして学生時代を送った。むしろその時代に私は哲学や宗教に強い関心を持ち、沢山の書物を読み漁った。ある意味でそれらが私を作り、私の人生の道筋を整える道程となった。

私は教会に通い始めた。聖書を読み、説教を聞き、信仰者として生きようと考えた。弁護士になろうとする意欲は消えて、宗教者になることに希望を見出すようになっていった。その後、一旦は石油会社に就職したものの、牧師と教師になる目的で再び大学の門をくぐった。卒業と同時に教員免許と牧師の受験資格を得て、数年後に伝道師になった。神学校時代に考えていたことは、社会で最も苦しむ人々の教会の牧師となること、そのために生活費を自分で得るための職業として教師になることであった。

若い頃に何を学び、何を得てきたか。それが人生を決定していく。生きることの意味を問いつつ、何に向かって生きるのかを模索するのが若者の姿である。私には哲学や宗教が人生の意味を提示してくれるものであった。

特に、実存主義哲学の洗礼を受けた私にとって、主体性や自由の意味が重くのしかかり、真の信仰獲得にはバルト神学によって哲学的思惟を乗り越える期間が必要であった。教会の門を叩いて八年目に私は洗礼を受け、キリスト者となった。

・朝鮮人との出会い

私は大学生になって川崎に住むようになった。そこには在日韓国・朝鮮人が多く住む地域があった。彼らと様々な関わりを持つようになって、そこに住む人々の生活と歴史を知るようになった。彼らがどのような経緯で日本に来たのか、そして当時も今も変わらない民族差別の実態を知るようになった。強制労働によって祖国から移住を余儀なくされた人たちであった。

さらに私はキリスト教会に通うことによって、韓国の教会の人たちと知り合うようになった。そこで知ったのは韓国・朝鮮人一世の人々の日本に対する強い怒りや非難であった。私たちは彼らの強い口調の非難に対して、ただ頭を下げるしかなかった。日本の国家的な犯罪により、生き方を蔑ろにされ、名前も言葉も奪われ、人間の誇りもすべて奪い、忍従の苦悩を押しつけられた人たちの訴えである。

私は在日韓国・朝鮮人の民族に対して過酷な歴史を負わせた日本の中で、今なお残る差別や偏見があることを知り、同時に日本人としての戦争責任の重みを抱えるようになった。

・教師として出会った子どもたち

私は中学校の社会科教師になり、同時に教会の伝道師になった。だが、社会科教師は数年で辞め、障害児教育の教師になろうと決心した。障害に苦しむ子どもや親たちを見て、その子たちに寄り添う教師として生きようと決意した。伝道師として招聘《しょうへい》された教会でもホームレス、外国人など貧しい人たちを支える活動が生涯続いた。何か青年の理想主義のような意気込みに似たものがあったと思う。

川崎市の中学校の特殊学級（現・特別支援学級）に十一年勤め、その後、神奈川県立教育センターに八年、養護学校教頭を経て、神奈川県教育委員会、県立盲学校校長、県立養護学校校長を経て退職。その後は大学教員として障害児教育を学生に教えるため、教員養成の任に就いた。教育委員会や管理職が長く、直接児童生徒を指導する期間はそれほど長くはなかったが、そこで見聞きして考えたことは、教育の現場を通して社会のあり方を探る上で、もっと言えば生きる意味を探る上でこの上もない資源となった。

特に、西洋の福祉哲学であるインクルージョンとの出会いは、これからの教育や社会のあり方について学ぶことが多かった。私にとってインクルージョンは単なる教育のあり方を示すものではなく、生き方そのものの方向性を定めるものになっていった。生き方は単なる理論ではない。理論に基づく実践があってこそ初めて方向性が定まるものである。私には、教育の世界と教会の世界が実践を生み出す場所として存在していた。

教育の世界に従事して、私の考え方の中核に刻まれたものについてを何点かまとめる。

(二) インクルージョンの考え方

・障害と健常の間

約四十年間にわたる教員生活で多くの障害のある子どもたちを指導してきた。その中で学んだことの第一は、障害と健常の間には確たる壁は存在しないと言うことである。どこからが障害で、どこからが障害ではないとの明確な判断は存在しない。もちろん私たちは障害の基準を知っている。それに照らしてその子の障害像を探る。しかし、その基準に照らせば障害のある子どもの全体像が明確になるのか。否、否である。

かつて教育委員会に在職していた時に、ＬＤ（学習障害）研究に従事した。そこで学んだことは、医学上のＬＤと教育上のＬＤは異なるというものであった。教師にとって医学上ＬＤと診断されたことは指導上の参考にしかならず、ＬＤの冠を外して一人の子どもとして見ることが何より大切である。

子どもの診断名や医学的対応よりも、子どもの全体像をあらかじめフィルターをかけないで掴むことが何より大切なことなのだ。その結果、医学界では取り扱われない、「ＬＤサスペクト（ＬＤが疑われる）」や「ＬＤっぽい」の用語が生み出され、ＬＤではないけれど、その傾向性を持っていると分かれば、その対応策は自ずと出てくる。この教育の鷹揚さ曖昧さこそが、子どもを人間としてみる上で大切なことになる。

医師は病気のある人に病人として対峙する。その人の全体像よりは、病気をどのように治すかが一義的に問われるからである。だが、それは病気のある一人の人を医師として診るのであって、病気以外を捨象することではない。胃痛の要因が家族内のトラブルか、職場内の人間関係か、ひょっとして対面している医師との相性のせいなのかなどを考察しなければならない。胃痛を和らげる投薬で治療が終了するわけではない。不登校やうつ病や吃音の子どもを前に、白衣を着た医師が診察室で待ち構える環境で子どもは心を開くだろうか。

当時、不登校は体育教師の強い指導や、精神科医の過剰な病人対応が要因であることが指摘されていた。何故心療内科があるのか。それは身体上の病気と心の問題は複雑に絡み合っていて、病気は生活の問題として考えられるからである。

頭から障害のある子どもと見るのではない。障害があろうとなかろうとＡ君は人間であり、子どもなのだ。その子の障害者像を振り払って一人の子どもとして関わることがどれ程重要なことか。障害名を先に出すべきではない。自閉症のＡ君や脳性マヒのＢさんは存在しない。一人の子ども、たまたま自閉症や脳性マヒのある子どもがいるだけなのだ。

普通の学校から転勤してきた教師にまず教えるのは、「特別なニーズ」を持つ子どもという先入観を外すことである。「特別支援教育」は「特別な子どもたち」を対象にしたものではない。指導のあり方が通常の教育とは少しだけ異なっているということなのだ。

私は不登校や非行、外国籍や様々な不適応に陥る子どもたちの指導に関わってきた。彼らの中に多くの障害のある子どもたちがいた。知的障害、発達障害、精神障害など濃淡はあるものの、心や身体のバランスが上手く取れない者たちがいた。学習の遅れや友達関係の困難さの要因となる障害の故に様々な不適応が生じてくる。

もっと言えば、彼らを支える教育や福祉の支援システムが全く構築されていない。その結果、障害者として教育システムの中に入ることになり、そうでない者には、不登校や非行などのレッテルが貼られて放置されるケースを多く見てきた。不登校の生徒たちを大勢指導してきたが、その中には知的障害のある生徒がいた。私の不登校児五十名の指導経験上、小学校四年生を境に不登校の児童・生徒は増える傾向にある。それは学習内容が具体物から抽象度の高いものに変わる時期である。知的障害の児童には授業について行くことが困難になる。そして友達関係の固定化が起こる年齢になって、その関係性が難しくなっていく。私が指導した例では、不登校の原因を保護者は「いじめ」があったからだという。良く聞いてみると、友達の輪に入れなかった人との関わりの苦手さが根幹にあることが分かった例もある。

障害と健常の間には、明確な境界線はない。私はインクルーシブ教育との出会いによって、そのことが明確になった。障害者と健常者は分けられない。むしろ全ての人は何らかのニーズを持っている。それを障害と言おうが、発達の個性と呼ぼうが。だから全ての人は障害者なのだ。障害児教育四十年の体験はそのことの跡づけとなった。神奈川県のインクルーシブ教育を推進してきた私は、この教育は障害児をどうするかという教育ではなく、すべての子どもたちの教育のあり方を考えるものであり、もっと言えば、通常学校や通常学級のあり方を根本から変えるべきであることを知らされた。障害や健常の線引きをするのではなく、どのような子どもであれ、何かしら自分では乗り越えがたいものを持っている。それに気付いて支えていくことが教育なのだ。そのような学校や教師でなければならない。インクルーシブ教育とは、通常の学校や教師を、そして社会を変えるものなのだ。私は学校の教師として長く生きてきたが、最後に辿り着いた結論はそのことであった。

・「障害」のレッテル・障害者差別

私は長く障害児教育に関わり、障害児者に対する差別を沢山見てきた。学校でも社会でも障害者は差別されて生きている。多くの障害者がいじめや差別の中で苦しんでいる。そんな差別事象のただ中に私自身何度も立ったことがある。

中学校の教師をしていた頃に、受けもった学級の生徒がいじめに遭って泣いていたこともあった。生徒たちがいじめを受けて苦しむ姿を見て、どれだけ憤りを感じたことか。ある時など交流先の親学級に乗り込んでいじめた生徒たちに障害のある生徒の辛さを説き聞かせた。

障害児童は、人から馬鹿にされ無視され排除される運命にある。その現場を生きてきた私は、インクルージョン哲学との出会いによって、分離教育、隔離教育の及ぼす悪弊を痛感してきた。そして起こった「相模原・津久井やまゆり園事件」。障害者は社会の役に立たないから抹殺しても良いと考えた犯人による障害者大量殺人事件。その背景にあるものは障害者への蔑視である。ナチス・ドイツが行った二十万人もの障害者虐殺は、社会の役立たないとされた障害者を社会から排除する優生思想に基づくものである。同様の行為が世の中から支持されているとの思い込みが犯行に至らせたのだ。この事件は彼一人の責任にしてはならない。同じような考え方を多くの人たちが持っていることがとても恐い事実なのだ。

当時大学教員をしていた私は授業で何度も事件を取り上げ、優生思想の考え方や、歴史上の事件についても触れてきた。また講演会の講師として呼ばれることもあり、特に教員対象の講演会では障害者差別の中で津久井やまゆり園事件について述べ、その際にこの事件を子どもたちにどう語ったのかを尋ねた。大半は小・中・高校の通常の教育に携わる教師たちであった。あの事件を子どもたちにどう伝え、何を聞き出したかに関心があったからである。

だが、私はその時に知った事実に愕然とした。講演会はそれぞれ五十人から二百人近い教師たちが参加していた。毎回講演会で聞き取り調査をしたが、教師たちの誰一人、子どもたちに事件について話した者はいなかったのである。

このことに私は驚いた。そして何故話さなかったのかについて尋ねたところ、障害者に関する事件はどう語るべきか分からないからとの回答が多かった。事件に強い関心を寄せるのは、障害児教育や福祉の関係者に限定されていることを知った。それほど障害児教育と通常の教育の間には高い壁が存在することも改めて知らされた。普通の教師や子どもたちにとって、障害者の事件は全くの他人事であるから、何の関心もないのだ。このことは改めてインクルージョンの必要性を感じさせた。（注４）

・教会の伝道師・牧師として出会った人々

私が川崎市南部にある桜本教会に通うようになったのは、大学四年生の時である。それから五十年間、桜本教会にいたことになる。初めは求道者、そして信仰を得て信者に、やがて牧師を志して神学生になり、その後伝道師、牧師となった。

桜本は川崎市南部の労働者の町であり、在日朝鮮人の多住地区であり、貧しい人たちが暮らす町であった。かつては公害の町として知られ、公害病に苦しむ人々も少なくなかった。一言で言えばありとあらゆる課題を抱える人々が苦しみ悩み、常に物質的なそして精神的な支援を必要としていた。

元々桜本教会は、東京の山の手にある大教会の伝道所として一九五七年に開設された。社会の底辺で苦しんで生きている労働者に伝道をと考え、桜本を拠点にすることが決定した。だが、それはキリスト教観念論的発想から生まれたものであり、裕福な教会が貧しい人々のために教会の門戸を開くという極めて上から目線の考えが根底にあった。「底辺で生きる人たちの心情を知りたい」と、教会の伝道師が述べている。

桜本教会が地域に根ざした教会、苦しむ人々、貧しい人々の教会になるには、藤原繁子牧師の赴任まで待たなければならなかった。山の手にある親教会の牧師は、この地は女性では通用しないと断言し、藤原牧師の就任を最初は拒否した。だが、実際に赴任すると彼女以外に桜本教会の牧師は務まらないことは、誰の目にも明らかであった。

一九九四年、川崎市の路上生活者支援のための取り組みを始めた。「川崎市の路上生活者と共に生きる会」を立ち上げ、藤原牧師はその会長になって支援の輪を広げていった。川崎市の行政的支援を求めて、何度も対市交渉の先頭に立ち、多くの成果を上げてきた。

路上生活者支援は「いと小さな者」と呼ばれる人々、路上生活者、日雇い労働者、アルコール使用障害者、精神障害者、貧しい外国人、障害を抱える人々などを、教会の仲間として迎え入れることに繋がった。この世で苦しみを負った人々の群れとなった。

伝道師としてそして藤原牧師の夫として私は、桜本教会で多くの人々と関わって生きてきた。ここでなければもっと平凡で普通の教会の伝道師、牧師として生きてきただろう。だが、神学校を卒業する時に、私は最も貧しく苦しむ人々の教会の牧師になると神に誓いを立てた。まさに桜本教会でなければ出会うことなく、本当の交わりも知ることなく平坦な道を歩む牧師で終わったであろう。教会での苦労話など何の自慢にもならない。だが、共生の教会づくりには様々な人たちとの濃密な人間関係が待っていた。

ホームレスをはじめ、人との関わりの少ない人たちとの関わりは、時にはその苦しみや悲しみが最も近しい人に対する暴力という形で向けられることがある。社会にはそのような事例が沢山ある。むしろ問われるのは、彼らの苦しみを正面から受け止めているかどうかである。だが、時には大きなストレスを抱えることにもなる。

ある時、あるアルコール使用障害者の男性が酔っては教会で乱暴して礼拝が中断したり、昼夜を問わず教会に来るために、牧師家族が一次避難せざるを得ないことが続いた。そんなアルコール使用障害の路上生活者について、彼と向き合ってみるよう私は牧師から言われた。牧師が一生の間に本気で関われる人はそんなに多くはない。いや、ほんの数人である。彼は私にとってその一人になる。だから真剣に交わるようにと。それは場合によっては命のやりとりに繋がりかねない交わりでもあった。酔って錯乱し殴りかかられたことも、ヤッパ（ドス）を突きつけられたことも二度三度ではない。教会員に助けを求めたり、警察に頼むことは最初からしなかった。この人と刺し違えても、キリストを信じるようにさせなさい。牧師は私にそう言ったのだ。

彼を初めとして、多くの問題を抱えた人たちと付き合ってきた。アルコールを断つために彼のアパートで過ごすこともあった。教会で乱暴する人もいた。お金をせびりに来る人も、無理難題を言いに来る人もいた。私はその最前線にいて、何度神に祈ったことか。「この杯を私から過ぎ去らせてください」と。だが、苦しみを抱えた人たちはやがて、神が私に与えてくれた仲間だと考えるようになった。彼らの苦しみを負うことが「共苦の関係」、すなわちキリストに倣うことだと理解するようになった。私は、経済面でも教会を支えた。小さな教会では百人を超える人たちの週二回の食事や生活用品の提供は難しい。私自身は教師としての給料があり、その給料で教会を支え続けた。何年も背広を買えない日々が続いた。苦しい時であったが、あの人々が教会で仲間になって笑顔になればそれで良いと思った。

彼らの苦しみを本当に心から理解できる人間になれるのか、私は神から問われていた。

中学校の特殊学級で関わった子どもたちも、桜本教会で出会った人たちも、多くの苦しみを負っており、彼らの重荷を一緒に負うように生きてきた。いや正確に言えば、人の重荷を負える人などいない。だがこれが私にとって、「共生の営み」、一緒に生きることの原点となり、桜本教会がインクルーシブ・チャーチになる道であった。キリストの様に、他者のために自分の命を差し出すことは人にはできない。私の四十三年にわたる牧会生活には、何度かの危機が襲った。殴られたことも怒鳴られたことも身の危険を感じたことも数知れない。アパートを追い出されて行く場所のなくなった人を教会に泊めたら、地域の人と警察沙汰になったこともあった。

だが、そのような人たちは本当は私よりももっと苦しんでいる人であることを私は知った。私は障害児教育の教師として、「困った子」ではなく「困っている子」との見方を多くの人たちに伝えてきた。その私が多少の迷惑をかけられたからと言って、「困っている人たち」をどうして突き放すことができようか。

こうしたことが私にとって、「共生の営み」、一緒に生きることの原点となっていった。

4 インクルージョンとキリスト教

聖書をどう読むのか、様々な視点がある。神学者や思想家は、聖書は何を私たちに示すものか、様々な面から説いている。二十世紀後半以降、「解放の神学」「民衆の神学」「黒人の神学」「女性の神学」「障害者の神学」などが生まれ、それぞれの実践の中から様々な問題提起を行ってきた。ポイントを絞ることで、聖書の指針が何かを明らかにしようとしてきた。ここではインクルージョンとの関係で、抑圧された人々の解放をテーマとする神学を取り上げ概観してみたい。

(一) 解放の神学

キリスト教神学は、多くの場合欧米の市場経済が発達した資本主義の世界で生み出されたものである。もちろん、社会主義国の神学者もいたし、その影響力が強かった時代もある。だが、概ねキリスト教神学は資本主義の強い影響下に生まれたものである。

その一方でラテンアメリカで生まれた「解放の神学」は、欧米の神学に対峙するものとして存在している。カトリック教会では、権力者に仕える教会と、清貧の誓願を立て、貧しい人々と共に生きる修道士の間に対立が生まれた。ラテンアメリカの司祭たちは、資本主義と共産主義の両者を否定し、教会の「天にまで届く不義」に対して正義のための献身を表明し、「解放の神学」を提唱するに至った。

解放の神学を提唱する人たちは、教会は金持ちの支配階級の人々と同じで、貧しく飢えた人々に諦めを説いたという。司祭たちはしばしば貧困を神の意志であると説き、富や権力の偏在も神に由来すると主張してきた。聖書の解釈も同様であり、司祭たちが多く語ったのは、「心の貧しい人は幸いなり」であった。この言葉を何度も何度も朗唱することで、貧しい者たちの世界観を作り、この世を諦めることを強要してきた。教会がまさに貧しい者たちからすべてを奪い取るために聖書を利用してきたと言えるのではないか。（注5）

二〇一九年に来日したフランシスコ教皇は、東京ドームで行った説教で、「教会は野戦病院たれ」と説いた。貧しい者、苦しむ者を受け入れよ、出向いて行けとの主張である。だが、来日の記事に並んで、カトリック聖職者による児童性虐待のニュースが取り上げられた。世界中のカトリックの祭司たちが行った卑劣な児童虐待によって、多くの人が被害を受け苦しんでいる。それを直視しないで何故「愛の行為」が説けるのか。足下の不祥事・犯罪に目をつぶって、聖書の愛の業を説く。本末転倒である。高邁な理想は、現実の問題を直視しない結果、実現不可能な世迷い言となる。教皇の立場から自ら謝罪と断罪を語るべきではないのか。身内の犯罪に目をつぶり、愛の行為を勧めるなど、あってはならないことである。

二〇二二年七月二十七日付け朝日新聞記事「教皇、カナダ先住民に謝罪　寄宿学校に強制居住「後悔」」によれば、フランシスコ教皇は、カナダの同化政策の一環として先住民の子どもたちを親から引き離し、「白人」として教育してきた寄宿学校の跡地を訪れ、「多数のキリスト教徒が先住民に対して行なった悪をめぐり、許しを請う」と謝罪したという。教皇は具体的に「先住民たちを抑圧した植民地主義的な思想に多くのキリスト教徒が賛同した」と述べた。カナダ側では、先住民の子どもたちを強制的に寄宿学校に住まわせ、一九九〇年代までに約十五万人が生活していたが、そこで神父や教師の暴力や虐待が多く報告され、約六千人の子どもたちが死亡したと言われている。

教皇による謝罪はあったものの、ローマ教皇庁が所持している寄宿舎に関する書類の公開には言及しなかった。それは組織としてのカトリック教会の責任を認めなかったことであり、その点を被害者側は強く批判したという。

問題を起こしたのは個々の神父であり教師であって、組織的ではなかったという言い訳は通用しない。カナダの先住民の子どもたちに対する暴力・虐待も、世界中で起こったと言われている児童性虐待も、カトリック教会の内部で起こった組織的犯罪であり、それを内部から全く糾弾することもないままに蓋を閉じようとする。このような姿勢がキリスト教会への信頼を損ね、信徒を教会から離反させていくことになる。神を心から畏れる信仰は一体どこに行ってしまったのか。

解放の神学は次のような主張によって、その立つ位置が明らかになる。すなわち、「教会は社会批判の制度たるべし」という結論である。その批判的使命は、自由の歴史への奉仕、正確にはそれは人間解放への奉仕である。「福音的メッセージに活かされて、キリスト者個人ではなく教会がその時解放となるであろう。それが真実のものになるためには、教会は被抑圧的な制度を批判し解放する制度でなければならない」と。（注6）

この解放の神学について、ドイツの神学者ユルゲン・モルトマンは、勝者たちによって「世界史」と呼ばれている歴史の裏側で生きている人たちのもとで根を下ろし、弾圧され、貧困で差別された人々を、のしかかる強制から開放する実践が起こったと評価する。そしてこの神学は同時代の交差する同義の問題を明示する、と。すなわち、

・白人にとっての黒人の神学
・第一世代にとっての解放の神学
・支配階級にとっての民衆の神学
・男性たちにとってのフェミニズム神学

である。

だが、モルトマンは同時に解放の神学の危うさを指摘する。宣教を棄てて苦しむ人々、弾圧された人々の側に立つ教会の活動は、政治的社会的活動とどこが違うのか。それはキリスト教の枠を飛び出し神なき解放運動となっているのではないか。インドの解放の神学の活動は、弾圧された人々を救済

する活動となったが、後に残されたのは民衆の宗教であるヒンズー教であり、キリスト教が民衆の間に広がることはなかった。そのことをどう考えたらよいのか。これが解放の神学の限界であり、神なき解放の神学の着地点はどこにあるのか。

しかし、このような南米の社会的状況下で教会はどうあるべきかと探った解放の神学は、今なお多くの影響を与えている。（注7）

(二) フェミニスト神学

かつて、スイスで精神科医ポール・トゥルニエが語った有名な言葉に、「女性は神の創造の冠である」というものがある。さらに、「男性は神の最後の創造から二番目の作品である」と続く。男性中心主義が間違っているのは、神の創造の最終作品を、すなわち未完の作品に過ぎない男たちが自分に隷属させている、この不当性から生じるのではないか、と。（注8）

このように批判される従来の教会では、「女性は奉仕すべきもの」として位置づけられ、意識化が図られているという。キリスト教の奉仕は、「我々は仕えることが許されている」という解放的自由意志的な面は明らかであるにもかかわらず、女性に対しては教会でも社会でも日常的に下位に位置づけられている。奉仕するのは女性であるなどとは聖書のどこにも書かれていない。むしろ、奉仕は女性に限らず万人に当てはまることを明確にする必要がある。

マリアとマルタの物語（ルカ伝10章38〜42節）（イエスが福音について教えるために何人かの弟子とともマルタの家を訪れた。マルタは自分の第一の務めは客人を親切にもてなすことだと考え、食事と宿を提供した。一方妹のマリヤはイエスの足元に座ってイエスの話を聞いていたという物語）は、イエスがマリアの信仰をマルタの奉仕より上位に置いたとする解釈がある。牧師の多くは、なくてならぬものは多くなく、マリアはそれを選んだとマリアの信仰を褒める。だが、ここで言われているのはそのようなことではない。イエスが女性からしきたり通りの給仕を受けることを拒否して、反対に別の場所では自身から給仕をし、他の弟子たちにもそうすることを勧めていたことなどすっかり無視されている。奉仕の行為が女性たちに限定されているのでないことは明らかである。奉仕されるのは男であり、給仕するのは女であるとの解釈ではない。

マリアとマルタの物語は、信仰と奉仕のどちらが優先されるかの問題ではない。ルカはマリアに徹することを私たちに告げている。ここでマリアがイエスから何を聞き取ったかは示されていない。だが、当時のユダヤ教のラビは女性が弟子になることを許さない。しかし、マリアは主の足下に座って御言葉に聞き入っている。それはイエスの弟子の姿である。必要なことはただ一つ、それはイエスの足下に跪《ひざまづ》いて御言葉に聞き入って、イエスの弟子になることである。それは男だから女だからということではない。通常、教会では女性は給仕に心を配るマルタになりなさいと言われることがある。そのような解釈を聖書は求めてはいない。男も女もイエスの弟子となり、人に給仕するものになることが勧められている。

このように、聖書が記した物語を女性差別の観点から読み解く聖書理解がある。それは後世の男性優位社会の中で、聖書理解も教会形成も間違った視点が起こした混乱ではないかと提言する。世にある教会もまた、社会通念の影響を受け、女性差別に大きく荷担してきたことを忘れてはならない。（注9）

一九六〇年代のフェミニスト神学は、近代キリスト教が内包してきた性差別、人種差別、階級差別を鋭く批判し、現実社会の暴力や不正義に対して、その被害者に寄り添って闘う実践的な姿勢を信条としている。フェミニスト神学の理論的リーダーであるローズマリー・レッドフォード・リューサーは、「解放」の意味について次のように述べている。

被抑圧者の解放とは、したがって、真の自己の復活を体験することである。解放とは、自己嫌悪と自己破戒の悪魔を徹底的に追い払うことであり、自尊と自律の回復をはかることであり、それと同時に苦難を共にする兄弟姉妹と共に、共同体の持つ力と可能性を発見することである。伝統的キリスト教の霊魂主義によって否定的に扱われてきた二つの性向、すなわち怒りと自尊は、被抑圧者共同体の救いにとっては貴重な力強い「徳」である。怒りと自尊によって、被抑圧者共同体は自己嫌悪を乗りこえる力を得、一個の統一のとれた人格としての感覚を回復する。ここでは、怒りは、かつて無力なためにその被害者であった抑圧者の体制を裁き、それに抵抗する力として体験される。（注10）

信仰を心の問題としてきた伝統的なキリスト教会は、社会や組織が作ってきた差別や抑圧を自分たちで克服する力を奪い取ってきた。それは当時の男性優位の社会通念が作り上げてきたものである。今日の人権尊重、人間の尊厳、マイノリティーの理解などの現代的価値観を受け入れた宗教への転向が求められているのではないか。

(三) インクルーシブ神学

私は二〇一六年に『インクルーシブ神学への道――開かれた教会のために』(教文館)を著した。インクルージョン哲学に出会い、教育の世界でインクルーシブ教育の実践に取り組み、新設校の教育目標に「インクルーシブな地域社会を作る」と宣言し、神奈川県の「インクルーシブ教育推進協議会」会長を務めてきた。また、キリスト教会の牧師として様々な困難を持つ人々に開放されたインクルーシブ・チャーチを展開してきた。『インクルーシブ神学』は今後の教会のあり方を示すものとして拙い思索と実践のまとめを世に問うたものである。

詳細はぜひ拙著をお読みいただきたいが、ここではインクルーシブの視点からの聖書解釈の一例をご紹介したい。聖書の出来事を包み込みと排除の観点から見ていく読み方である。聖書の中にはこの二者のいずれかの評価、またその二者では割り切れない出来事も多く含まれる。だが、インクルージョンの視点から読み解くことにより、聖書の指針やイエス・キリストの宣教の意味がより明確になってくる。

旧約聖書では、ユダヤ教の律法に支配される社会があり、そこには当時の社会概念、支配と被支配の関係が歴然として存在した。だがよく見ると、一方的な関係ばかりでなく、支配―被支配の関係の中にも、包み込みや配慮が豊かに設けられていることが分かる。厳しい社会状況の中にも、貧しい者、障害者、異邦人への包み込みや配慮が至る所にある。その包み込みや配慮の根底には何があるのか。また排除や差別の背景にどのような事情があるのかを探るのが、インクルージョンの視点から聖書を読み解くことの意味である。

本書は障害を中心にしているが、社会的排除という観点に立てば、福音書の意味するものが鮮明化してくる。シモーヌ・ヴェイユが好んだ聖書の箇所から学ぶ。


《善きサマリア人のたとえ》（ルカ10章15〜37節）


ある律法学者がイエスに質問する。何をしたら永遠の命が与えられるかと。その問いに答えたのが「善きサマリア人のたとえ」である。

ある人が強盗に襲われ、半殺しの目に遭った。そこを通りかかった祭司は道の反対側を通っていく。次に現れたレビ人は同様に見て見ぬふりをして去って行く。だが、通りかかったサマリア人は憐れに思い、治療して宿屋に連れて行き、宿泊費を宿屋の主人に払い、足りなければ帰りがけに払うと約束する。この三人の中で強盗によって半死の目に遭った人の隣人になったのは誰かとイエスは問う。律法学者は「その人を助けた人だ」と答えると、イエスは「行ってあなたも同じようにしなさい」と言う。

このたとえ話は、キリスト教徒でなくてもよく知られている物語である。「善きサマリア人のたとえ」は、キリストの愛を端的に知らせるものとして広く受け止められている。

律法学者に永遠の命を受け継ぐためには何をしたら良いのかと問われたのに対して、申命記6章を引いて答える。律法学者は知らなくて質問したのではなく、知っていてイエスを試そうとしたのである。当時の人々はこの言葉を「シェマの祈り」として日に二回唱えていた。「シェマの祈り」とは、ユダヤ教の朝夕の祈りの最初の二語であり「シェマー・イスラエル」は、「イスラエルよ、聞け」の意である。神への愛と隣人への愛は律法の中核であり、知らぬ者などいない。律法が社会生活の中心となっているユダヤ人の世界である。しかも律法学者は隣人についての規定がないことを理由に、「誰が隣人なのか」と再び質問する。その根底では自分たちユダヤ人が神から無償の恵みを受けながら、誰をその対象として慈悲の手を差し伸べるのかと問うているのである。問い自体がずれている。これに対する回答が「善きサマリア人のたとえ」である。

ここには四人の人物が登場する。一人目は、神殿礼拝から帰る途中に強盗に襲われたユダヤ人であり、彼は半死半生で道に横たわっている。そこへ三人の人物が通りかかる。一人は祭司であり、彼は律法を忠実に遵守するように教え導くものである。もう一人はレビ人である。彼らはエジプト脱出の際に十二部族に分けられた一つの部族であるが、彼らは神殿管理を職とする者として嗣業地《しぎょうち》（神がその人に与える特別な土地やもの）を持たず、祭司を輩出する部族となったのである。従って、祭司と並んで人々の尊敬を受ける地位にあった。彼らは倒れたユダヤ人を見て、傍らを通り過ぎて行った。自分たちの身の安全を優先したのだろう。一説によると祭司は死者に対する埋葬の義務が免除されるという決まりがあったからだとも言われている。だが、倒れている人は死者ではない。介抱することが面倒と考えたに過ぎない。普通の人なら見過ごしにできないことを、祭司が平気で見過ごす。これには特別の理由があるに違いないとの解釈は、神に仕える者であっても自分の都合や事情を優先する何かがあるはずだ。無慈悲な祭司を擁護する裏には、当時の祭司や後世そして今日のキリスト教祭祀階級が世の苦難する人々に寄り添わない言い訳があるとも受け取れるのではないか。

　さて、ここに登場するのがサマリア人である。歴史的にはソロモン王の治世の後、ユダヤ国家は北イスラエル国と南ユダ国に二分された。北イスラエルはアッスリアによって陥落し、多くの民は捕囚の民となり、元の領土はアッスリアからの移住者によって、民族や宗教の混交が行われた。そのため民族や宗教の純血を求めるユダヤ人からは、差別と排除の対象になっていった人たちである。今日ではユダヤ教の一派として存続しているが、律法的には蔑みの対象となっている。北イスラエルの首都がサマリアであり、そのサマリア人が傷ついたユダヤ人を助け介抱し、宿屋に運んだのである。

　イエスは強盗に遭って瀕死の状態にある人の隣人とは誰かと律法学者に問う。彼はサマリア人であると答えた。律法的にはサマリア人を認めたくないに違いないが、そう回答せざるを得なかった。イエスは「行って、同じようにしなさい」と言われた。

後世、キリスト教博愛主義の根拠として知られ、アメリカでは「善きサマリア人法」が作られ、これは窮地の人を救った行為であればその結果については問われないという趣旨の法律である。人の善意を広く知らしめた物語である。これこそがキリスト教の神髄であるという人もいる。公民権運動の指導者であるキング牧師は、人種差別問題、つまり、瀕死の重傷を負っている黒人を見て一顧だにせずに通り過ぎる白人の姿をこの物語から読み取っている。

だが、これを一般的な理解である「慈悲と憐れみを必要とする者は、誰彼を問わずに助けよ」という愛の道徳訓として捉えるのは本筋ではない。それは慈悲的な行為による信仰義認（人のなす行為によって神から正しき者とされること）ではなく、自分の正しさを示そうとするユダヤ教律法主義への反論として捉えるべきものである。もちろん、「隣人とは誰か」と愛に値する人を捜し求め、選り好みの高慢に対して、愛の本質を示すこともある。人を助ける行為によって、人は神の義を得るのではない。人は神への真摯な信仰によって義とされる。

「善きサマリア人のたとえ」の物語の解釈は通常ここで終わる。ここから私はインクルーシブな聖書理解に入る。

インクルージョンは包み込みを示す用語である。この物語の中心から読み取るべきは二点である。一点目は、歴史的経緯から排除・差別の対象となっていたサマリア人である。そして、瀕死の状態のユダヤ人が運び込まれた宿屋である。

人種や宗教の純血主義であるユダヤ人たちから蔑まれていたサマリア人が住む土地は、ユダヤ人がその地を踏まないようにわざわざ何日も余分な日数をかけて迂回した土地である。それほど嫌われていたサマリア人が慈悲の心と物質的支援を差し出す愛の行為を示したのは何故か。日頃自分たちに向けられていた差別や排除からすれば、まさしく敵を愛した行為である。イエスの説く「汝の敵を愛せよ」を実践したのがこのサマリア人であった。イエスが示したのは、神の民イスラエルではなく、不浄の民サマリア人が行った愛の行為である。神の律法は、人の思いを超えて人を突き動かす。この世がどれほど悪意と罪にまみれようとも、神の律法は人の世界に垂直に切りこんで来る。さらに、このようなサマリア人の存在が、広く知られるようになることによって、人々の胸の奥底に固まっている差別や排除の思いを解きほぐすことになる。この物語は、インクルージョンのあり方を示すものではないのか。

二点目は、瀕死のユダヤ人が運び込まれた「宿屋」である。「宿屋」とは何か。善きサマリア人のたとえに出てくる宿屋とは、傷つき半ば死んだような状態に置かれた人を受け入れ、包み込んで介抱し、再び命を取り戻させるところである。それは端的に教会を指しているのではないのか。傷つき倒れ、半死半生にある者を手厚く介護し、立ち上がらせ、再び世に送り出すところ、それが教会である。この物語が示している宿屋こそ、教会のあるべき姿なのだ。教会はこの世で傷つき倒れ、生きる希望を失った子羊を迎え入れるところなのである。教会は究極の避難場所なのだ。

宿屋としての教会、それは長く路上生活者支援に取り組んだ桜本教会の目指してきたものである。

教会を広く貧しい人々に開放し、受け入れ、共に生きるインクルーシブ教会として目指したのが桜本教会である。路上生活者、障害者、外国人など貧しく苦しむ人々と助け合って生きる教会である。

世にあるキリスト教会は、傷つき倒れているすべての人に開放されている。受け入れ包み込む教会、すなわちインクルーシブ・チャーチの姿こそ、善きサマリア人のたとえに示されるものではないのか。仕える者になることに徹底しているかが問われている。

インクルージョンの視点から聖書を読むことで、通常の聖書解釈とは異なったものが見えてくる。むしろこのような視点がなかったことが、キリスト教界の犯してきた「いと小さな者」の排除に繋がってきたのではないのかと思われる。

第七章
宗教の復興への展望

1　宗教的観念論からの脱却

カール・マルクスは、二十五歳の時に書いた論文『ヘーゲル法哲学批判序説』（一八四三年）でこう語っている。

「宗教は抑圧されし生き物のため息であり、心無き世界での心であり、魂無き状況での魂である。つまり、宗教は大衆のアヘンである」と。（注1）これを正確に訳せば次の通りである。

「宗教的苦しみは同時に現実の苦しみの表現であり、現実の苦しみへの抵抗でもある。宗教は抑圧されし生き物のため息であり、心無き世界での心であり、魂無き状況での魂である。宗教は大衆のアヘンである。宗教を幻想の人々の幸福であると廃止する事は、彼らの真の幸福を求める事である。彼らに彼らの状況についての幻想を諦めるように求める事は、幻想が必要な状況を諦める・なくすことと同じである。故に宗教への批判は宗教が救いである苦しみに満ちた現世への批判の萌芽である」。

マルクスがアヘンを単純に毒薬と理解していないことは、宗教によって不幸に抗議していると書いていることからも明らかである。「宗教はアヘンである」との言葉が一人歩きして、社会主義や共産主義が宗教を認めないというような言説を形成してきたのではないのか。暴力革命による一党独裁制度の理論構築をしたと考えられているマルクスは、後のマルクス主義者とは全く異なるという意見も多い。

マルクスの最初の論文「職業の選択における青年の考慮」は、彼が十七歳の頃書かれたものであるが、そこでは人間は自分の運命を自ら作り出し、自分の生涯の仕事を自分自身で選ぶ可能性や必然性を持っていて、それは自己一人の私的な生活手段の獲得ではなく、全人類の幸福と人間の諸能力の発展、完成をするためのものであると述べている。マルクスの少年時代に書いた論文には、彼の生涯を貫く精神が示されている。それは、「ヒューマニズム」の一言に尽きる。

彼は学生時代の学位論文の中で、ギリシャ哲学者のデモクリトスとエピクロスを対比させて、エピクロスの人間の自由と主体的人間の確立に共感している。ここにはフランス自由主義思想が若きマルクスに与えた影響を見ることができるが、「自由と主体性」という人間の理想を掲げるマルクスのヒューマニズムもまた見ることができる。（注2）

マルクスは革命の理論家ではない。若い頃に書かれた論文からは、彼が人の苦しみを自分のことのように受け止める豊かな人間性に満ちた人物であることが分かる。少年時代から既に彼の魂の底には、その身を弱き者虐げられる者の立場に置き、彼らと共に生きよう、そしてそのためには如何なる迫害如何なる苦難にも耐えて、どこまでも力強く戦い抜いてゆこうとする不屈の精神が根強く息づいていた。この不屈の精神が、農民や労働者という明らかな現実的対象を持って現れた。

何よりマルクス自身は貧乏であった。彼は目の前に困っている人を見ると黙って見過ごすことができなかった。また彼は目の前でいじめられている人がいると助けようという気持ちが先行し、そのため失敗することもしばしばであったという。

マルクスは理論的にも性格的にもヒューマニストであり、彼を理解する上でこの点を掴むことなしには、マルクスを理解したことにはならない。（注3）

ヴェイユは、マルクスの「宗教はアヘンである」の言葉を受けてこう述べている。

「マルクスが宗教に与えた民衆のアヘンという言葉は、宗教が自ら裏切っているあいだは適当なものだったかも知れない。（中略）民衆のアヘンは、宗教ではなくて、革命である。（中略）革命の希望はつねに麻薬なのだ」と。（注4）

宗教はアヘンなのか。マルクスもヴェイユも、宗教が民衆に寄り添うどころか、人々を裏切り、苦しみと抑圧を与えているその点では、アヘンであると説く。宗教は常にあの世、彼岸について語る。現世は苦しみだけが支配するところであることから、抜け道を用意した。あの世には極楽や天国が待っている、そのように語り、現実の世界の苦しみを遠ざけ、今ある苦しみの原因となっている社会の問題に目を閉ざすように導いた。宗教者である私もまた、宗教が世の中の矛盾を乗り越えさせる力や考えを奪っていると考える。その限りにおいて宗教はアヘンであると言える。

仏教の教義では「諦める」ことは「明らかにすること」という意味である。「生」を諦める、「死」を諦めることは、生とは何か、死とは何かを明らかにすることと説いている。「生」や「死」の本質を明らかにして生きることだと言う。だから「生」や「死」にいつまでも固執することなかれと教える。だが、凡夫であり罪人である我が身は、「生」にしがみつき、「死」を畏れて生きている。仏教の神髄である「諦め」には、その様に現世にしがみついている者に、その苦しみは死んで極楽成仏で解決されると教えている。その結果、この世を諦めることが、この世の矛盾によって生まれた苦しみを解決することへの追求を遮断させることとなる。それは時の権力者、支配者の思うつぼではなかったのか。

曹洞宗の僧侶一戸彰晃は、それを「仏教的観念論」と呼び、それがどれだけ社会を蝕《むしば》んできたかを語っている。彼は冤罪「狭山事件」の被告石川一雄《いしかわかずお》さんを支えようと決心して立ち上がった。当然そこには部落差別を助長してきた曹洞宗への自己批判がある。

「人間の欲は尽きない。心の持ちようだ。人間の社会から、苦しみが無くなることはない。幸せになるには、全てを受け容れるように、心をコントロールすることだ」と、阿Qのごとき「ウソ」から、私はようやく目覚めることができましたと語る一戸。（一戸、十七頁）

信仰は心の問題であり、社会的な問題とは無関係と説く宗教者は多い。仏教者だけでなくキリスト者も少なくない。だが、そのようにして戦争に荷担し、苦しむ者を追い詰めてきたのは宗教者である。

悪業の報いによって子孫に障害者が生まれるという虚言は、因果応報の理から生まれたものなのか。ブッダが本当にそう語ったのか。この因果応報の理の解釈によってどれだけの人たちが苦しんできたことか、仏教界は知らなければならない。当然社会に対して、誤った解釈であることを公言しなければならない。そうでなければ、仏教は民衆から捨てられるだけである。

さらに、因果応報の対象とさせられた障害者の人権無視、人間性の否定はどうあっても許されることではない。悪業の結果が障害者の誕生であれば、障害者は必然的に悪業と結びつけられ、「障害＝悪しきもの」ということになる。仏教者の中に障害とは何かを本気で考える者はいなかったのか。仏教とはそれほど人権意識のかけらもない宗教であったのか。

キリスト教界も同様である。私は若き日に他教会の牧師と障害者の洗礼について話したことがある。彼は言葉のない障害者には信仰は持てないと断言した。私は表出言語がないだけで言葉がないと理解することは間違いだと何度も主張した。私の教会では重い障害がある人でも、教会生活や礼拝も楽しんでいる。親が旅行で明日は教会は休みだと言っても、教会を選ぶ。この姿を見れば障害者に信仰はないなどと誰が言えるのか、と。だが、彼は聖書に書かれたことをくり返すばかりで、それはどうでも良いことだと切り捨てた。彼の教会の運営する保育園で育った青年を、当時保育士をしていた私の教会の信者が教会への道に導いたのだ。彼が過ごした保育園は、教会付属である。彼は障害の故に教会学校から排除されたのだった。もちろん彼の教会には障害者は一人もいない。信者の家庭には少なくない障害者がいるのに、教会の門は閉ざされている。後に、私と論争をしたその牧師は日本キリスト教協議会の総幹事として抜擢され、日本を代表する牧師となった。だが私には障害者を排除する牧師としての印象しか残っていない。

「観念論」とは、精神的なものが外界とは独立した地位を持つものであり、精神的なものが外界（物質的なもの）より優位に立つという考え方である。いわゆる人間の精神、認識能力が外界よりも重要とする考え方である。この考え方を一言で言えば、「存在するものは、人間の主観に対する客観としてのみ存在する」ということになる。観念論と対比されるのは唯物論であるが、外界（事物）を存在たらしめるものが人間の主観であるとの哲学は、ドイツ観念論として広く世界で知られてきたものである。

「観念論」は実際の存在を軽視し、人間の精神の高貴さを謳うものであるが、世に言う「頭でっかち」の俗称がある。あるいは行動を伴わない理想主義者とも。キリスト教界も、このキリスト教観念論に長く支配される状況が続いている。

既に述べてきた「障害者の洗礼問題」や「キリスト教社会派観念論」が、キリスト教観念論と捉えられるが、その原因は時代の価値観や時代の変化による解釈の更新を怠ったことにある。宗教の普遍性は、その教義の本質がいつの時代やどの社会でも通用することにある。だが、その時代からかけ離れたものは、その時代ごとに修正をしていくことが求められる。開祖の生存していた時代の価値観や考え方、精神的風土などの影響を受けて生まれたものであることを理解して、時代的状況の中で時代と社会に適応したい宗教に変わっていく必要があるのではないのか。

聖書の作られた時代の影響や制約があることを理解して、次の時代の者は進んでいくことが求められる。男性中心社会で書かれた経典や聖書が今の時代に通用するだろうか。その宗教の持つ普遍性を残しつつ、どう変えていくのかを探らなければならない。

二千年前にパウロが語ったものが、今の時代からは大きく外れていると気が付けば、修正するのは当然のことである。人権の尊重や人間の多様性という今日的課題を無視した経典理解、聖書理解は社会を混乱させるだけである。その修正は神や仏が認めないと言うのであろうか。どれ程現在的視点からズレていようと、経典や聖書の理解は普遍的なものなのであろうか。

障害者の洗礼問題だけでなく、聖書には他にも時代的制約を受けている文言は多くある。「人は皆、上に立つ権威に従うべきであります。神に由来しない権威はなく、今ある権威はすべて神によって立てられたものだからです」（ロマ書13章1節）。

このパウロの言葉をどう読み解くのか。既成秩序との関わり方をどうすべきかを問うに当たって、この聖書の句の持つ意味を巡っての激論が続く。かつての王権神授説の考えではなく、民主主義の時代にこの聖句の解釈はどうあるべきなのか。現代社会の基本的な考え方と聖句との整合性が求められるのはけだし当然である。

2 聖書・経典の理解と再解釈

㈠ 仏教経典の改竄《かいざん》

ここでは仏教が犯した経典の改竄について見ていこう。第二次世界大戦下の日本では、新たな「宗教団体法」の成立に向けた取り組みが各宗教団体ごとに行われた。

「宗教団体法」とは、一九三九年に公布されたものであるが、第三条に「教派、宗派または教団を設立せんとするときは（中略）主務大臣の認可を受くることを要す」とあり、国家が宗教団体の内部に介入し、すべてを国家権力の支配下に置くことを明示したものであった。

大日本帝国憲法の第二十八条で「日本臣民ハ安寧秩序ヲ妨ケス及臣民タルノ義務ニ背カサル限ニ於テ信教ノ自由ヲ有ス」と設けた「信教の自由」を、治安維持法に見られる「国体を変革する」の適用範囲を無限大に拡大することで、第二次世界大戦下に自由主義者や宗教者を弾圧していくが、その基本には「天皇は神聖にして侵すべからず」の天皇の現人神理念があった。

日中戦争の激化、長期化、日米関係が悪化していく中で、軍部や官僚や政治家の決めた戦時体制に国民を結集、奉仕させていくための大政翼賛《たいせいよくさん》組織が求められた。宗教も国策に従い、挙国一致、尽忠報国の精神をもって、軍国主義に邁進する天皇制国家への奉仕と服従を信徒に促す目的があった。

こうした中で、曹洞宗の事例を検討してみたい。

曹洞宗の宗制は宗憲をはじめとする規則・規定が定められている。この制定・改廃に当たるのは宗派の決定機関、曹洞宗の場合は曹洞宗宗議会である。宗議会の議決を経ない宗制宗規は原則として発布施行できないことになっている。だが、この基本原則を踏襲せずに、つまり超法規的に認可施行された異例の宗制が存在する。

近代日本で宗教団体の法律的な地位を認めた最初の法律が、上述の「宗教団体法」である。この法律に従うために、各宗教団体や宗派は、従前の宗制宗規の条文を変更することを強いられた。しかし、曹洞宗は一九四一年の提出期限までにまとまらず、ついに宗議会では制定が叶わずとして主管官庁である文部省に相談した結果、新制度が認可された。一宗の根本法規を大政翼賛体制に位置づけ、国家的な要請に即応できる教団構想を整備したのである。

そこで登場したのが「修証義《しゅうしょうぎ》」である。「曹洞教会修証義」とは、近代曹洞宗教団公認の「宗教の大意」「安心正依《しょうえ》の標準」「布教の標準」とされてきた経典である。曹洞宗教団の制度史上、「修証義」が教団の「宗典」として、さらには戦時体制維持の目的で明文化されたのは、「宗教団体法」準拠の一九四一年制定の「曹洞宗宗制」によってである。

「修証義」は編纂当初から、近代天皇制を基盤とする「国民道徳」普及という負荷を担ってきた経緯がある。この条文では、これ以前の宗制にはなかった、「四恩報答《しおんほうとう》」「国家報効《こっかほうこう》」などの戦時目的の言説が明言されている。また、その具体的な実践徳目として「懺悔滅罪《さんげめつざい》、受戒入位《じゅかいにゅうい》、発願利生《ほつがんりしょう》、行《ぎょう》持報恩《じほうおん》」の四大綱領が挙げられている。教団公認の「修証義」の解釈によれば、四大綱領（本来は四大原則）は、「本証妙修」「修証不二」の根本理念を具現化する実践徳目とされている。開戦直前の一九四一年四月、教団の制度上において、「修証義」の理念と綱領を「戦時教学」のベースとすることが宣言されたわけである。

教団が「修証義」の理念と綱領を、「戦時教学」として戦時目的に利用すると定めたものの、その実際の展開は必ずしも「宗制」の条文どおりではなかった。

例えば、大森禅戒《おおもりぜんかい》（当時）管長は前述の「宗制」以前であるが、「曹洞宗報」の巻頭言「大政翼賛と大乗精神」において、聖徳太子の十七条憲法の第三条「承詔必謹」を基準として、「滅私奉公」「自己を忘るる」等の「尽忠報国」の臣道の実践を賞賛した。大森は「修証義」の四大綱領を四摂法に凝縮させて戦時体制の指導精神としたのである。

開戦前の教団の「戦時教学」として最も体系的なテーゼは、「曹洞宗興亜教学布教綱領畧解」に見られる。綱領は五箇条より成るが、「修証義」に関連する箇所は第二条であり、その「畧解」には「妙修」大死一番、「本証」を大活現成に配当する。ここにおいて、「戦時教学」としての「修証義」は、教学の用語によって語られるのではなく、終始「臣道実践」や「皇運扶翼」などの翼賛スローガンによって叫ばれることになった。

一九四一年九月、戦局悪化に伴い、教団は「曹洞宗戦力増強教化態勢図解」を発表した。その中で戦時目的を達成するために、三綱領、五要項、五信条、それを生活上で徹底浸透させるために、三修行が置かれた。この三修行は「興聖護国」という「日本曹洞宗開創の精神」に直結しなければならないと説くものであった。

「曹洞宗戦力増強教化態勢図解」は、曹洞宗が到達した「戦時教学」理念の一つの典型であり、その中には「本証妙修」「行持報恩」などの「修証義」の理念や綱領が散見されるとは言え、もはや「修証義」自体からも逸脱した意味不明の「戦力増強」「興聖護国」スローガンとなっている。（注5）

「宗典」とは一宗の根本教義・信条を述べた宗籍であり、一宗の拠り所となる経典を指すものである。曹洞宗の「修証義」は、一八九〇年に開祖道元の「正法眼蔵」から言語を選び、新たにまとめたものである。

いやしくも開祖・道元の教えを、戦争協力のために時の権力者に言われるがままに改竄したことは、宗教者の信心や良心に照らして通用することなのか。むしろ教義の教えとして時の権力者も、また天皇に対しても異論を述べる覚悟があってしかるべきではないのか。

また曹洞宗にとって「修証義」はそれほど軽い教えであったことを世に示したことになる。天皇にいとも簡単に膝を屈し、時流に乗って戦争協力の道を進むことが開祖の思いであったのかをどうして考えなかったのか。

第四章で触れた内山愚童、植木徹誠、柳田聖山らのように、戦時中にどのような弾圧を受けても、信念を変えることのなかった仏教僧はいる。彼らは戦後になって一様に名誉回復を果たしたが、経典を変えてまでも自らの保身のために権力者に媚びを売った者たちへの断罪は為されていない。そしてそのことは不問のままに現在に至っている。そのことが仏教の衰退を招いているとは考えないのであろうか。

宗教の根本の教えをねじ曲げてでも守りたかったものは何か。それが保身のためだけであれば、宗教者とは一体何なのかが問われることになる。

(二) 聖書の現代的理解(聖書の差別文言の修正)

一九九七年四月、聖書協会は「らい病」を差別用語として使用することを止め、「重い皮膚病」と表現するようになった。背景には、一九九六年「らい予防法」という法律の廃止がある。長い間、「らい病」患者に対する不当で激しい差別があり、隔離政策など、国を挙げての差別が行なわれてきたからである。

『ハンセン病とキリスト教』(岩波書店、一九九六年)を著した荒井英子によると、ハンセン病に対する差別を行ってきたのは、他でもないキリスト者でありキリスト教団体であったという。同書の要旨は以下の通りである。

そもそも『救癩』という言葉には、『救う者』と『救われる者』、『与える者』と『与えられる者』といった、上下・貴賎・浄不浄関係が発想の前提としてある。ことにキリスト教『救癩』史は、これまで『救う側』の視点で取り上げられることが多く、逆に『救われる側』であったハンセン病患者たちにとって、『救癩』とは何であったのか、『救癩』事業に関わった人々はどう映っていたのかは、必ずしも明らかにされてはいない。このことは、『らい予防法』が関係者の深い反省のもとに廃止されたこの節目の年に当たっても、一部のキリスト者医師を除き、明治以来『救癩』を看板にしてきたキリスト教団体あるいは個人からは、この問題に関して何らの発言も見られないことも関連している。

医療・施設関係者らが率直に自己批判して述べた言葉、『肉親を引き裂かれた人の悲痛な叫び』、『らいの恐怖心をあおるのを先行させてしまった取り返しのつかない重大な誤り』、『長年にわたるらいを病んだ人と人とその家族が受けたきた不当な差別による苦難の歴史』に対して、キリスト教はそれとは無縁であったかのごとき態度である。

戦後、患者における人権奪還の闘いが、一九五三年の『らい予防法闘争』において頂点に達した時も、キリスト教『救癩』団体からは何の発言もなかった。さらに、一九五六年、ローマで開催された『らい患者の救済と社会復帰のための国際会議』で、わが国の人権を無視した隔離政策が各国の厳しい非難攻撃を受け、また、ハンセン病患者とその配偶者に対する断種および妊娠中絶の強行についても非難が集中したと報ぜられた時も、反応は同様であった。しかし、近代日本のハンセン病政策の中で、すべての患者の隔離が『祖国浄化・民族浄化』の旗印のもとに強力に推し進められていった時、強制隔離の世論形成とともに、『無癩県運動』を率先して担い、国策を他に先駆けて積極的に推進したのは、他ならぬキリスト教の『救癩』事業家、医師、聖職者たちであった。この歴史はどのようにどのように総括されるのか。

多摩全生園入園者松本馨はかつて荒井に、隔離・断種政策生みの親光田健輔を、『救癩の父』に祭り上げたのは、キリスト教の責任であると言い切ったが、日本のキリスト者は何故患者の人権蹂躙に加担した歴史を自覚しない、あるいは出来ないのか。キリスト教は元来、心の救済とともに人権の回復をもその視野に入れていたはずである。しかし、近代日本のキリスト教『救癩』史を見る限り、信仰と人権とは完全に乖離し、ヒューマニズムの美名のもとハンセン病患者の人権は全く顧みられることはなかった。魂の救いと人間の解放の両面を持つキリスト教が、なぜ人権に無感覚に、このような事業を信仰的動機を持って行い得たのか。実にこのような『信仰と人権の二元論』こそ、近代キリスト教「救癩」史の根本的問題といわなければならない。（注6）

荒井はキリスト教のヒューマニズムや博愛主義の美名のもとで行われてきた「日本の救癩」事業は、患者の人権を奪い、与える者の傲慢さに満ちたものであったと指摘する。

特に、明治以降の救癩事業は、天皇による慈恵政策によるものであり、とりわけ皇后が果たした役割の大きさに注目する必要がある。「救癩」は女性の銃後動員を図る上で極めて効果的であった。銃後報国を第一義とした戦時期のキリスト教が、「民族浄化＝救癩」活動に何の疑問もなく取り組めたことを指摘し、人権を「救癩」事業から切り離した信仰者の偽善ではないかという。

同時に、キリスト教の「らい病」理解として、聖書の時代から一貫して「らい病人」は「罪人」であることを示してきたことを上げる。多くのキリスト教指導者たちが、らい病を罪に対する神の罰として理解し、指摘してきた。そこにはらい病患者の人権への意識は全くない。「らいに罹った患者」としてしか相手を見ないことは、独りの人間として受け止めることとは違う。「らい病人」の生きる希望は、キリスト教信仰と皇室の「御仁慈」であるとした当時のキリスト者に対する批判がそこにはある。

無教会の指導者塚本虎二《つかもととらじ》は、人間の根源的な罪深さ、救いようのなさを語るのに、あらん限りのハンセン病の症状を挙げて、「腐爛し果てたる道徳的癩病人」の「絶望的症状」を説明する。彼はこのような「浅ましき姿」をもって、「自分が罪人の首であることを知り、ただ神にのみ絶対に自分を任せるときに、すべては始まる」と説いている。

さらに、同じく無教会の矢内原忠雄は戦時中に豊かな人権感覚、信仰の原点を示した人物として知られているが、皇室の慈恵政策には全く無批判に賛同して、皇室の「御仁慈」のキリスト教的解釈すら試みている。このような「信仰と人権の二元論」が見られ、結局ハンセン病の人たちへの差別を推進してきたことが見て取れる。

以上が、荒井のキリスト教批判の要点である。

聖書は長きにわたって「癩病」の用語を使用してきた。「癩病」を差別用語として使用禁止した時に、私たちの教会はその用語が使われている聖書を廃棄した。聖書協会による新たな用語は「重い皮膚病に冒された人」となった。元々、「重い皮膚病」と訳されているものは、ヘブライ語では「ツァーラート」、ギリシャ語では「レプラ」でありかつては「癩病」と翻訳されていた。一九九六年に「らい予防法」が撤廃されたのを受けて、聖書の文言も「重い皮膚病」に書き換えられた。ヘブライ語の「ツァーラート」は特定の病気というよりも、むしろ宗教的祭儀的な「穢れ」の観念に基づく皮膚疾患の総称であった。衣服や家屋の「かび」「しみ」もその名称で呼ばれていた。しかも、ハンセン病がパレスチナに入ってきたのは、紀元前四世紀のことであり、考古学的には「ツァーラート」はハンセン病と同一ではない。ギリシャ語の「レプラ」も基本的に「ツァーラート」に対応するものであり、ハンセン病と特定するものではない。学者の中でハンセン病に関わる差別的事象からの脱却のため名称変更したことに違和感を覚える者は少なくない。「重い皮膚病」では、本来の「宗教的な穢れ」の意味が見えてこないからである。（注7）

だが、聖書の表記が差別を肯定するどころか、新たな差別を生む状況を鑑みて、聖書は古くからの表現を変えた。それは差別に荷担してきた教団の重い責任を受け止めた選択であった。現在の社会通念や人権尊重、人間の多様性の肯定などの状況を見据えた変更は、聖書といえども不可侵の分野ではない。社会は変化する。それに合わせて宗教もまた変化するべきなのだ。

日本のキリスト教は、様々な間違いを犯してきた。それは人権侵害といわれるような差別事象を生み出してきた。再三述べてきたように、日本の教会における障害者排除や障害者の洗礼拒否は、障害者も神の救いに与るものであるという認識に欠けたものであり、日本のキリスト教会が長年にわたって行ってきた人権差別である。

聖書に書かれていることが絶対に正しいことではない。我々は、人権尊重の理念、人間の肯定、人間の多様性の認識という新たな時代の理念を学ばなければならない。

3　宗教が提示する共生社会への道

㈠　仏教と社会福祉

社会福祉とは、二〇一五年日本学術会議社会学委員会社会福祉分野の検討委員会で次のように定義づけられた。「人々が抱える様々な生活課題の中で社会的支援が必要な問題を対象とし、その問題の解決に向けた社会資源の確保、具体的に改善計画や運営組織などの方策や、その意味づけを含んだ『社会福祉政策』と、問題を抱えた個人や家族への個別具体的な働きかけや、地域や社会への開発的な働きかけを行う『社会福祉実践』によって構成される総体である」と。（報告　大学教育の分野別質保証のための教育課程編成上の参照基準　社会福祉分野、二〇一五年）

社会福祉実践、ソーシャルワークは、個人や家族の生活、またそれらを含む環境との接点に起こる課題に介入するものであり、高齢者福祉、障害者福祉、子ども家庭福祉、公的扶助、地域福祉などのすべての分野にわたるものである。

なお、「福祉」という漢字の語源を辿れば、「福」は「神に捧げる酒壺」に由来し、「祉」は、神が止まるところにある幸せを意味する。

社会福祉で用いられる「共生」は深く仏教の教義と関係している。仏教用語の「一切衆生悉有仏性」はすべての存在はことごとく仏性を有しているの意であり、ソーシャル・インクルージョン（社会的包括）に繋がる思想を有している。「共生」も「ともいき・ぐしょう」は、「歎異抄」の「悪人正機《あくにんしょうき》」にも繋がるとされている。親鸞によって体系化された「悪人正機」は、最も弱き者、悪人こそが救われるという思想に至るが、この浄土教体系は、このような人間観、世界観を具備した思想体系・実践体系として、社会福祉と緊密な関係を持っている。そもそも仏教は、人間救済、援助の思想が根底にあり、近代社会が生み出した社会福祉とは極めて近い位置にある。

仏教でいう共生（ともいき）とは、縁起思想によって自他の関係を表わす概念であり、人間が構成する社会のあり方や人の生き方を示す概念と考えられる。縁起とは、物事はそれ自体として存在しているのではなく、種々の因縁（縁）が相互に関連することによってのみ存在するという考え方である。仏教の視点から「共生」を語れば、例えば、「貧困」問題に対しては、「縁起思想に基づいて現実社会のすべての存在が、性別、職業、貴賤、貧富などの別によらず、共に協同して相互に補完しつつ共に生きること」だと言われる。

この背景には、「自他不二《じたふに》」の思想がある。「自他不二」とは、自己と他者とは一体であることを示すものであり、自己も他人も関係の中の存在であり、自己を愛することは、他人と不可分の関係にある自己、すなわち他者を愛することに繋がっていると考えられる。自と他は本質的に分けられないといういわば「無の哲学」の思想背景に通ずるものである。そこから、自も他も一体として活かされている感覚が生まれる。共生は、「活かされている」の感覚から生じ、活かされている命を他者のために使うという「利他共栄」の思想に繋がり、社会福祉の理念を形成している。

このような仏教思想の根底にある「利他共栄」の思想は、西洋のキリスト教とは大きな違いがある。西洋哲学の中核にある「私」という「個」の存在は、デカルト哲学の中心命題である「神の前の個人」を出発点としているが、そもそも自他一体という哲学とは正反対である。

また、仏教の「慈悲」の「慈」とはサンスクリット語で「呻き声」だという。他者が苦しみの中で漏らす呻き声に、自分の胸も痛んで呻く苦しみの共有、悲しみへの同感を指すのである。仏教の人間観とは一言で言えば、「不合理で意のままにならない存在」ということになる。この苦しみ、悲しみからの救いが仏教の宗教的意義なのである。(注8)

さて、このように仏教思想と社会福祉とは根底で深く繋がるものがある。ただ、問われるのは、今までの仏教がそのような人間の救済に向けて現実に果たしてきた役割とは何であったのか、である。仏教思想は社会福祉の哲学に近いものがあり、共生社会やインクルージョンとも近似のものを含んでいるという。それならば、第二章で言及したような数々の過去の差別事象や排除事象をどう説明するのであろうか。

もちろん、いずれにも反対し正論で戦った仏教者もいたであろう。だが、社会は仏教界全体を差別と排除に荷担した宗教と見ている。それが今日の衰退の要因の一つであろう。

しかし、東日本大震災を境に仏教界は大きく変わろうとしている。かつての信者だけに開かれて、一般人には閉じられたお寺が、すべての人に対して「開かれたお寺」を目指し、公共性や公益性を念頭にした取り組みをいくつか紹介する。

・おてらおやつクラブ

お寺は檀信徒の地域の人々からたくさんの食べ物を仏様へのお供え物としていただく。この仏様へのお供え物を生活に困窮する人々にお裾分けできないか。その発想が活動に定着した。貧困に苦しむ人々の支援に当たっている。

・お寺で子育て支援

かつて、地域社会や家庭教育をもって伝えられた宗教心や信仰心が、時代の変化と共に継承されにくくなったことに危機感を覚えて始まったのが、「おてつぎ運動」である。寺から離れた若者の宗教心を取り戻そうとする取り組みである。

京都市内の「サラナ親子教室」は地域生活の中にお寺を位置づけようとする住職の妻が開いたもので、お寺での子育て支援の草分けである。「サラナ」とは古代インドのパーリ語で、「安らぎの場所」を意味している。この事業の目的は、母親の悩みやストレスを軽減する場を提供すること、親子の心の絆を確かにして子どもたちの安心感を高め、子育てに親子の人間関係を超えた仏様の眼差しを取り戻すことであるという。

・グリーフケア（説く仏教からから聴く仏教へ）

「グリーフケア」とは、「悲嘆のケア」と訳され、私たちが大切な人や物を喪失した時の情動や不都合に対するケア・サポート全般を指している。ここには死別だけでなく、離別、離婚、人間関係の破綻、災害による大切な物の喪失なども含まれる。日本では一般的にグリーフケアとは、死別による悲しみのケアと考えられ、従来はキリスト教の聖職者が担ってきていた。

ある意味で「葬式仏教」と揶揄されてきた日本の仏教は、本来であればグリーフケアの最前線にいたはずである。それが生前から必要とされてこなかったことは、本末転倒である。それは本来の仏教ではない。葬儀儀礼に終始して、亡くなった人の思い、残された者の気持ちに添えることが希薄であったとすれば、再度グリーフケアの重要性を認識する必要があるとして活動している。

従来の葬式仏教からの脱却を図り、社会の中で苦しむ人々と共に生きるお寺の姿が見える。だが、それは非常に小さな点でしかない。地域社会の福祉活動を担うのは、圧倒的にキリスト教会が多いからだ。ホームレスの支援活動も、「ホームレス支援全国ネットワーク」には、全国に九十五の団体・個人が登録されているが、大半がキリスト教会である。私が聞く限りお寺が独自でホームレス支援活動を行なっているところはない。

だが、東日本大震災を契機に仏教はお寺を地域に開き、苦しむ者、貧しい人たちを迎え入れる活動に取り組み始めている。やがて、ホームレス支援活動を行うお寺も登場するであろう。もちろん、宗派によっても事情がある。社会福祉活動の中心は浄土宗であると言われる。それにはどのような理由があるのかは分からないが、少なくとも「みんなで念仏を唱える」お寺と、壁に向かって座禅を組んで個人の悟りを求める禅宗の違いはあるのだろう。

いずれにしても、仏教は変わりつつある。目の前には「宗教なき時代」がある。本当に宗教はなくなってしまうのか、なくなっても良いものなのか。それに対する抵抗なのだ。（注9）

(二)　キリスト教と社会福祉

キリスト教の中心課題は、福音宣教と奉仕活動である。この二つの使命はキリスト教を世界宗教に押し上げた原動力である。

キリスト教以前のユダヤ人社会では、生産手段を持たないやもめや孤児の世話を、地域の共同体が担っていた。「申命記」には、三年ごとに収穫の十分の一を蓄えて、寄留者、やもめ、孤児等の貧しい人々のために用いることが律法によって厳格に規定されていた。初代キリスト教会もまた、貧しい人々への支援を実践していた。その実践を担った人々は、奉仕者「ディアコノス」と呼ばれ、公平さを具えた責任ある立場の人々が選ばれた。こうしたシステムがその後の教会の奉仕活動に大きな影響を与えていく。奉仕者とは、今日でいう「福祉の専門職」である。彼らは神の前で奉仕を実践するだけでなく、宣教に従事として民衆の前で証《あかし》をするなどの活動にも取り組んでいた。だが、年代を経ると共に、本来は相互に重なり合い、内包し合っていた二つの要素が二元化されていくことになる。

初代キリスト教会は、ローマ帝国全盛の時代にあって終末思想に根ざした教義と他者への奉仕活動によって、多くの信徒を獲得しやがて世界宗教へと発展していく。言葉による宣教だけでなく、貧しい人々の間に入っての食事の提供や介護などの福祉活動が、人々を呼び寄せ、多くの信徒を得ることに繋がったのである。

新約聖書の中で、キリストは自ら僕の姿を現している。

キリストは神の身分でありながら、神と等しい者であることに固執しようとは思わず、かえって自分を無にして僕の身分になり、人間と同じ者になられました。人間の姿で現われ、へりくだって死に至るまで、それも十字架の死に至るまで従順でした。

（フィリピ書2章6〜8節）

あなたがたの中で偉くなりたいと思うものは、皆に仕える者〈ディアコノス〉になり、一番上になりたい者は、すべての人の僕〈ドゥロス〉になりなさい。

（マルコ伝10章43〜44節）

このキリストの言葉によって弟子たちは、仕える者、僕になるという教えが強調されるようになった。「仕える」〈ディァコネイン〉は、特に給仕をすることを意味し、それは卑しい仕事を指しており、奴隷のする仕事であった。

このように、キリスト教はその出発点において、「神の僕」を念頭に置いた活動に取り組んでいた。

それは今日の福祉活動の原点である餓えた者、避難民、生活困窮者、病人、障害者、差別されている人々等、多岐にわたって支援を必要とする者を対象とした活動であった。また、疫病などの災害時には、宗教や民族を問わず苦しむ人々を支援したことにより、疫病が蔓延した時代には最も信徒が増大したと言われている。

欧米では、現代においても社会福祉政策や思想の発展に、キリスト教が大きな影響を与えてきた。社会の片隅に追いやられている者、貧しい者、迫害されている者など、「いと小さき人々」を敬い、彼らに対して奉仕することがキリスト者の義務であり、これらは一貫して継承され実践されている。日本におけるキリスト教会の福祉活動の取り組みも、明治初頭に見られたキリスト教隣人愛に基づく奉仕活動によって、日本の国に社会福祉活動の理念と実践の種を蒔き、結実していった。

私の教会の女性信徒二名はキリスト教主義の大学で社会福祉を学びその職に就いた。彼女たちは福祉はハードな仕事と知りながらその道を選んだ。「人に仕える者」がキリスト者の生き方であることを胸に、福祉の職業生活を全うした。当然職場には想像を超える困難さがある。それを乗り越えられるのは、神から与えられた職業、すなわち天職との意識があるからである。天職であれば、どんなに辛い労働環境であろうとも苦にならない。それを耐えさせてくれる神様がいるという信仰があるからだ。

だが、社会全体が一部の信仰者によって支えられる福祉活動から、国の福祉政策に変わってきたことによって、信仰に基づく福祉活動はどのように変わっていったのであろうか。

ミッションスクールではなく、一般の大学でも福祉職の育成を掲げるようになり、多くの福祉系の大学が誕生した。私が後に教員となった私立大学もその一つであるが、福祉職に就くための教育の希薄さを知らされた。福祉も教育も、その職業に就くための専門知識や技能だけを学ぶ内容になっている。だが、そもそも「人間とは何か」「福祉とは何か」「教育とは何か」が問われなければならない。それはキリスト教主義大学には、キリスト教概論の授業があり、入学者全員の必修授業となっている。それはキリスト教について基礎知識を与えるものだけでなく、人はどう生きるべきかを教えるものとなっていて、その授業を通じて、「福祉とは何か」「教育とは何か」を学ぶ。人間の生き方の背骨を学び取る授業である。もちろん、仏教系の大学では仏教思想に基づく人間観や福祉観を学ぶのであろう。いずれにせよ、人間の支援や教育をするに当たっては、哲学や思想がなければ、羅針盤のないままで大海に漂うことになる。

では、現在の福祉教育にそれは存在するのであろうか。福祉の現場で起こる様々な不祥事を見聞きする度に、背骨のない人間を育成する安直な教育を思わずにはいられない。私が教員を務めた福祉系の大学でも、福祉の職に就く学生たちに最も必要なものが与えられていないことを日頃感じていた。例えば、津久井やまゆり園事件で多くの障害者が死傷した事件では、私は大学として事件に対する声明を出すべきと強く主張して声明文を作成したが、残念ながら見送られた。大学は社会に意見表明をする立場にはなく、学生の教育に力を注ぐべきであるとの意見が強かったのだ。障害者差別に対する大学の見解を述べることは、大学がどのような基本姿勢・哲学を持つかを知らしめることになる。この大学では、車椅子の学生を入学させたが、入学時に一筆を取った。何か事故があっても大学は責任を取らないとの趣旨である。私は県立高校で起こった車椅子の生徒の入学に際して、同様の一筆を取ったことによって様々な団体やマスコミにたたかれて撤回し、謝罪したことを教授会で報告し、学生の人権尊重は最高学府では最低限の義務であることを説いた。高校での出来事はもう三十年も前のことになる。

どこに価値を置いて生きるかという人の生き方や、何に最も高い価値を置いた基本方針なのか、いずれも確固たる背骨を持った人材や組織を作らないものは、いずれ淘汰されていく。日本の福祉教育はこれからどうなっていくのだろうか。

宗教と社会福祉という観点で言えば、キリスト教は宣教と社会福祉が一体化した取り組みをしていたが、時代と共に二元化した活動になっていった。現在では、同じ福祉活動、とりわけホームレス支援活動と言っても、社会運動型の活動と、宣教目的の活動に分かれる。前者は労働運動と連携した社会運動としての活動であり、宣教とは切り離し、「人を人として」をモットーにする社会活動である。日雇い労働者や野宿者に寄り添い連帯することを目的としている。ここには宣教の要素、礼拝や祈り、洗礼などの宗教的行事は出てこない。大阪の釜ヶ崎や横浜の寿町で行なわれている取り組みである。

一方で、私が実践してきた川崎・桜本教会ではホームレスや障害者等様々な苦しみを負う人々を教会に迎え入れ、みんなで支え合う共同体の教会として、言わばインクルーシブ・チャーチになることを目指してきた。神の前で共に生きることは、食事も礼拝も一緒にすることである。当然洗礼を受けてキリスト者になること、すなわち宣教が教会の方針にある。実際に約三十年間で四十八名のホームレスがキリストを信じ、洗礼を受けた。ここからはインクルーシブ・チャーチの基本理念である「共生の神学」の実践を紹介する。

(三)　共生の神学

《バルト神学における共生》

バルトの教会教義学の「人間性の根本形式」では、人間性について次のように述べられている。

①我々は人間性を人間存在の一つの規定された姿と呼ぶ。人間は彼が神から出で神に向かっており、この神の被造物として、神との契約の相手であるべく造られている間に存在する。

②我々は人間性を、人間が他人と共に存在することであると呼ぶ。こういう控え目な表現でもって、我々はイエスの人間性からそもそも一般の人間性を区別する。すべての人間の人間性には必然的に相互性が含まれる。それは丁度彼が隣人のためにいるように隣人は彼のためにいるという相互性である。イエスが他人のためにいますという「ために」を持つイエスの人間性の中では、問題にならない。

③我々は人間性を一人の人間がほかの一人の人間と共存することであると呼ぶ。人間性の根本形

式は、一人の人間が多くの人間と、あるいは多くの人間が多くの人間と一緒にいるところのものではない。一人の人間と一人の人間が一緒にいることである。（注10）

またバルトは、人間が共に存在することは出会いを意味しているという。我々の存在は、他人との出会いの中で存在として規定されている。この他人との出会いの重要性を語る。

「出会いの中での存在」とは、一人の者があるがままの他人をまともに見るところの存在であり、互いに親しく目と目を見合わせつつ可視的になるものであり、彼によって人間として見られていることを示している。この見ることは隣人として見ることであり、そうでない場合は非人間的となる。

「出会いの中での存在」とは、人が互いに語り合い、互いに相手のいうことを聞き合うことであり、私と汝が互いに語り、互いに聞くことであり、言葉による交わりがある。

「出会いの中での存在」とは、人が自分の存在の行動の中で、両方の側から互いに援助をなし合うということである。互いに他人のためにあるという関係である。

「出会いの中での存在」とは、お互いの働きかけを喜んで受けることである。

人間性の根本形式は、人が喜んで互いを見、喜んで互いに相手から見られる、喜んで互いに話し合し、喜んで互いに耳を傾け合う、喜んで互いに助け合い、助けを受け合うというしるしのもとに立っている。これが人間の根本形式の秘儀である。（注11）

バルトは人間存在を、他者と共にある者と規定し、人間の持つ「共生性」を強調する。それは人間が本来的に持っている「共生性」ではなく、神との関係性における「共生性」である。バルトはイエスの人間性を、徹底して他者のための存在と位置づけている。他者のための存在は、一般の人間における「他者のために何かをなす存在」とは決定的に異なっている。イエスの他者のための存在とは、他者のためにのみ存在するという人間性に示されているからである。一般の人間性における他者のための存在（隣人性）とは、同時に自己のための存在（利己性）との共存関係にある。イエスの他者のための存在とは同一に語れない。イエスの他者のための存在は、それ自体で絶対であり、それ以外にはあり得ないものである。このイエスの人間性は他者と共にあるものであり、このイエスの存在自体によって、我々の中の他者性が規定されている。

バルトはこのようにキリストの「他者のための存在」に規定されたキリスト者の隣人愛は、キリストに倣う者となる時には、そのようにしかなれない人間の本質であると言う。人間の罪の深さ、不信仰の業、愛の放棄にもかかわらず、人間の本性はキリストの他者のための存在の似像を示すという。

どうしてこのような者が、と自戒するより先に、「あなたを赦す神があなたの生き方を導く」という、神に向けられた生き方が出現する。

バルトの言葉は、人間が、そして社会が、また世界がどのように見えようとも、なおキリストにおける「他者存在」の本質を人間の本質としてくださる神の恵みを思い起こさせる。罪に落ちた人間を、なおキリストの憐れみによって引き上げてくださる神の愛を信じさせる。バルトのこのような解釈は、私たちに大きな希望と慰めを与える。私は共生社会が失われつつある現代社会において、バルト神学の示す中にこそ展望があるのではないかと考えている。

《ボンヘッファーにおける共生》

二十世紀を代表するキリスト教神学者の一人であるドイツの古プロイセン合同福音主義教会の牧師、ディートリヒ・ボンヘッファーは、処女作『聖徒の交わり』以来、一貫してキリストの体としてのキリスト者の共同体のあり方を探ってきた。彼はある地区の堅信礼志願者のグループを受け持ち、この少年たちの住む北ベルリンの貧民街に移り住み、彼らと共に生きる生活に入っていく。一九三一年のことである。このような体験がボンヘッファーの思想を深め、修道院的な共同生活を否定的に考えるプロテスタント教会に対して、信仰の個人主義や他者に対する責任を負う点に消極的なプロテスタント教会の弱点を指摘し、キリスト者の共に生きる生活を根底に神学を志向するようになる。

私自身は、プロテスタント的な信仰の個人主義こそがキリスト教会を弱体化し、教勢を削ぎ、教会の停滞を招いた要因と考えてきた。神の前に一人で立つことの意味と、教会の仲間が共に神の国を目指して支え合って生きる「共生の教会」「インクルーシブ教会」のあり方を模索してきた。そのような教会形成の大きな問いかけであるボンヘッファーの「共に生きる生活」には強い共感を抱く。

ボンヘッファーの共生とは、神によって召され、交わりに入れられたキリスト者の教会における共生のあり方を問うている。

今や、強さと弱さ、賢さと愚かさ、天分の有無、敬虔と不敬虔など、交わりの中での個々人の種々の相違は、もはや議論や非難や断罪の根拠、したがって自己義認の根拠とはならなくなり、むしろそのことがお互いの喜びと、お互いに仕えあうことへの誘因となるのである。ここでこそ、交わりに属する各メンバーは、おのおのの定まった場所を受けるのである。しかしそれは、最も効果的に自己主張のできる場所ではなく、最もよく奉仕することのできる場所である。（中略）キリスト者の交わりであるならすべて、弱い者が強い者を必要とするだけではなく、強い者もまた弱い者なしには存在しえないということを知らなければならない。弱い者を排除することは、その交わりの死である。（中略）奉仕とが、キリスト者の交わりを支配しなければならない。ひとたび生活の中で神の憐れみを経験した者は、その後の歩みにおいて、ただ仕えることだけを志すであろう。審判者の高慢な王座は、もはや彼を誘惑せず、彼は、みじめな者や取るに足りない者と共に、むしろ低きにつこうとする。なぜなら、その低いところにおいてこそ、神は彼を見出し給うからである。「高ぶった思いをいだかず、かえって低い者たちと交わるがよい（ローマ書12章16節）」。（注12）

ボンヘッファーは、キリスト教会においてこそ最も典型的な共生社会のあり方が示されているという。第二次世界大戦の終戦近くに、ヒトラーによって処刑されたボンヘッファーは、最後まで教会の中にこそ、共生の理想を見ようとした。
しかし、現在のキリスト教会には、共生の理想は実現されているだろうか。

《モルトマンにおける共生》

一九六四年に『希望の神学』を著したユルゲン・モルトマンは、キリスト教の終末論における希望を、垂直的方向で語られていた希望から、水平的・歴史的な方向での希望にすることを提唱する。この世の終末を神の国の出現として、神が垂直的にもたらすものと考えられていた従来の終末論を、変革者の神に従って約束、将来、希望をキリスト教の本質と捉えることによって、信仰を心の慰みごとに限定しない「革命の神学」を説いた。マルクス主義哲学者エルンスト・ブロッホの『希望の原理』の影響を受け、神学をキリスト教会に封じ込めようとするものではなく、むしろ社会科学や社会文化と対話が可能になるものと位置づけるのである。信仰を個人の実存の概念としていた従来の神学から、世界とどう関係していくのかについての視野を与える神学である。

モルトマンに従えば、教会は物質化社会や人間疎外、そして無宗教の時代の中で何をなすべきかを自己検証する時代に入っているという。教会が、「意味と慰めの孤島」になっていることを指摘し、個人の生きる意味とその慰めを与えてきた教会から、世界との関係性についてその回答を与える教会に転換しなければならないという。

モルトマンの希望の神学は、現代の、そしてこれからのキリスト教会の進むべき道を示している。

その道は地上を生きる他宗教や無宗教の人々との共生である。教会が世界に開かれているものとして、世界に責任や共生を担うものでなければならない。モルトマンは、ラテンアメリカの「解放の神学」の動向も視野に入れ、貧しい人々や苦しむ人々との共生を描き出している。カトリックからは、「マルクス神学」と蔑まれた「解放の神学」を高く評価している。だがモルトマンは「解放の神学」をそのまま肯定しているわけではない。それは貧しい人々や苦しむ人々の抑圧からの解放を目指すことと、その人々へのキリスト教宣教の目的がどこで一致するのかが明確でないからである。抑圧からの解放が最終目的であれば、人間疎外や生産手段の独占に対する社会的政治的闘争であるマルクス主義とどう違うのか。「解放の神学」は、キリスト教宣教を視野に入れた神学なのか。このような問いを前提としつつも、モルトマンは無宗教やニヒリズムに満ちた現代社会における教会の役割を問い続けている。

モルトマンは、語る。解放の神学をベースにして、「貧しい人たちのための教会」という概念から、「貧しい人たちと共にある教会」を志向する。「貧しい人たちのための教会」「他者のための教会」は、往々にして「富める者から貧しい者へ」という上から目線の慈善が見え隠れする。「他者のために」何かをする者は、まず最初に「他者と共に」そこにいなければならない。「貧しい人と共に」生きていない者は、「貧しい人たちのために」何かを為すことはできない。与えることばかりでなく、尊厳において受け入れることも、同時に求められる。貧しい人たちを伝道の努力や慈善的世話、革命的指導の対象にしてはならない。彼らと共に生き、彼らの言葉に耳を傾ける兄弟姉妹が必要なのだ。教会の中では、貧しい人たちは対象ではなく、主体なのである。教会が貧しい人たちを回心させるのではなく、貧しい人たちが教会を回心させるのである。(注13)

このように述べるモルトマンはさらに、一九七五年に書かれた論文で次のように語っている。

人間と自然を搾取するあの資本主義、偏狭で攻撃的にさせるあのナショナリズム、また、別な肌色の人間の中に神の似像を認めないあの人種差別、また、ほかの人びとと共に私たちを自由な人間とさせないあの根源的な不安から解放されてはいないのです。それゆえ、私たちは、貧しい人びと、囚われている人びと、罪を犯した人びと、しいたげられている人びととの交わりの中で、キリストの御国のために働き苦しむ真のキリストの教会を、求めています。(中略)わたしたちは、解放運動の触媒となるような教会を、求めています。なぜなら、そのような教会は、世界における自由への叫びを、神への叫びとして聞いているからです。(注14)

キリスト教神学者の多くは、障害について語らない。聖書に登場する障害者については、説教で語ることはあるが、障害そのものに語る神学者はほとんどいない。それは障害者が教会の中で大きな位置を占めてこなかった歴史や、神学における人間論に障害を敢《あ》えて挟み込む必要がなかった時代的背景があったからである。障害とは神の憐れみを受けるものという一般的な理解に留まったのは、社会全体における障害者の地位や、障害者の社会に対する問題意識が極めて低かった時代の名残である。その意味では障害を神学の視座に取り組んでいるモルトマンは、極めて異例な存在である。彼が解放の神学への近親感を持つ所以である。

彼は周りの世界を、障害者を脅かすものと捉えている。これは同等の者とだけに結びついた生活を送っている現在の社会状況が生み出したものと見ている。その結果、障害者は健常者に対して生の不安を呼び起こす存在となっている。それが今日の分離社会の根幹にある。だから違う者たちとこそ、障害者と健常者が共に生き、その相違を実り豊かなものと考えて、互いに協力して人間らしい生活を学ぶことをしなければならない。

人の子は、目の見えない人、病人、障害者、麻痺のある人、精神病者たちを、神のもとに、また人間社会に「復帰」させたのです。
教会はそれ以来——どの様な辺境においてすらも——この人の子との交わりにおいて、さげすまれている盲人、病人、障害者、精神障害者を、愛されている、また愛すべき人間として受け入れることを、求めつづけて来ました。国家がその義務を果たす時にも、非人間性と脱人間性から人間をメシヤ的に解放することに仕えることが、教会の任務でありつづけます。(注15)

モルトマンがこの論文を書いたのは、一九七五年である。同年、国際連合（国連）による「障害者権利宣言」が決議され、アメリカでは障害児の個別の教育的ニーズを捉えた「個別教育計画」が法律で義務づけられるなど、福祉や教育が新たな時代を迎える時期であった。「脱施設化」という大きなうねりが、インクルージョンという社会全体で包み込む哲学を生み出し、差別や排除のない世界を目指すことに向けて動き出した。この時期にモルトマンは、インクルージョンの理念に基づく論文を書き上げている。彼の持つ先見性は、社会の動きの中で経験しなければ決して知り得ないものであり、その点から象牙の塔の神学者ではない。

彼は最初からアカデミックな環境に浸っていた神学者ではなく、貧しい農村での牧師の経験がある。十七歳の時には、戦争の捕虜として捕虜収容所で三年間強制労働を経験している。ボロをまとい、腹ぺこで心には絶望、口には神と人への呪いの言葉しかなかったと語る経験が、人々の苦しみ、とりわけ障害者の苦しみへの共感を与えているのであろう。

先に挙げた著書の中でも、非人間的で排他的な「健全だ！」と言う理想は取り去られねばならないという、文字通りインクルージョンの根幹に当たる言葉が出てくる。

モルトマン神学における「共生」は、「貧しい人々のための」「障害者のための」何かではなく、貧しい人々や障害者と共に生きることによって可能になることを示している。共生は、何かをしてあげるとか理解するという姿勢からは生まれない。

政治目的や社会活動の「ためにする活動」ではなく、一緒に生きることの中から共生は生まれる。

著名な神学者の「共生の神学」は、教会こそがこの地上で様々な人々を受け入れた共生の共同体としてあるべきと主張する。神学的理解は誰でもが理解できるが、それは日本のキリスト教会では本気で受け止められているのか。日本の教会が「共生の共同体」になるのはいつのことであるのか。

㈣　桜本教会の「共生の神学」

・活動の経緯

桜本教会が川崎市の路上生活者支援活動を始めたのは、一九九四年のことであり、二〇二四年現在も続いている。当初は、「水曜パトロールの会」との協力関係で始まった。夜間に教会でホットレモンを作り、衣類や毛布を持って路上生活者のねぐらを訪ねることがその第一歩であった。やがて、「川崎市の路上生活者と共に生きる会」を結成して、川崎市に対して行政的支援を要請するようになった。パン券、冬期の避難場所として年末年始の体育館の開放、定期検診等、百六十四項目にわたって交渉を続けた。一万三千人の署名を集め、交渉に臨んだ。その結果、要求が通り、行政による支援が開始された。

その交渉の代表は、「川崎市の路上生活者と共に生きる会」の会長であった藤原牧師であった。小さな教会が起こした取り組みは、行政を動かし、また全国からの支援を集めるまでに発展していった。当時は全国に二万五千人もの路上生活者がいて、川崎市だけで千二百人を超える人たちがいた。毎年厳冬期になると凍死する人たちが何人も出るような事態で、教会として見て見ぬふりはできないとの思いから開始したものであった。

当初協力関係にあった「水曜パトロールの会」との共同活動を止め、教会独自の取り組みになっていった。理由は明確である。「水曜パトロールの会」は新左翼が中心になる政治団体であり、キリスト教会の理念とは根底において理解し合えるものではなかったからである。彼らは自分たちの活動がマスコミに露出することを好み、権力への抵抗と称して、「路上生活者の越冬闘争」と息巻いた。苦しむ路上生活者への支援ではなく権力批判が先行した。彼らの考えに共感する人がある時教会の礼拝に出席して、こう言った。「教会は礼拝するだけで良いのか、路上生活者は社会の犠牲者であり、そのために教会は外に出て闘うべきだ」と。

牧師の中にはこのような考えに共感する人もいて、教会を政権打倒の砦にすべきという人も少なくない。ただ、私たちの取り組みは、苦しむ人、貧しい人々、支援が必要な人々を社会が理解し、彼らを包み込もうとする教会を理解し支援して欲しいという活動であった。政治団体とは距離を置くのは、自然の流れであった。

私たちは、生活に貧しく、苦しんで生きる人たちの中に飛び込み、一緒に生きる生活の中で徹底して共に生きる姿勢を取った。身体障害者、認知症の高齢者、精神障害を抱える朝鮮人、火事を出して返済に苦しむ人、貧しい外国人、そして路上生活者。そのような人たちとの共生の生活を始めた。それは解放の神学を主張する「社会派観念論」との決定的な違いであった。

社会的に排除されがちで、支援の届かない人々を教会に迎え入れて、お互いが助け合い支え合う教会を作ってきた。それが、共生の教会であり、「インクルーシブ教会」であった。どんな人も弾き出さないで包み込む教会、それが桜本教会であった。藤原牧師はこの活動を開始するに当たって、「この人たちと一緒に生きることによって、本当にキリストの教会になる」と語った。私は伝道師として、また障害児教育の教師として教会を支えた。私は教員生活の中で、北欧の「インクルージョンの哲学」に出会い、教育ではインクルーシブ教育の推進に取り組み、教会では排除しない教会の実践と理論化に努めてきた。

・インクルーシブ・チャーチの理念

《包み込むとは特別視をしないこと》

H・イェーネは、著書の中で障害者との共生について、イエスとの交わりは、障害者との包括的な共同体を作りあげると語っている。（注16）

障害者が一人いる教会では、その人のことを「教会の宝」と呼ぶことがある。キリストは障害者を招いていて、教会に障害者がいることは目に見える形で神の恵みなのだという。実際に私たちの教会でも一人の障害者のことをそのように語っていたこともある。だが、一人ではなく大勢の障害者になった時には、「教会の宝」と言う発想はなくなった。普通に教会にいる人だから、敢えて「教会の宝」とは言わない。障害者を特別視しないのだ。何より障害者こそ、招かれている存在であることを示す教会、それがインクルーシブ・チャーチの自然なあり方なのだ。

《教会は苦しむ者の居場所》

教会は苦しむ者の居場所である。居場所とは単なる場所（物理的スペース）ではない。そこには必要不可欠の様々な条件整備がある。

①キーパーソンの存在

様々なニーズのある人々を支える人材である。牧師や伝道師など教会運営に関わる人たちに求められることとは、「共感と受容」の心である。聖書に言う「いと小さな者」とは、社会の片隅に追いやられる人々であるが、彼らを「困った人たち」とは見ないで「困っている人々」と見ることの大切さである。彼らの境遇や環境に共感し、心の拠り所になり得る人材が求められる。牧師が障害者やホームレスを受け止めないで誰が受け止めるのか。キーパーソンは牧師だけではない。福祉や医療、教育や保育、社会自立に向けたビジョンを持つ者などの専門家がそれに該当する。幸い桜本教会には医師、社会福祉士、教師、保育士、また在日外国人などの教会員がいて、それぞれの役割を果たしている。医師は必要な医薬品の調達や健康相談、社会福祉士は生活保護や生活相談、福祉事務所との連携、教師（牧師である私）は障害者の進路指導に関わった経験から、ホームレスの就職支援などに関わる。ホームレスから社会自立に向けた就職支援は、二十名を超える。定年を迎えるまで就職ができた人は多くはないが、私の知り合いに依頼して、障害者の施設や養護学校のバス添乗員などの職業に就いた人たちである。これも、ホームレス理解と支援の輪の中に参加してくれた人々がいたからである。

②活動のネットワーク作り

毎週二回（日、木）の食事会、生活品の支給を実施するためには、多額の金品を必要とした。何しろ一回百人を越えるホームレスが対象であった。横浜市寿町で行っているホームレス支援には、教区から年間千五百万円の援助がある。だが、私たちの教会には援助金は全くなかった。それだけに金品の支援は何としても集めなければならなかった。ある時は毎週百二十キログラムの米を私が買いに出かけた。それは私個人の献金であったが、大家族を養うと考えればそれも楽しいことであった。みんなと一緒に食事をしたり、交流を持つことの喜びが、金銭の乏しさへの不安を超えていたのだ。

また、活動支援のためのネットワーク作りは、教会員全員が担った。広く教会の活動を紹介し、活動の賛同者を募り支援金や支援物資の送付依頼を行う。私は中学、高校、大学の同級生、関係した勤め先の知人を対象に活動支援の参加者を募った。その結果、多額の献金や支援物資が毎年届くことになった。中学の同級生からは毎年新米三百キログラム、高校の同級生からは毎年野菜果物が大量に届く。支援の輪を如何に広げるかは常時念頭にあった。

また、活動のボランティアが与えられた。百人分の食事作りは教会員だけでは困難であった。まずホームレスの中からボランティアが現れた。朝早くから食事の準備や生活用品の支給のために活動も必要であった。このボランティアの中から洗礼を受ける者が何人も出てきた。彼らは当然礼拝に出席し、牧師の説教を聞き、教会の活動に参加する。それは他者のために生きるというキリストの教えのままに生きることなのだ。既に述べたように洗礼を受けた者は三十年間で四十八名に上る。伝道は数を増やすことではないと豪語する解放の神学者たちは、この取り組みに何を語るのか。

また他教会の婦人信者たちが何人もボランティアに参加してくれ、ホームレスの人々との交流が行なわれた。小さな教会の取り組みを神が目にとめてくれたのだ。

・教会は究極の避難場所（貧しい人たちの神の家）

ある時新聞に路上生活者の言葉が載った。食事はどうしていたかの質問に対して、「神様からのご飯をもらった」と答えた人がいた。食事は神が飢えた人を憐れみ、養いたもう神の業なのだ。ホームレスの人たちは食事を神様からの食べ物と受け止めている。そこでは神の前で同じ食事を一緒にいただき、仲間として生きるそのただ中で、イエス・キリストを救い主と告白して信徒になることが教会の目的である。すなわち、宣教が支援活動の土台にある。この世の困窮に対して、食事や衣類、様々な相談事への対応などを行なう。だが、本当の困窮、それは孤独であり、「共に生きること」が人と生きることとの意味であり、どう生きるかの問いへの回答である。

ホームレスの人々の本当の苦しみは、家族のない者の寂しさ、悲しみ、辛さを語り合える人の不在、つまり話し相手のいない孤独感、孤立感である。ここまで生きてきてどんな辛いことがあったのか、どうしたら良かったのかを話して、回答が得られなくても相づちを打つだけでも、自分の前に人がいることが、救いになるのだ。ホームレスから生活保護に移っても、その人間関係がなければ結局、生きるむなしさが消えることはない。

教会とは人を受け止めるところなのだ。食事の支援はその一つに過ぎない。桜本教会では、先に述べたように三十年の支援活動の中で、ホームレスの中から多くの者が信仰を告白して信徒となった。宣教のない教会などあり得ない。政治的姿勢を示すことが教会のあり方ではない。苦しむ人たちと一緒に生きる「共生の神学」を根っこに持っているか否かが問われている。

マタイ伝12章50節には、弟子から母親と兄弟が来たと告げられると、それに対してイエスは、血筋の繋がりが本当の家族を作るのではない。神に仕えて生きる者こそが、真実の家族なのだと答えたという一節がある。信仰により結ばれた者こそ、神の家族なのだという言葉である。教会とは、このような意味で、「神の家族」と呼ばれる。

食事にしても同様である。「炊き出し」にはそのようなメッセージはない。丼飯におかずを載せて汁をかけて差し出す。寿町の炊き出しに参加した私たちはそれを見て、一様に、「これは違う！」と思った。そこにあったのは、目の前に食べ物を差し出し、受け取るという行為であった。まるでベルトコンベアーに載った食べ物が流れてきて、それを一人一人が取っていくかのようだ。そこには人の言葉がけもなく、機械的な動きだけが存在する。少なくとも神様の前で神様からの食事をいただくという雰囲気ではない。明らかにものを与え、ものを受けるという行為である。そもそもそこにいる人たちが一緒に食卓を囲んで感謝して食べることは全く度外視されている。これは教会の食事ではない。食事とは神から頂いた食べ物を前にして、お互いが神に支えられていることの感謝を神に献げる宗教的儀式なのだ。

日曜日の桜本教会を描いた障害のある女性信者の絵。
受付で路上生活者一人ひとりに声をかけ迎え入れる藤原牧師の姿がある。

桜本教会の路上生活者支援を始めた藤原牧師はこう言い切った。「この人たちが教会に入ってくることによって、教会がキリストの教会になった」と。教会は苦しむ人たち、貧しい人たちのものなのだ。彼らが入れない教会は教会ではない。彼らを教会のど真ん中に立たせない教会は教会ではない。五百円玉を教会の入り口に置いて、ホームレスが来たら五百円を与えて中に入れない教会もある。それは教会ではない。ホームレスのためのボランティアを宿泊させる教会はあるが、路上生活者を決して宿泊させない教会は、教会とは呼ばない。苦しむ人たちと一緒に苦しむ教会、共に生きる教会をインクルーシブ教会という。私は亡き藤原牧師の語ったこの言葉を決して忘れない。

路上生活者が寛げる場所、障害者が自分の楽しい居場所になるところ、お互いに助け合い支え合うところが真実の教会なのだ。

二〇一二年前に刊行した『ホームレス障害者』の反響として、多くの困難を抱えた人々（精神障害、発達障害、生きる上で様々な困難を抱える人）から、手紙や電話をいただいた。その多くは、桜本教会の実践に対する意見であった。桜本教会では障害者を特別扱いしない。普通の信徒として、礼拝や行事等では全く普通の信徒と同じように活動する。例えば、礼拝の「献身（神への献金）」の当番も担当し、補助されながらも祈りを捧げる。食事の準備もできる限り参加する。そのようにして障害のあるなしの区別なく一緒に行動する。ホームレスの人々との関係も良く、彼らが障害者を支え、また障害者がホームレスを支える。このような共生社会のひな型のような集団が形成されている。

私のいた川崎地区でも、教会から礼拝への出席を拒否されて、私の教会にやってきた精神障害者の人がいる。礼拝を拒んだ教会の牧師は教区では社会派の牧師として名を売り、社会活動に熱心に取り組んでいる人である。困窮の中にいる人たちを排除する教会が、何をもって社会派と言うのだろうか。

中には私が牧師であり障害児教育の専門家でもあるからできるが、素人の牧師にはできないという人もいる。障害児教育の知識や技術があれば専門家なのか。これは現在でも障害児教育の中で問われている問題である。「障害児教育の専門性とは何か」と。私は基本的に障害児教育の専門性はないと考える。あるとすれば、どうしたら障害者から笑顔を引き出せるか、障害があっても生きることが楽しいと思われる環境作り、人間関係作りを何よりも心がける教師の心だと答える。そうであれば誰でもが障害者に向き合う者となれるだろう。肩書きや資格ではない。向き合う心のあり方なのだ、と。

教会は、地上で苦しむ人々の最後の避難場所なのだ。かつては「駆け込み寺」と呼ばれるものもあった。宗教の果たす社会的役割に、困窮者に寄り添う活動がある。寄り添うとは決して切り捨てないことであり、目玉商品として世の中にアピールするようなことではない。全共闘世代のそそり立つような自己主張、自己絶対化の奢りが見える社会活動が破綻するのは、真実に寄り添っていないことが見えるからである。現在の政治は間違っているという政治的主張の一環としてのホームレス支援は、ホームレスの人々を運動の手段とするものである。ここには寄り添う実態はない。

桜本教会には、どんな人も排除しない、特別視しない理念がある。そして、家族であれば困った時には助け合うのは当然であるように、お互いをよく知り、理解し合って支える家族になっていく。神の家族の物語が紡ぎ出されるのだ。それはインクルーシブ教会であり、共生社会の原型である。

家族のない孤独の人生を生きるホームレスの人々にとって、神が招いた神の家族との交流は、それは社会制度や福祉の支援では得られないものがある。一緒に仲間として生きる教会こそ、キリストの共生を実行する神の民なのだ。この世では、社会では人との繋がりのない人々が、神の導きによって教会へと招き入れられ、神の家族としての交わりの中を生きるようになる。ここに神の与えた深い慰めがある。

(五) 共生の言葉

共生の教会を目指した桜本教会に集った人々の言葉が今でも脳裏に残る。教会の仲間への感謝とそれを可能にした神様への感謝の言葉である。本書の最後にこれらをご紹介したい。

❀川崎駅で「理事長」と呼ばれていたホームレスの男性
「今まで罪深い生活をしてきた俺だが、こんな俺をどん底で支え持ち上げてくれる神がいることを聞いて嬉しかった。その神様を信じて生きていきたい」

❀東北の山寺に棄てられ、苦しい人生を送ったアルコール使用障害者が、死の直前に看護師に託した言葉
「教会の牧師さんが来る朝まで持たないと思う。もし自分が死んだらこの言葉を伝えて欲しい。牧師さん、今まで本当にありがとう。神様を信じてきて良かったです」

❀毎週日曜日と木曜日に教会で食事をするホームレスの男性の言葉
「桜本教会に来て仲間と食事や話ができて嬉しかった。ここは自分の家だ」

❀洗礼を受けたホームレスの男性の言葉の言葉
「皆さん、決して自暴自棄になって死なないでください。私はずっと死ぬことばかり考えてきました。でも、教会に来て生きる希望が持てるようになりました。絶対に死んだらダメです」

❀精神障害の女性の言葉
「こんなに楽しいところなら、日曜日と木曜日だけでなく、毎日教会に来たいです」

❀洗礼を受けてその祝会で語った孤独な元ホームレスの男性の言葉
「皆さん、私を仲間にしてください。仲間にしてください」

❀日曜礼拝を前にして並んでいるホームレスのおじさんの背中を叩いて励ました知的障害者の言葉
「頑張りなよ、負けないでね」

❀洗礼を志願して式に臨んだ自閉症の青年の言葉
牧師「あなたはイエス様が好きですか」
本人「イエス様、大好きでーす」（自分の言葉できちんと言えたことに周囲の驚きあり）

❀母親を亡くした知的障害者が牧師の私にしがみついて泣きながら語った言葉

「お母さんが神様のお国に行っちゃった」（このように語ったと私は理解したが、その様子を見ていた彼女の法定代理人の司法書士が語った言葉）

「ここには本当に神様がいると感じました」

❀ホームレス支援活動を始めた藤原牧師が雑誌出版社の記者の質問に答えた言葉

記者「週に二回も食事会を開くのは大変でしょう？」

牧師「いいえ、みんなと一緒だと本当に楽しいのよ」

宗教の終焉〜インクルージョンの視座からの告発＊注一覧

【はじめに】

注1　中村元『釈尊の生涯』中村元他『世界教養全集　第10』平凡社、一九六三年、一〇〇〜一〇二頁

【第一章】

注1　サリー・マクフェイグ著、山下章子訳『ケノーシス――大量消費時代と気候変動危機における祝福された生き方』新教出版社、二〇二〇年、一〇四頁
注2　同右、一〇四〜一〇五頁
注3　大越愛子「暴力と苦悩の時代に――宗教的実践の可能性を探る」池上良正他編『宗教への視座』（岩波講座宗教　第一巻）岩波書店、二〇〇四年、二二三〜二三六頁
注4　ヤコブセン著、山室静訳「ニイルス・リイネ」阿部知二他編『世界文学全集　第3集第14』河出書房新社、一九六五年、三六三頁
注5　ニコライ・ベルジャーエフ著、小池辰雄訳「神と人間の実存的弁証法」小池辰雄訳『ベルジヤーエフ著作集　第6巻』白水社、一九六〇年、一六頁

【第二章】

注1　中村、前掲書、二六〜二七頁
注2　中村、前掲書、六三頁
注3　諸戸素純「仏教」田中美知太郎編『講座哲学大系　第7巻（宗教と倫理）』人文書院、一九六四年、三六八頁
注4　坂本幸男他訳註『法華経　下』岩波書店、一九九一年、三三五頁
注5　山本聡美「善知識としての病」宗教研究　95巻、二〇二一年、一一七頁
注6　中田祝夫校注・訳「日本霊異記」『日本古典文学全集　6』小学館、一九七五年、二二五〜二二七頁
注7　中村恭子『霊異の世界――日本霊異記』（日本の仏教　2）筑摩書房、一九六七年、一八三〜一八四頁

注8　同右、一三二頁
注9　高野信治「近代仏教説話にみる〈障害〉」九州大学文化史研究所紀要　61巻、二〇一八年、七五頁
注10　同右、五五～一〇三頁
注11　松根鷹「宗教と差別事件――「同宗連」結成以後の概要と課題」一般社団法人部落解放・人権研究所　紀要論文90号、一九九三年、四五頁
注12　同右、四五頁
注13　大西晴隆・木村紀子校注『塵袋　1』平凡社、二〇〇四年、二八九頁
注14　米澤実江子「「旃陀羅」考」佛教大学仏教学会紀要　26号、二〇二一年、一七〇～一七一頁
注15　同右、一七一頁
注16　同右、一七一～一七二頁
注17　下西忠他編著『仏教と差別――同和問題に取り組んだ真言僧佐々木兼俊の歩んだ道』明石書店、二〇一〇年、二二一～二二三頁
注18　同右、四四～四五頁
注19　同右、五三頁
注20　松根（一九九三年）、前掲書
注21　源淳子「「東本願寺事件」・女性差別をないことに」女性学年報　第40巻、二〇一九年、三～八頁
注22　松根鷹『差別戒名とは』（人権ブックレット　25）部落解放研究所、一九九〇年、五九頁
注23　同右、六一頁

【第三章】

注1　秦野悦子編『ことばの発達入門』（入門コース・ことばの発達と障害　1）大修館書店、二〇〇一年、一六頁
注2　ブルーノ・ベッテルハイム他著、黒丸正四郎他訳『自閉症・うつろな砦　2』みすず書房、一九七五年、二二二頁
注3　深井智朗『超越と認識――20世紀神学史における神認識の問題』創文社、二〇〇四年、一〇五頁
注4　ハーラン・レイン編、石村多門訳『聾の経験――18世紀における手話の「発見」』東京電機大学出版局、二〇〇〇年、三〇五～三〇六頁

注5　同右、三八四頁
注6　林信明『フランス社会事業史研究――慈善から博愛へ、友愛から社会連帯へ』（Minerva 社会福祉叢書7）ミネルヴァ書房、一九九九年、一五四頁
注7　中村満紀夫他編著『障害児教育の歴史』明石書店、二〇〇三年、三五～三六頁
注8　熊澤義宣「いと小さきものの信仰告白――教会の祭司的役割の問題をめぐって」『神学　44号』、東京神学大学神学会、一九八二年
注9　熊澤義宣『キリスト教死生学論集』教文館、二〇〇五年、一三九頁
注10　A・ファン・コール著、浜寛五郎訳『倫理神学概論　第2巻』エンデルレ書店、一九七六年、六六頁
注11　マルティン・ルター著、福山四郎訳「大教理問答書――告解への短い勧告」ルター著作集委員会編『ルター著作集　第1集第8巻』聖文社、一九七一年、五一一～五一二頁
注12　同右、五二〇～五二一頁
注13　ジークフリート・シュルツ著、松田伊作訳「ヨハネによる福音書――翻訳と註解」ゲルハルト・フリードリヒ監、関根正雄他日本語版監『NTD新約聖書注解4』NTD新約聖書註解刊行会、一九七五年、三〇頁
注14　カール・バルト著、吉永正義他訳『ヨハネによる福音書』日本基督教団出版局、一九八六年、五一頁
注15　松根（一九九三年）、前掲書、四九頁
注16　馬島僴『激動を生きた男――遺稿馬島僴自伝』日本家族計画協会、一九七一年
注17　鈴木俊郎編『内村鑑三全集　2』岩波書店、一九三三年、八四～一〇三頁
注18　阿部志郎講演「わがキリスト教社会館と地域住民」二〇一三年度日本ソーシャルワーカー協会神奈川大会、田園調布学園大学、二〇一三年五月二十五日

【第四章】

＊本章では、鵜飼秀徳『仏教の大東亜戦争』（文藝春秋、二〇二二年）、一戸彰晃『曹洞宗の戦争――海外布教師中泉智法の雑誌寄稿を中心に』（皓星社、二〇一〇年）を全体にわたり参考にさせていただいた。引用に際しては著者名と頁数を付した。
注1　ブライアン・アンドレー・ヴィクトリア著、エイミー・ルイーズ・ツジモト訳『禅と戦争――禅仏教の戦争協力新装版』え

にし書房、二〇一五年、六三頁
注2　植木等著、北畠清泰構成『夢を食いつづけた男――おやじ徹誠一代記』筑摩書房、一九八四年
注3　ヴィクトリア、前掲書、二三七頁
注4　鴨長明他『発心集　現代語訳付き 上 新版』KADOKAWA、二〇一四年、三五五～三五六頁
注5　鈴木大拙「日本的霊性」、橋本峰雄責任編集『日本の名著　43』中央公論社、一九七〇年、二四一～二四二頁

【第五章】

＊本章では、海老沢有道・大内三郎共著『日本キリスト教史』（日本基督教団出版局、一九七〇年）、古屋安雄『日本のキリスト教』（教文館、二〇〇三年）を全体にわたり参考にさせていただいた。引用に際しては著者名と頁数を付した。
注1　松村介石『信仰の生涯』、福永文之助編『回顧二十年』警醒社書店、一九〇九年、二四二頁
注2　Kikuo Matsunaga,"Theological Education in Japan" in Preparing for Witness in Context, ed. by Jean Stoner,1991,p.299
注3　鈴木俊郎編『内村鑑三全集第19』岩波書店、一九二八年、二七一頁
注4　パスカル著、前田陽一・由木康訳『パンセ』前田陽一編『世界の名著　第24』中央公論社、一九六六年、一七九頁
注5　古屋安雄『日本のキリスト教は本物か？――日本キリスト教史の諸問題』教文館、二〇一一年、四四～四八頁
注6　『戦時下のキリスト教運動――特高資料による2（昭和16‐17年）』同志社大学人文科学研究所　キリスト教問題研究会編、新教出版社、一九七四年、一七八頁
注7　金田隆一『戦時下キリスト教の抵抗と挫折』（日本キリスト教史双書）新教出版社、一九八五年、二一三頁
注8　安利淑『たといそうでなくても』待晨社、一九七二年、六九～七〇頁
注9　金田、前掲書、三〇二～三〇七頁
注10　高阪薫『沖縄――或る戦時下抵抗』麦秋社、一九七八年、七六～九五頁
注11　同志社大学人文科学研究所編、『戦時下抵抗の研究――キリスト教・自由主義者の場合Ⅰ』みすず書房、一九六八年、一〇四頁
注12　同志社大学人文科学研究所編、前掲書、九六～一一四頁
注13　桑原重夫『天皇制と宗教批判』（天皇制論叢　3）社会評論社、一九八六年、二〇一頁

注14　遠藤周作『沈黙』新潮社、改版、一九八一年、二六八頁
注15　W．ニーメラー・G．ハーダー編『ナチへの抵抗――ドイツ教会闘争証言集』日本基督教団出版、一九七八年、二六八～二六九頁
注16　鈴木文治『インクルーシブ神学への道――開かれた教会のために』新教出版社、二〇一六年、一〇四～一四一頁
注17　カール・バルト著、川名勇訳『ローマ書新解』（新教セミナーブック　17）新教出版社、一九六二年、二九二頁

【第六章】

注1　R・D・レイン著、中村保男訳『レインわが半生――精神医学への道』岩波書店、一九八六年、二七四～二七五頁
注2　鈴木文治『肢体不自由児者の合理的配慮に基づく――インクルーシブ教育ってどんなこと』（療育ハンドブック　43集）全国心身障害児福祉財団、二〇一七年、一四～三七頁
注3　平田正宏『忍と力――『破戒』のモデル大江磯吉の生涯』南信州新聞社出版局、二〇〇七年
注4　鈴木文治『なぜ悲劇は起こり続けるのか――共生への道なき道を開く』ぷねうま舎、二〇一九年、一九～四〇頁
注5　フィリップ・ベリマン著、後藤政子訳『解放の神学とラテンアメリカ』同文館出版、一九八九年、三三～三八頁
注6　グスタボ・グティエレス著、関望・山田経三訳『解放の神学』岩波書店、二〇〇〇年、二二九～二三〇頁
注7　J・モルトマン著、沖野政弘訳「神学的思考の諸経験――キリスト教神学の道と形」『J．モルトマン組織神学論叢6』新教出版社、二〇〇一年、二三〇～二三一頁
注8　L・ショットロフ他著、大島衣訳『聖書に見る女性差別と解放』新教出版社、一九八六年、六頁
注9　同右、九五～一〇〇頁
注10　R・リューサー著、小田垣陽子訳『人間解放の神学』（現代神学双書　61）新教出版社、一九七六年、二一四～二一五頁

【第七章】

注1　マルクス著、中山元訳『ユダヤ人問題に寄せて／ヘーゲル法哲学批判序説』光文社、二〇一四年
注2　高島善哉「資本論1」解説カール・マルクス、長谷部文雄訳『マルクス』（ワイド版世界の大思想　第1期〈8〉）河出書房新社、一九六四年、六一八頁

注3　柳田謙十郎『マルクスの人間観』青木書店、一九七三年、三〇～四三頁
注4　シモーヌ・ヴェーユ著、渡辺義愛他訳「重力と恩寵」『シモーヌ・ヴェーユ著作集　第3』春秋社、一九六八年、二九〇～二九七頁
注5　工藤英勝「曹洞宗と戦時教学――『修証義』綱領に関連して」印度學佛教學研究　47巻、一九九八年、一七七～一八〇頁
注6　荒井英子『ハンセン病とキリスト教』岩波書店、一九九六年、一八七～一九一頁
注7　滝沢武人『イエスの現場――苦しみの共有』世界思想社、二〇〇六年、五一頁
注8　柏女霊峰「社会福祉と共生――仏教における共生の視点から考える社会福祉の可能性」、淑徳大学大学院総合福祉研究科紀要　第23号、二〇一六年、一～二一頁
注9　大谷栄一編『ともに生きる仏教――お寺の社会活動最前線』筑摩書房、二〇一九年
注10　カール・バルト著、菅円吉他訳『創造論2-2（造られたもの　中）』（教会教義学　第3巻　第2分冊　第2部）新教出版社、一九七四年、九〇～九一頁
注11　同右、一〇六～一四三頁
注12　ディートリヒ・ボンヘッファー著、森野善右衛門訳『共に生きる生活』新教出版社、一九七五年、九〇～九一頁
注13　モルトマン、前掲書、二九〇～二九一頁
注14　J・モルトマン著、蓮見幸恵他訳『神が来られるなら』新教出版社、一九八八年、六五～六六頁
注15　同右、八九～一〇〇頁
注16　H・イェーネ著、畑祐喜訳『共感福音書と使途言行録の中の障害者』H-Gシュミット編、畑祐喜訳『われ弱き時に強し――聖書の中の障害者』新教出版社、一九八七年、一五六～一五七頁

あとがき

かつてオウム真理教事件で、「信教の自由がある」と主張した上祐史浩《じょうゆうふみひろ》に対して「（宗教には）人を不幸にする自由はない」と反論した坂本堤《さかもとつつみ》弁護士の言葉を思い出す。

宗教は本来人を幸せにするものであり、人を不幸にするものではないことを坂本は語っている。だが、宗教は人を幸せにするどころか不幸にしてきたことを歴史は示している。

本書は本来苦しむ民に寄り添い、その苦悩を癒やすはずの宗教が、実際には多くの人々を不幸に陥れ、耐えがたい苦しみを負わせてきたことを明らかにしたものである。宗教の間違った教義を信じたためにとてつもない苦しみを負うことがある。それは長い間タブーとして隠されてきた犯罪であり、今なお宗教教団では封印されている。

「悪業悪報」によって、障害者が生まれると私たちは聞かされてきた。障害者として生まれたことは、悪業を行った報いであるという教義によって、どれだけの人々が苦しんできたことだろう。

私は障害児教育の教師であったが、教育現場で我が子の障害の由来を先祖の悪業であると聞かされて、それは本当かと尋ねられたことは数え切れない。それは迷信であると答えたが、本来はそれに答える義務のある仏教者が未だに沈黙を守っている。この現実をどう考えたら良いのか。

再び坂本弁護士の言葉で問う。「宗教には人を不幸にする自由はない」と。

「業報に喘ぐ」と語った同和差別の人の負いがたい苦しみの声を仏教僧侶はどう聞くのか。差別を押しつけられたのは、自分たちの悪業に由来すると説いた教義のせいであり、それは間違ったものであったと明確に返答するべきである。この事実を隠蔽し、自分たちに罪がないと言い切る仏教界を、仏は裁かないのであろうか。


宗教による差別と排除という意味では、キリスト教会も多くの罪を犯してきた。障害者の人権無視であり、人間の尊厳に対する否定である。聖書にあるパウロの言葉によって、言葉のない障害者が洗礼拒否の扱いを受けてきた。それは今も続いている。

イエスの語った「いと小さき者」を本気で受け入れる教会はほとんどない。社会の片隅に追いやられている苦しむ人々を招き入れる教会にならないのは何故か。

私はキリスト教会の牧師である。ホームレスや障害者をはじめとする多くの苦しむ人たちを受け入れてきた教会の牧師として、現実のキリスト教会は苦しむ者を排除する教会になっていることを告白しなければならない。それもまた、教会が語ってこなかった事実である。

本書はこのような宗教による差別や排除を明らかにするものである。

二〇一九年四月にＮＨＫ放送文化研究所から報告されたリポート「日本人の宗教意識や行動はどう変わったか」の調査結果によれば、宗教に癒やしを求める人が減少し、宗教に危険性を感じる人は感じない人よりも多くなっているとある。これは旧統一教会やオウム真理教などカルトと呼ばれる宗教の危険性を、他の宗教一般に対しても感じているという意味での危険性もあるが、宗教の持つ「わけの分からなさ」「得体が知れない」という違和感も強いのではないかと思う。

現在は宗教の衰退や終焉の時代と言われているが、それは単に科学的実証主義的な時代に合わない宗教の曖昧さ、理不尽さが際立ってきたことに由来しているからであると思う。そして歴史の中で宗教が果たしてきた苦しむ者をさらに苦しみに追いやる宗教の非道さ、不条理さが背景にあると考えられる。

❀

私は生涯を障害児教育や障害者の支援・理解のために生きてきた者である。障害児教育を受けている児童生徒数は、発達障害の児童生徒を含めれば全児童生徒の十パーセントに及び、障害とは言えないが何らかの支援を必要とする者たちを合わせると二十パーセントになる。この数字はかつてイギリスの教育法改正に向けた調査（ウォーノック・レポート、一九七九年）の数字に匹敵する。それから三十年後の日本でも、同じ数字に達している。

さらに大人たちの中も引きこもりや人との関わりに困難を持つ者、社会適応に難のある者は多い。世の中は自立できる者だけで成り立っているのではない。様々な生きづらさを抱えた人々をはじめとした多様な人々をどのように受け入れていくのか、社会のあり方が問われている。

だからこそ、その点を考慮した宗教のあり方も求められる時代になっている。本書で示したような障害者や様々な困難を抱える人たちを差別し排除してきた宗教の行く末は滅びでしかない。かつて宗教は障害者をはじめ苦しみを抱える人々に対してどれ程の苦しみを与えたのか、深く反省して出直さなければならない。

最後に古い友人である山口県の曹洞宗の寺の住職・小圷洋仙《こあくようせん》について述べて終わりたい。彼は神奈川県教育センターの元同僚であった。彼とは同じ研究室で何年か一緒に勤務した。彼とは初対面の時から気の合う友人となった。彼は仏教に関心があり、私はキリスト教界の伝道師であり、共に宗教の社会問題に対する対応について何度も何度も議論を重ねた。

彼はやがて教育センターを去り、養護学校に戻って定年退職すると、妻子を残したまま永平寺で勤行に明け暮れる日々を送り、得度して山口県の曹洞宗の寺の住職として招聘された。

NHKの「小さな旅」という番組に彼の投稿が取り上げられて映像化された。まだ大学生であった頃、彼が旅行先で訪れたお寺の住職が、お金もなく腹を空かせた若者に、食事と宿泊場所を提供したという。この体験がずっと心に残り、いつか自分もそのような僧侶になりたいと考え続けていたそうだ。そしてその夢を実現させたのだ。

一方で、彼は教職員の組合活動に大変熱心だった。学校の行事での日の丸、君が代では教員を代表して真っ先に管理職に意見を述べた。それも穏やかにユーモアたっぷりの話で、皆が聞き入るほどであったという。その学校の校長は彼のことを大変気に入っていた。職員会議では、穏やかではあるが的確に学校運営を巡って校長批判をする。しかし、教育現場では、誰より熱心に子どもたちを指導するので、保護者や教員たちからの信頼が絶大であったからだ。

社会問題や政治問題に意見を持つ彼は、こうした視点と宗教者の生き方との接点を探っていた。私のことを社会派牧師と呼び、自分のことを言葉の社会派、内に籠もる禅宗僧侶と揶揄《やゆ》していた。その彼が山口県で和尚になった。私は彼がこれからどう生きるのかに関心を抱いた。彼のお寺がどのようなところなのか、檀徒はどれ位いて毎日の付き合いはどれ位あるのかも知らない。だが、彼の手紙や寺のホームページを開くと、彼はそこに自身の日頃の思いを書き記し、知人に送っていた。そこには、「祈りと座禅の寺」との表現が、お寺の名前の前に被せてある。

彼は障害児教育を、「祈りの教育」と呼んでいた。障害のある子どもの成長を祈りをもって支えていく彼の教育観が見えた。障害の故に思うように成長が進まない子どもたちに、祈りながらその成長を見守るという教師の姿勢は、最後は人間を超えたものに託すという意味であったのか。その祈りを寺の名に冠した彼の思いが透けて見えた。祈りでお寺を動かしていこうとする思いが。

ホームページを読んでいくと、度々政治的なコメントが登場する。全共闘世代の正義感はまだ衰え知らずなのだ。そして「人権教育」の研修会に何度も通っていることも出てくる。障害児教育の教師時代に培った人権尊重の意識の高さを改めて知ることになる。彼のホームページには、漢詩（五言絶句、七言律詩）や俳句がしばしば登場する。文人和尚なのだ。それは禅宗の宗教心とは何か、生きるとは何かを常に心に問うていることが伝わってくる。宗教者とは問い続ける求道者なのだ。すでに悟って不動というものではない。何故か。何かを問いながら生きることが仏教なのだと彼は私たちに訴えている。

彼は私が取り組んでいる教会の活動を評価するが、その社会活動の外見では判断しない。それを突き動かしている原動力は何か、何が駆り立てるのか。そのことに宗教の意義を見いだそうとする。

実はこの友人の和尚は今年（二〇二四年）二月に突然亡くなった。三月に山口県の彼の寺を訪ねる計画をして、宿と切符の手配をした。ところがある日突然連絡が取れなくなり、神奈川県大磯に住む奥様から主人が亡くなったと電話があった。本書の内容など話すことを沢山用意していた私は突然のことに驚き悲しんだ。八十一歳。私より六歳上であったが、教師仲間の誰よりも信頼し尊敬してきた人であった。彼とは何年にもわたって手紙のやりとりが続いた。彼は手紙の中で私についてこう語った。

「私はかねがね皆さんに『人は偶然には生まれない。自分がしたいこと、しなければならないことがあって生まれてくる』と申上げていますが、それで申上げるならば、先生は障害児やホームレスなどの社会の底辺に追い込まれ差別されがちな人々と共に闘う人生を選ばれてきたのだと思います。今のキリスト教のあり方に異を唱えておられるのもその一環ではないでしょうか。貴い人生だと思えてなりません」。

彼は曹洞宗の和尚として戦争反対、人権尊重を訴え続けてきた。だが、彼の意見は常に無視され続けた。社会に迎合する堕落した宗教が垣間見える。曹洞宗の戦争責任は今日もなお問われている。彼は所属する曹洞宗を脱会することを計画したが叶わなかった。私が所属する日本キリスト教団を脱退することを考え続けたと同じ道を辿った。

後日、彼の遺骨が山口県の寺に埋葬されることを聞き、その前に彼の大磯にある家を訪ね、お骨の前で焼香をした。その後、奥様の手紙が届いた。「先生との心を通わせて頂くやりとりは夫からも常日頃のように聞いておりましたが、これまでのご厚情に感謝申上げます。夫はこれからも先生を想い続けて行くことと存じます」とあった。

彼は私に現在の宗教界の衰退の原因として、僧侶の職業化を挙げた。生活の糧を得るため、家族を養うために宗教者になることが、結局宗教の普遍性より個人の生活を重視する姿勢となって宗教を破壊していると言う。キリスト教界でも家族のために家のローンを抱える牧師は少なくない。この身を神に献げるとはどういうことかが分かっていないのだ。

戦友を失った私には残されたものがあまりに多い。反骨の生涯を貫き通した和尚に示された道を歩む以外にない。

本書をお読みいただき、宗教とは何か、どのような宗教が現在の社会に求められているのかを一緒に考えていただければ幸いです。

鈴木文治

鈴木文治（すずき　ふみはる）

一九四八年長野県飯田市生まれ。中央大学法学部法律学科及び立教大学文学部キリスト教学科卒業。川崎市立中学校教諭、神奈川県教育委員会、神奈川県立盲学校長・県立養護学校長、田園調布学園大学教授、日本キリスト教団桜本教会牧師等を歴任。著書に、『インクルージョンをめざす教育――学校と社会の変革を見すえて』『排除する学校――特別支援学校の児童生徒の急増が意味するもの』（明石書店）、『ホームレス障害者――彼らを路上に追いやるもの』『閉め出さない学校――すべてのニーズを包摂する教育へ』（日本評論社）、『インクルーシブ神学への道――開かれた教会のために』（新教出版）、『肢体不自由児者の合理的配慮に基づく――インクルーシブ教育ってどんなこと』（全国心身障害児福祉財団）、『障害を抱きしめて――もう一つの生き方の原理インクルージョン』『なぜ悲劇は起こり続けるのか――共生への道なき道を開く』（プネウマ舎）などがある。

差別《さべつ》する宗教《しゅうきょう》
――インクルージョンの視座《しざ》からの告発《こくはつ》

二〇二四年五月三十一日　第一版第一刷発行

著　者　鈴木文治
発行者　菊地泰博
発行所　株式会社現代書館
東京都千代田区飯田橋三―二―五
郵便番号　102-0072
電　話　03（3221）1321
ＦＡＸ　03（3262）5906
振　替　00120-3-83725
組　版　具羅夢
印刷所　平河工業社（本文）
東光印刷所（カバー・帯・表紙・扉）
製本所　鶴亀製本
装　幀　大森裕二

校正協力・塩田敦士

 ISBN978-4-7684-5959-1
定価はカバーに表示してあります。乱丁・落丁本はおとりかえいたします。
http://www.gendaishokan.co.jp/

活字で利用できない方のための
テキストデータ請求券
『差別する宗教』